OTT로 만나는 명작영화 51선

OTT로 만나는 명작영화 51선

2023년 7월 1일 초판 인쇄
2023년 7월 5일 초판 발행

지은이 홍종선
교정교열 정난진
펴낸이 이찬규
펴낸곳 북코리아
등록번호 제03-01240호
주소 13209 경기도 성남시 중원구 사기막골로 45번길 14
우림라이온스밸리2차 A동 1007호
전화 02-704-7840
팩스 02-704-7848
이메일 ibookorea@naver.com
홈페이지 www.북코리아.kr
ISBN 978-89-6324-115-9 (03680)

값 17,000원

OTT로 만나는 명작 영화 51선

홍종선 지음

북코리아

PROLOGUE

글로 기사 쓰는 기자를 업으로 삼다 보니 글 쓰는 걸 좋아할 것이라 여겨지곤 하는데 그렇지 못합니다. 호기심이 많고, 관심 안에 들어오면 자세히 알고 싶어 하고, 알게 된 걸 누군가와 나누는 일을 좋아한다는 게 실상에 가깝습니다.

어려서부터 영화 보기를 좋아했습니다. 중학생이 되고부터는 영화는 개봉일에 봐야 한다며 하교하기가 무섭게 극장으로 달려갔습니다. 영화가 끝나자마자 동네 친구를 만나 다음 날 학교 반 친구들에게 영화의 줄거리며 장면을 낱낱이, 배우의 대사와 표정을 저도 모르게 흉내 내어 이야기했습니다. 어찌나 상세했던지 2시간짜리 영화를 전하는 데 4시간도 부족했습니다. 무성영화를 틀어놓고 장면 안에 담긴 모든 것을 설명해주던 '변사'라는 직업이 사라진 게 아쉬웠을 정도로 즐겼습니다.

이야기를 들은 친구 중에 "나도 보고 싶다"는 이가 있으면 언제든 함께 달려가 영화를 또 봤습니다. 지난 관람 때 미처 눈에 들어오지 않았던 장면의 요소들이 새록새록 발견되면 처음 보는 영화처럼 또 즐거웠습니다. 영화가 끝나고 친구들과 먹는 즉석떡볶이의 맛은 정말이지 최고였습니다. 내가 못 본 걸 친구가 들려주고 서로 똑같이 좋았고 멋있었던 장면과 배우 얘기를 나누노라면 어린 마음에 행복이 차올랐습니다.

연예기자 생활을 시작한 후 출입처가 계속 바뀌는 상황 속에서 영화를 희망하고 끈을 놓지 않았던 건 영화에 대한 '짝사랑' 때문입니다. 감히 연출이나 스태프가 된다는 건 이제껏 봐온 영화들에 대한 모독인 것만 같았습니다. 좋아하는 사람 주변을 빙빙 돌 듯 그 언저리에서 내가 존경하고 좋아하는 감독과 배우와 제작자가 연출하고 연기하고 만든 영화를 한 사람에게라도 더 소개하고 싶은 마음, 그것이 글재주도 없으면서 기자라는 일을 계속하게 만든 원동력입니다.

영화 담당 기자, 개인적으로는 크나큰 반전이 숨어 있는 직업이기도 했습니다. 친구들에게 얘기하는 것과 불특정 다수 대중에게 전하는 것은 책임의 무게가 달랐고, 말로 하는 것과 글로 쓰는 것은 하늘과 땅 차이였습니다. 특히, 너무 재미있게 본 영화, 꼭 많은 관객이 보시면 좋겠다 싶은 영화, 만듦새가 좋고 의미가 깊은 작품에 관해 쓸 때는 뇌가 초기화되고 손에 동상이라도 걸린 것처럼 기사 쓰기가 어려웠습니다. 진짜 잘 쓰고 싶은 마음이 부르는 긴장감, 지금 서문 쓰기가 이토록 어려운 것도 같은 이유인가 봅니다.

《OTT로 만나는 명작영화 51선》에는 제목 그대로 51편의 영화가 소개돼 있습니다. 당연히 OTT(Over The Top, 인터넷TV)로 볼 수 있는 영화 중 최고의 영화, 1~51위에 해당하는 영화가 아닙니다. 예술 작품에 서열을 매겨 줄 세우는 것을 즐기지도 않지만, 개인적 취향과 선호를 기준으로 하더라도 순위에 의한 선택은 아닙니다. 51편에 들지 않은 더 위대한 작품도 세상에는 많고, 더 유명한 영화들도 많습니다.

그렇다고 51선, 선택의 기준이 아예 없는 것은 아닙니다. 책에 실린 51편의 글은 《데일리안》에 게재된 기사를 고쳐 쓴 것인데, 매주 1편씩 어떤 영화를 소개할까 고심할 때 '계기'와 '방향'이 있었던 것은 분명합니다.

먼저 '계기'는, 어떤 배우가 영화나 드라마에서 좋은 연기를 보여줄 때 그 배우의 과거작이라든가 특정한 이슈(일테면 가스라이팅)가 뉴스를 도

배할 때 연상되는 작품을 골랐습니다. '방향'은, 가능하면 많이 알려진 작품보다 상대적으로 인지도가 덜해도 '놓치면 아까운' 영화들을 선택했습니다. '숨은 명작'에 더해 하나 보태자면, 우리가 어떤 사람에 대해 최대한 선입견을 보류하고 있는 그대로 보려고 노력할 때 그 사람의 참모습이 보이는 기쁨을 누리듯 또 그만큼 우리가 성숙하듯, 그런 기쁨과 성숙을 충분한 재미와 공감 속에 얻을 수 있는 영화들에도 마음을 썼습니다.

결국 함께 보자고 소개했을 때 부끄럽지 않은 생각과 마음에 드는 '홍종선의' 선택일 수밖에 없는 51선이지만, OTT 종류도 많고 그 안에 작품은 헤아릴 수 없이 많은 망망대해에서 적어도 틀린 길을 안내하지 않는 '길잡이'가 되기를 희망합니다. 제 글보다는 '영화의 힘'을 믿습니다.

한 작품에 관해 ㄱ에서 ㅎ까지 모든 것을 분석한 내용이 들어있거나 학구적 문투로 적은 명문은 아니지만, 홍종선의 음성으로 지원되는 'OTT 영화 내비게이션' 정도로 생각해주시면 좋겠습니다. 이 또한 과한 욕심이겠으나, 같은 내비게이션을 사용해 항해하다가 어느 '영화의 바다' 위에서 만나 담소 나눌 수 있으면 기쁘겠습니다.

홍종선 올림

CONTENTS

CONTENTS

CONTENTS

일러두기

이 책에서는 영화의 제작 및 개봉 연도와 관련해, '국내 개봉 연도'를 기본으로 소개하고 있습니다. 국내 극장에서 개봉한 적이 없거나 제작 연도로부터 오랜 세월이 지나 회고전 등으로 개봉한 경우, '제작 연도'로 대신했습니다.

❶ 맨 프럼 어스

스필버그도 탐낸 불운의 수작

제작 2007 등급 12세 관람가
장르 드라마/미스터리/SF 국가 미국
감독 리처드 쉔크만(Richard Schenkman)
러닝타임 87분

1만 년 넘게 살아온 '지구인'에 관한 흥미진진 스토리
인물 간 대화만으로도 가능한 블록버스터급 재미 눈길

〈맨 프럼 어스〉 포스터 ⓒ (주)크래커픽쳐스

점에는 좌표가 있다. 좌표는 점에만 있는 게 아니다. 인간, 우리 개별 사람에게도 좌표가 있다. 시간의 관점에서 좌표는 가로와 세로 축이 만나는 곳에서 위치 지어진다. 가로, 즉 횡축은 나의 개별 탄생에서 시작해 죽음에 이르는 날까지 지속한다. 세로, 즉 종축은 '우리 인류는 어디에서 왔는가?'라는 물음에 대한 답이다. 인류, 아니 우주의 탄생 시점에서 오늘에 이르기까지, 오늘을 지나 미래에까지 이어지는 축이다.

미국 영화 〈맨 프럼 어스〉는 세로축에 관련한 하나의 가설이다. 그렇다고 우주 빅뱅부터 현재의 은하계, 태양계, 지구의 역사를 고찰하는 과학 다큐멘터리는 아니다. 후기 구석기 시대부터 오늘까지 대략 1만 4천 년에 걸친 인류 역사에 대한 상상이자 추론이다. 영화 장르가 '드라마', 'SF'라고 소개돼 있는데 깊이 있는 물음을 던지면서도 관객 마음을 어디 가지 못하게 꽉 붙잡을 줄 아는 흥미진진한 드라마인 건 맞다. 다만

1만 4천 년을 살아온
사나이, 존 올드맨
ⓒ (주)크래커픽쳐스

SF 장르에 대해선 보는 이에 따라, 특히 종교에 따라 용납할 수 없는 공상일 수도 있고 꽤 설득력 있는 인류학적 관점일 수도 있다. 이 부분은 엄청난 스포일러를 포함하기 때문에 명쾌히 설명할 수 없음을 밝힌다.

지역 도시에서 10년간 교수 생활을 해온 존 올드맨(데이빗 리 스미스 분)은 학과장 자리가 눈앞임에도 연연하지 않는다는 듯 다른 곳으로 떠나려 한다. 온화하면서도 사람의 마음을 끄는 존. 영화의 매무새와 닮은 인성의 그가 이사를 떠나는 날 고고학, 생물학, 인류학, 신학 교수와 존의 조교, 인류학 수강 제자가 배웅하러 온다. 갑작스러운 떠남에 대해 동료들이 추궁하고, 아무런 계획이 없다는 답변에 추궁의 공세는 거세진다. 존은 이런 적이 없다며 주저하면서도 자신이 10년마다 사는 지역 또는 국가를 옮기고 이름을 바꾸며 살아온 얘기를 꺼낸다.

그리고 믿을 수 없는 이야기, 자신은 1만 년 넘게 이 지구에 살고 있다고 고백한다. 35세를 전후해 자신이 늙지 않는다는 것을 알았고, 당시의 지구인은 존이 타인의 생명력을 빼앗아 '불사'한다고 믿어 내쫓았다고 한다. 그는 때로 수렵이나 채취를 하며 숨어지내고, 때로 전공을 바꿔가며 교수를 하고, 때로 돼지목장을 운영하기도 하고 상인 노릇을 하기도 하며 '그저 오래 살아온 사람'일 뿐이라고 역설한다. 천재도 아니고

호기심과 당황 사이, 앉아서 대화만 해도 보는 이를 사로잡는다. ⓒ (주)크래커픽쳐스

특별한 존재도 아닌, 그때그때 새로운 환경과 지식과 기술에 적응하려 애쓰며 살아왔다고 말한다.

국가 구분 없는 유럽을 떠돌기도 했고, 빙하기 말 추위를 피해 막연히 따뜻할 것으로 여겨지는 해 뜨는 동으로 동으로 이동하기도 했고, 인도까지 갔다가 부처의 가르침에 감화되기도 했고, 로마제국이 지배하는 중동으로 돌아와 핍박받는 백성에게 마음을 다스려 오늘을 잘사는 수행에 대해 전파하려 했지만 실패하기도 했다. 1800년대 벨기에에선 거짓 신분을 들켜 공문서 위조로 1년간 감옥살이를 했고, 돼지목장주일 때 친분을 나눈 화가 반 고흐에게 그림 한 점을 얻기도 했고, 고흐 사후 1890년쯤 미국으로 건너와 지금까지 살고 있다는 것이다. 비범한 부분도 있다. 상처가 나도 빨리 회복된다는 것. 이에 대해 생물학 교수는 세포가 완벽히 노폐물을 배출하고 재생하는 것인데, 그것을 지속할 수 있다면 영생, 나이 1만 4천 세도 가능하다는 설명을 덧붙인다.

각 분야의 전공자들이 존의 주장을 반박하려 하지만 쉽지 않고, 도리어 그들은 혼란을 느낀다. 특히 신학 교수의 흔들림이 심하다. 또 존이 정신적으로 질병이 있는 것은 아닌지 우려하기도 하는데, 이 믿을 수 없는 주장을 믿을 순 없으니 차라리 존에게 '이상'이 있는 것으로 확인받고 싶었는지도. 이에 하버드대 출신 심리학자이자 정신과 개원의를 합류시켜 존의 심리적 이상, 다른 사람은 다 죽는데 혼자 영원히 사는 윤리적 가책에 대해 추궁하기도 한다. 이후 이야기는 생각지 못한 방향으로 치닫고, 나중에 되짚어보니 이미 복선이 깔려왔지만 눈치채지 못했던 반전도 일어난다.

영화는 작은 오두막처럼 생긴 집, 그것도 거실에서 벌어지는 대화를 카메라에 담는다. '구강 액션'으로 불린 한국 영화 〈공작〉이 몸 쓰는 액션 이상의 긴장감을 주었듯, 허무맹랑하다 할 만큼 파격적 고백을 하는 존의 이야기에 영화는 지루할 틈이 없다. 존의 이야기를 듣는 동시에 그동안 내가 지니고 있던 지식이나 신념에 투영해보며 감탄했다가 불쾌했다가 설득당하는 나를 마주할지 모르겠다. 그리고 피할 수 없는 질문에 맞닥뜨릴 것이다. 당신은 10년 동안 믿어온 친구의 말을 믿을 것인가, 내가 사실이라고 믿어온 정보와 옳다고 믿어온 신념에 부합되는 것만 믿을 것인가. 닥쳐보지 않고선 답을 내기 쉽지 않은 문제다.

신선한 스토리와 배우들의 연기력으로 관객을 화면 앞에 붙잡아두는 이 영화는 불운의 수작이다. 스티븐 스필버그가 기획 단계부터 탐을 냈다는데, 한국은커녕 미국에서도 극장 개봉 없이 2007년 7월 DVD 출시로 직행했다. 하지만 일단 본 관객은 호평한다. 자신의 '좌표'를 안다는 것은 내가 오늘을 어떻게 살아야 할지에 대해 혜안을 준다.

영화를 연출한 리처드 쉔크만 감독의 "불법다운로드 입소문으로 이 영화를 홍보해준 관객에게 감사한다"는 말에서 자신감이 읽히는 당신이라면 왓챠플레이 또는 올레TV에서 선택해봄직하다. 추억의 〈스타트렉〉과 〈환상특급〉의 시나리오를 맡았던 제롬 빅스비 원작이라는 사실도 구미를 당긴다.

영화의 제목 〈맨 프럼 어스〉는 작품을 보고 나면 '지구에서 온 사나이'로만 읽히진 않을 것이다. 영화의 비밀과 반전이 궁금하다면, 클릭!

❷ 진주 귀걸이를 한 소녀

17세기 걸작의 탄생 비밀

제작 2003 등급 15세 관람가
장르 드라마/로맨스/멜로 국가 영국
감독 피터 웨버(Peter Webber)
러닝타임 100분

콜린 퍼스, 화가 요하네스 페르메이르 맡아 묵직한 연기
스칼렛 요한슨, 하녀에서 뮤즈로 변화하는 그리트 열연
피터 웨버 감독, 명작 탄생과정 영화적 상상력으로 펼쳐

'네덜란드의 모나리자'라는 별칭을 가지고 있는 17세기 걸작 〈진주 귀걸이를 한 소녀〉는 많은 이들의 기억 속에 있고 뜨거운 사랑을 받는 명화다. 고개를 돌려 보는 이와 눈을 맞추는 듯한 자세와 오묘한 표정, 약간 벌어진 입가와 커다란 눈망울에 맺힌 '해맑은 웃음'을 마주하노라면 근심이 물러가고 아늑한 미소가 함께 지어진다.

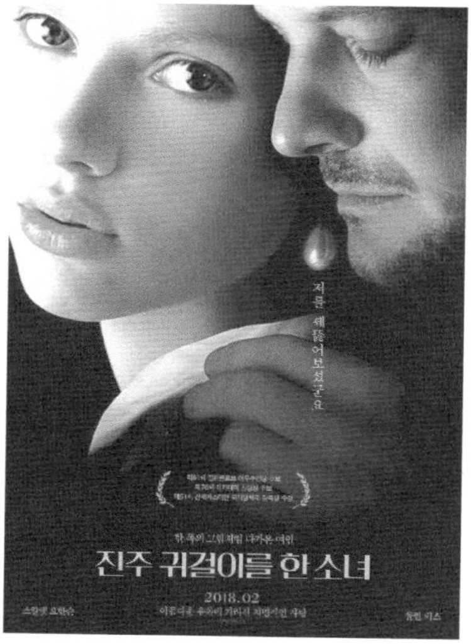

〈진주 귀걸이를 한 소녀〉 포스터
ⓒ (주)영화사진진

보는 이에게 힐링을 전하는 소녀가 누군지 우리는 알지 못한다. 어린 소녀가 커다란 귀걸이를 한 점, 그것도 수수한 옷차림의 그녀가 고가의 진주 귀걸이를 한 것도 이색적이지만 소녀의 얼굴 표현에 속눈썹이 보이지 않고 주근깨도 없고, 머리칼이 한 올도 드러나지 않은 등 신체 특징이 나타나지 않아 '실존하지 않는 허구의 존재'라는 주장도 미술계에 있어온 게 사실이다.

영화 〈진주 귀걸이를 한 소녀〉는 동명의 그림을 그린 네덜란드 황

거장의 뮤즈가 된 여성을 연기한 스칼렛 요한슨 ⓒ (주)영화사진진

금기의 화가 요하네스 페르메이르를 전면에 내세워 이 그림의 탄생과정, 소녀의 정체에 대해 설득력 있는 영화적 상상력을 펼친다.

페르메이르 역은 콜린 퍼스에게 맡겨졌는데 화가로서의 예술적 고뇌와 가장으로서의 부담 사이에서 힘겨워하는 모습, 그러함에도 꺾을 수 없는 예술혼과 아티스트로서의 다양한 시도를 무게감 있게 표현했다. 대사가 많지 않아도 눈빛과 표정으로 더 깊이 있게 말하고, 세상의 주변을 맴도는 먼 거리 모습에서는 콜린 퍼스가 아닌 장차 거장으로 평가받게 될 줄 모르는 '어떤' 화가가 보일 뿐이다.

페르메이르가 얹혀사는 장모 집에 임시로 고용된 하녀 그리트 역은 스칼렛 요한슨이 연기했다. 평민의 딸로 가세가 기울어 하녀 일을 하게 되는데, 이 집안의 가장 까다로운 일이자 모두가 꺼리는 화실 청소가 그녀에게 맡겨진다. 호기심 많고 영민한 그리트는 그저 청소만 하지 않는다. 감히 부인도 못 보는 그림을 감상하고, 빛의 양이 그림에 끼칠 영향을 생각하며 먼지 쌓인 유리창을 닦고, 그림 속 여성이 갇힌 듯한 느낌에서 벗어나도록 과감히 의자를 치운다. 이러한 그리트를 멀찌감치에서 지켜보는 이가 있었으니 페르메이르다.

페르메이르는 그리트를 마치 조수처럼 대한다. 실제로 영국의 흙과 아프리카의 돌, 소 오줌과 선인장 벌레 등 각종 시료에 도전했던 페르메이르는 영화 속에서 그리트에게 돌을 갈게 하고 여러 물감 재료를 준비하게 한다. 그리고 모델이 되어줄 것을 부탁한다. 이미 페르메이르의 마음에 뮤즈로 자리 잡은 그리트가 모델이 되는 건 당연한 일이리라. 새벽부터 밤까지 쫓기는 집안일, 화실에 오래 머무르는 것에 대한 부인의 경계 속에 모델을 거부하던 그리트는 마침내 캔버스 뒤에 서게 되는데, 그 그림이 바로 〈진주 귀걸이를 한 소녀〉다.

영화가 펼쳐낸 명작의 탄생과정은 이렇다. 실제로 페르메이르는 주로 상인계층의 일상을 그렸는데, 영화에서는 다둥이 부모인 딸과 사위의 생계를 챙기고 자신의 풍요를 추구했던 페르메이르의 장모가 뛰어난 수완으로 거부 상인의 후원을 받아 사위에게 그들 가족을 화폭에 담도록 종용한다. 그림이 마무리되기 무섭게 상인 반 라이벤과 새 그림 계약을 시도하는 장모, 그릴 만큼 그려 시큰둥해진 재력가. 노회한 부자의 눈에 어여쁜 그리트가 들어오고, 하녀들이 자신을 시중드는 그림을 요구한다. 자신의 뮤즈를 탐욕가의 질펀한 손끝에 둘 수 없었던 페르메이르는 그리트를 시중 그림에서 별도로 떼어내 단독 인물화로 그려 라이벤에게 주기로 한다. 그리트를 아끼는 페르메이르에게도 그녀를 벽에 걸고 매일 볼 수 있는 라이벤에게도 좋은 일이지만, 돈이 우선인 장모 또한 모른 척 넘기고픈 일이지만, 그리트의 미모가 불안해 경계의 눈빛을 거두지 않는 부인에게는 경천동지할 일이다.

그리하여 비밀리에 그리트의 인물화가 그려지는데, 어찌하여 귀족도 부자도 아닌 수수한 옷차림의 소녀가 독사진과도 같은 그림의 주인공이 되는지 고개가 끄덕여진다. 명화 〈진주 귀걸이를 한 소녀〉에 이마에 두른 아름다운 푸른 수건과 길게 늘어뜨린 머리칼과도 같은 흰 수건만 보일 뿐 머리칼이 가려진 사연에 대해선 영화를 통해 직접 확인하기를 바란다. 단순하게는 요하네스 페르메이르의 그림들에서 확인되듯 하녀들의 머리엔 흰 두건이 씌워져 있고 그리트가 하녀이니 자연스러운 것이기도 하지만. 이 영화에서 머리칼은 중요한 모티프이고, 머리칼이 드러난다는 게 얼마나 아름다운 순간인지 피터 웨버 감독은 새롭게 포착해낸다.

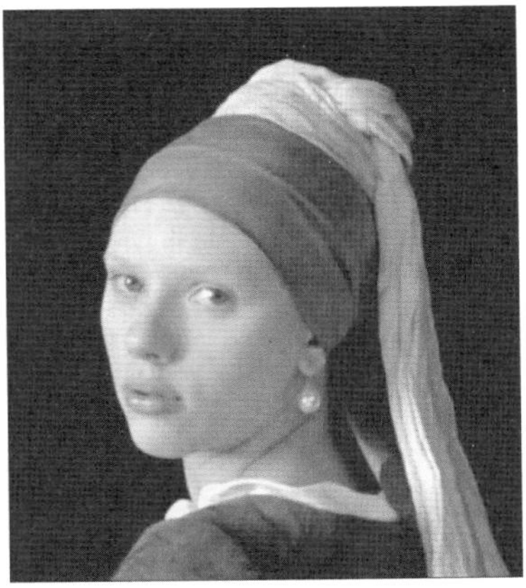

명화 〈진주 귀걸이를 한 소녀〉와 비교의 재미
ⓒ (주)영화사진진

피터 웨버 감독이 연출에 힘을 준 또 하나는 '걸작이 탄생한 방'이다. 주인과 하녀가 화가와 뮤즈로 만나는 방. 페르메이르와 그리트는 결코 선을 넘지 않지만, 손가락 하나 닿는 것조차 얼마나 짜릿한 전율의 순간인지 생생하다. 그리고 그림 안에서 그림을 환히 비추는 '진주 귀걸이'가 그리트의 귀에 걸리게 되는 과정 또한 흥미진진하다. 페르메이르가 그리트의 귓불에 구멍을 내는 장면, 그 순간 스칼렛 요한슨의 연기는 오래도록 기억에 남을 만하다.

진주 귀걸이를 한 소녀, 그림의 주인공이자 영화의 주연인 스칼렛 요한슨은 다양한 장르에서 몸을 아끼지 않은 호연을 해왔건만 주로 섹시 심벌로 기억되는 게 안타까운 배우다. 이 영화에서도 초승달 같은 눈썹에 거칠어진 손으로 그리트 역에 매진했다. 이마에 푸른 두건을 두르고 그림에서처럼 갈색 상의를 입고 고개를 돌릴 때, 순간 그림 〈진주 귀걸이를 한 소녀〉와 이질감 없이 겹쳐진다. 원작 속 소녀에게서 번지는 해맑음은 없지만 충분히 명화와 닮아있고 스칼렛 요한슨의 색이 입혀진 장면으로, 영화가 아닌 '그림'으로 보인다. 아, 원래 그림은 어땠더라? 명화를 검색하는 나를 발견할지 모른다. 반 라이벤을 연기한 톰 윌킨슨, 그리트를 사랑하는 푸줏간 집 아들 피터를 연기한 킬리안 머피도 우리를 17세기로 데려가는 데 한몫한다.

2020년 4월 말 네덜란드 마우리츠하이스미술관은 엑스레이와 디지털 현미경, 페인트 샘플 분석 등으로 1665년 그려진 그림 〈진주 귀걸이를 한 소녀〉를 정밀 분석한 결과를 발표했다. 놀라운 사실이 몇 가지 밝혀졌는데 없는 줄 알았던 속눈썹이 실제론 그려져 있었고, 검은 배경으로 보였으나 오른쪽 상부에 녹색 커튼이 있었다. 아직은 그녀가 누구인지 알 수 없지만, 정밀 분석 덕에 조금은 우리와 더 가까워졌다. 영화 〈진주 귀걸이를 한 소녀〉를 본다면, 바로크풍의 유채화 명작 〈진주 귀걸이를 한 소녀〉와 조금 더 가까워질 것이다.

❸ 먼 훗날 우리

〈에베레스트〉 정백연의 멜로 맛집

제작 2018 등급 15세 관람가
장르 드라마/로맨스/멜로
국가 중국 감독 유약영(Rene Liu)
러닝타임 120분

최고봉 〈에베레스트〉에 피어난 풋풋한 사랑 연기한 정백연
주동우와 호흡 맞춘 〈먼 훗날 우리〉에서 '멜로 장인' 눈도장

〈먼 훗날 우리〉 포스터 © 넷플릭스

2020년 7월 개봉한 중국 영화 〈에베레스트〉•는 마치 내가 지구의 지붕 에베레스트산을 등반하는 듯 박진감 넘치는 비주얼이 압도적이다. 할리우드 영화 〈1917〉과 〈어벤져스: 엔드게임〉의 제작진이 참여한 대작으로 한여름 더위를 날릴 산악 액션영화로 손색이 없지만, 두 커플의 로맨스도 담겨있어 영화를 풍성하게 한다.

중국 각종 무술대회 전국 1위에 빛나는 무술 고수, 영화 〈유랑지구〉의 배우 우징(오경)과 설명이 필요 없는 세계적 배우 장쯔이는 에베레스트 등반대장과 산악 날씨를 분석하는 기상대 팀장으로 영화를 이끄는 양대 축이다. 에베레스트에서 만나기 15년 전부터 두 사람은 서로에 대한 두터운 신뢰로 일생의 사랑을 이어간다.

• 감독 이인항, 수입 조이앤시네마, 배급 제이앤씨미디어그룹

영화 〈에베레스트〉에서
풋사랑을 연기한 정백연
ⓒ 제이앤씨미디어그룹

중국 아이돌 스타로 탄탄한 연기력을 과시하고 있는 배우 징보란(정백연)은 차세대 등반대장 이국량을 맡았는데, 그를 보고 한눈에 반한 티베트의 여인(곡니차인이 연기한 흑목단)에게 점차 마음을 열어가며 사랑을 싹틔운다. 이국량은 기자 출신으로 역사적 기록을 위해 사진을 찍는데 간간이 흑목단을 찍고 인화하며 풋풋한 로맨스를 꽃피우고, 에베레스트 정상을 향해 떠나는 날 특별한 선물을 건네 흑목단뿐 아니라 뭇 여성의 감동을 불러일으킨다.

방오주-서영 커플에 비하면 이국량-흑목단의 사랑은 스토리 분량이 적음에도 오래 기억에 남고 애잔한 인상이 짙다. 이제 막 시작되는 사랑이 주는 설렘도 하나의 이유겠지만, 정백연이라는 배우가 지닌 '멜로의 진정성' 몫도 크다. 저우동위(주동우)와 주연한 영화 〈먼 훗날 우리〉 속 깊은 사랑이 이후 그가 맡는 배역마다 배어난다.

사실 〈먼 훗날 우리〉는 그다지 오래된 영화는 아니다. 영화 속 배경이 2007년에서 시작돼 2018년 현재와 교차 편집되고, 주로 과거 장면이 많아 올드 무비로 생각되는지 모르겠다. 더구나 영화에서 보여주는 린젠칭(정백연 분)과 펑샤오샤오(주동우 분)의 사랑, 그 관계가 요즘 젊은이의 사랑으로 보기엔 구식이기도 하다.

2007년 춘절, 두 청춘은 베이징에서 고향 야오장으로 가는 기차에서 조우한다. 기차표를 잃어버린 샤오샤오, 이를 찾아주는 젠칭. 10시간 이어지는 기찻길, 발 디딜 틈 없이 빽빽한 기차간. 젠칭의 말을 빌리자면, 샤오샤오는 여느 여성들과 달리 욕도 잘하고 카드도 잘하고 술도 잘 마신다. 하지만 젠칭은 그런 샤오샤오가 어쩐지 좋다. 폭설로 멈춰버린 기차, 두 사람은 걸어서 고향 집에 간다.

베이징에서 살아남으려는 야오장 출신의 청춘들, 하나둘 고향으로 돌아가고 젠칭과 샤오샤오만 남는데. 샤오샤오는 베이징에 집을 가진 사람이 되기 위해 나이·직업 막론하고 연애를 시작하지만, 번번이 실패. 가진 것 없고 미래가 불투명한 젠칭은 그런 샤오샤오의 실패를 위로할 뿐 말리지 못한다.

드디어 샤오샤오가 따스한 젠칭에게 마음을 열고 교제를 결심하는데, 하필 그때 생계를 위해 불법 DVD를 팔던 젠칭이 구속된다. 젠칭이 없어도 홀로 아버지와 명절을 보내러 야오장에 가는 샤오샤오. 출소하는 날 교도소 앞에서 샤오샤오는 젠칭에게 남자친구가 생겼다며 "나이는 젊고 직업은 불안정하지만 잘생겼다"고 말하는데, 젠칭은 그게 자신임을 알고 기쁨으로 포옹한다. 함께 새로운 인생을 향해 달리는 두 사람. 샤오샤오는 젠칭이 매달려온 게임소프트웨어 개발에 몰두하도록 돈이 된다는 부동산 중개인 일을 시작한다.

젠칭의 개발작업은 더디고 샤오샤오는 변함없는 가장 노릇에 지쳐간다. 사랑은 사라지고 일상만 남은 잔인한 하루하루가 이어지던 어느 날, 젠칭이 인터넷 친구를 사귀고 인터넷 게임만 이어가자 샤오샤오는 조용히 그를 떠난다. 밥처럼 먹고 지내던 라면을 끓여 제 몫을 먹고 젠칭 몫은 남겨두고, 린가네 식당을 하는 젠칭의 아버지가 주신 장을 반찬으로 꺼내놓고 샤오샤오는 집을 나선다. 떠난다는 샤오샤오의 말조차 인터넷 게임에 빠져 듣지 못한 젠칭은 뒤늦게 알아차리고 지하철역을

케미스트리가 좋은 두 배우 정백연과 주동우(왼쪽부터) ⓒ 넷플릭스

향해 뛴다. 닫히기 직전의 지하철 안에 있는 샤오샤오, 문밖에 선 젠칭. 젠칭은 그녀가 내리길 기다리고, 샤오샤오는 그가 타기를 바란다. 그렇게 멀어지는 두 사람.

두 사람이 만날 땐 어김없이 폭설이 내린다. 시간이 흘러 게임개발로 성공한 젠칭, 중개인으로 평범한 삶을 사는 샤오샤오. 춘절을 맞아 집이 있는 베이징으로 돌아가려 비행기에 올랐지만, 폭설로 비행기가 뜨지 못해 둘은 하룻밤을 함께 보내게 된다. 젠칭의 아내는 남편을 믿지 못해 어린 딸을 시켜 영상통화로 호텔 방 구석구석을 보여 달라고 한다. 젠칭은 그게 싫어 방을 나왔지만 샤오샤오를 내연녀로 보는 동료의 시선. 모든 게 싫어 자동차를 빌려 베이징까지 가려는 두 사람. 폭설로 꽉 막힌 도로 위에 갇힌 두 사람은 지난 10년의 세월을 반추하며 여전히 변함없는 마음을 확인하는데…. 두 사람은 쓸쓸한 오늘을 뒤로하고, 다시 그 시절로 돌아갈 수 있을까.

〈먼 훗날 우리〉는 화려하지 않은 작품이다. 블록버스터도 아니고 로맨틱 코미디도 아니다. 하지만 어떤 블록버스터보다 큰 울림이 있고 웬만한 코미디보다 크게 웃을 수 있다. 시종일관 풋풋한 미모와 사랑스러운 매력으로 영화에 비타민 역할을 하는 배우 주동우가 영화 보기를 멈출 수 없게 시선을 붙든다. 그리고 주동우가 맘껏 뛰어놀 수 있게 영화에 기본 공기를 만드는 건 정백연이다. 20cm 차이 나는 키도 듬직한 로맨스에 한몫한다. 상대 배우 주동우만 번쩍 들어 올리는 게 아니고, 어떠한 난관에서도 바위처럼 듬직하게 묵묵히 첫사랑을 지켜낸다. 남루한 옷을 입어도 가려지지 않는 정백연의 수려한 외모와 지질한 행동을 해도 가려지지 않는 젠칭의 따스함으로 멜로 분위기를 다진다.

영화를 처음 볼 당시엔 제목 〈먼 훗날 우리〉가 2018년에 재회한 린젠칭과 펑샤오샤오인 줄 알았다. 그런데 이제 와 다시 보니 생각이 달라진다. 홀로 고향에 내려가 젠칭의 아버지 가게에서 새로운 인생을 시작하는 샤오샤오. 부와 명예, 단란한 가정 등 다 가진 것 같지만 공허한 베이징에서의 일상을 살아가는 젠칭. '서로만 빼고 다 가진' 두 사람은 먼 훗날, 마음이 가는 방향에 따라 '우리'가 될 수 있을까.

④ 호우시절

정우성은 몇 살까지 멜로가 가능할까

개봉 2009 등급 15세 관람가
장르 로맨스/멜로 국가 한국
감독 허진호 러닝타임 100분

서른일곱, 사랑을 표현하기 좋은 시절 '정우성과의 재회'
로맨스에 제격인 배우의 조건, 연기력보다 태도가 중요

2008년 개봉한 김지운 감독의 영화 〈좋은 놈, 나쁜 놈, 이상한 놈〉에서 '좋은 놈'을 연기한 정우성을 보며 뿌듯했던 기억이 생생하다. "우리에게도 말달리며 장총 쏘고 밧줄 타고 날아도 어색하지 않은 배우가 있다, 기럭지(긴 정도, 충청도 방언)도 유연함도 할리우드 카우보이 못지않다"고 외치고 싶은 기분이었다.

〈호우시절〉 포스터 © (주)NEW

그리고 이듬해 중국 배우 고원원과 호연한, 평범하면서도 가슴 저린 일상 멜로 〈호우시절〉을 보며 '외국인과의 사랑도 이토록 자연스럽게 보이는 정우성이구나' 하고 감탄했다. 벌써 11년 전이다. 호우시절(好雨時節)은 "좋은 비는 때를 알고 내린다"는 뜻으로, 중국 당나라 시인 두보의 시 '춘야희우(春夜喜雨)'의 한 구절이다. 제목처럼 서른일곱의 정우성, 사랑을 알고 표현하기에 좋은 때라는 생각을 했다.

〈내 머리 속의 지우개〉(2004)와 〈호우시절〉의 잔상이 깊어서일까.

불현듯 든 생각, 배우 정우성은 언제까지 멜로 연기가 가능할까.

자신의 얼굴에 늘어가는 주름을 그냥 두는 배우, 사진에 보여도 보정을 원치 않는 남자. 늙는 걸 자연스럽게 받아들여 자연스럽게 늙고 있는 정우성인 만큼 '언제까지나'라고 전망하고 싶다. 세월이 흘러도, 여린 심성에서 오는 그 촉촉한 눈빛만 여전하다면 환영이다. 외모만이 아니잖은가. 그간 대중 앞에 보여온 인간 정우성의 사랑 모습도 '그레이 로맨스'(황혼의 사랑)에 대한 기대를 품게 한다. 한 여자와 오래 교제했으며 대중 앞에 당당히 밝혔고, 오랜만에 찾아왔다가 금세 마침표가 찍혔던 사랑 앞에서도 그는 솔직했다.

멜로에 진심, 배우 정우성 ⓒ (주)NEW

〈호우시절〉을 개봉했던 당시가 떠오른다. 고원원 배우가 내한해서 함께 기자들을 만났다. 정우성은 감수성 터지는 멜로 연기에 대한 극찬 속에 그 비결을 묻자 고원원에게 공을 돌렸다.

"너무 예쁘지 않나요? 이런 상대를 만났는데 어떻게 사랑하지 않을 수 있겠어요. 노력할 것 없이 감정이 절로 샘솟았어요."

"세밀한 감성 연기가 대단한 배우예요. 내게 오는 그 감정에 대해 저는 리액션을 했을 뿐입니다."

고원원에 대한 극찬만이 아니었다. 생수병 하나, 의자 하나까지 눈길과 손길로 상대 배우를 챙겼다. 멜로 호흡을 맞춘 선남선녀, 스캔들을 전혀 의식하지 않는 행동에 대해 묻자 정우성은 의외의 답을 내놓았는데, 아량이 느껴졌다.

> *"한국에 와준 손님이잖아요. 손님 대접을 잘하는 게 집주인의 도리죠. 모든 스포트라이트를 고원원 배우가 받아도 상관없어요."*
>
> *"둘이 사귀는 거 아냐? 소리가 나온다는 건 연기가 좋았다는 것이고 영화에 고개가 끄덕여지셨다는 거라고 생각해요. 스캔들 나면 제가 영광이죠."*

건설회사 팀장 박동하(정우성 분)는 중국 출장 첫날, 관광가이드로 일하는 메이(고원원 분)와 조우한다. 미국 유학 시절 친구였던 두 사람의 재회. 키스도 했고 자전거 타기를 가르쳐주었다는 동하, 키스는커녕 자전거를 탈 줄도 모른다는 메이. 같은 시간에 대한 다른 기억을 가진 두 사람은 청춘의 한때를 함께했던 힘으로 금세 가까워진다. 출장을 마치고 한국으로 돌아가야 하는 동하, 이대로는 떨어지지 않는 발길. 귀국을 하루 늦춘 동하는 메이와 소중한 하루를 만든다. 이제는 메이도 부인할 수 없는 첫 데이트, 첫 키스. 함께 있는 것만으로도 행복한 두 사람. 놓쳐

좋은 비는 때를 맞춰 온다, 호우시절. 배우 고원원과 정우성(왼쪽부터) ⓒ (주)NEW

버린 첫사랑을 이번엔 잡을 수 있을까? 호우시절, 이번엔 때를 맞춰 찾아온 사랑일까.

맑은 눈을 가진 고원원과 정우성이어서 그런 걸까. 30대 배우가 빚어내는 첫사랑의 느낌이 20대 연기자가 그려내는 첫사랑 이상으로 풋풋하고 가슴 설렌다.

조금씩 가까워지는 손길, 그에 따라 좁혀지는 마음의 거리. 허진호 감독은 배우들의 눈짓 하나, 몸짓 하나에 우리를 집중시키는 힘이 있다. 멜로 맛집 허진호의 명작 〈호우시절〉. 촉촉한 비와 함께 마음을 따뜻이 데우는 영화를 보기 좋은 시절이다. 좋은 영화는 때를 맞춰 온다. 2009년에 못 봤다면 이번엔 놓치지 말자.

❺ 단지 세상의 끝

세계적 명배우들이 자비에 돌란을 만났을 때

개봉 2017 등급 15세 관람가
장르 드라마 국가 캐나다/프랑스
감독 자비에 돌란(Xavier Dolan)
러닝타임 99분

제69회 칸국제영화제 심사위원대상 영예
나의 죽음을 알리기 위한 작가(가스파르 울리엘 분)의 여정
마리옹 꼬띠아르, 뱅상 카셀, 나탈리 베이, 레아 세이두 가세
자비에 돌란이 지휘하는 연기파 배우들의 '언어의 향연'

〈단지 세상의 끝〉 포스터 ⓒ (주)엣나인필름

자비에 돌란이 연출한 영화는 그가 출연한 영화, 출연하지 않은 영화로 나눌 수 있다. 작품마다 매번 새로운 시도와 화법, 영상과 장르를 보여주기에 그 외의 구분은 필자에게 쉽지 않다.

개인적으로 돌란이 출연한 영화를 사랑하는데, 칸국제영화제는 그가 출연하지 않은 영화들에 트로피를 주었다. 2014년 〈마미〉에 굳이 등수로 말하면 3등 상인 심사위원상을, 2년 뒤 제69회 시상식에서는 영화 〈단지 세상의 끝〉에 2등 상인 심사위원대상을 수여했다.

〈단지 세상의 끝〉에는 자비에 돌란 영화에서 처음으로 세계인이 사랑한 프랑스의 명배우들이 대거 등장한다. 배우의 유명세보다는 신선한 스토리와 그에 대한 접근법, 감각적 영상과 편집과 음악이 압도적 만족

감을 주는 돌란의 영화에 실력파 배우들이 필요한 이유가 있었다.

절친 안느 도발이 영화가 만들어지기 5년 전 유명 극작가 장 뤽 라가르스가 쓴 동명의 희곡을 건넸다. 도발이 무대에 올렸던 작품으로, 당시 자신이 준비하고 메모했던 모든 자료를 돌란에게 넘겼다. "너에겐 꼭 읽어볼 의무가 있어"라는 말과 함께. 돌란은 친구 말을 따랐지만, 고이 접어 서재 꼭대기에 두었다. 데뷔작 〈아이 킬드 마이 마더〉를 찍은 뒤였다.

시간은 위대하다. 5년이라는 시간은 자비에 돌란에게 〈단지 세상의 끝〉을 다르게 보고 새롭게 해석할 힘을 부여했고, 함께할 배우들을 만날 계기와 타이밍을 만들었다. 영화 〈마미〉로 칸에 갔을 때 만난 예술영화와 상업영화를 자유로이 넘나드는 마리옹 꼬띠아르가 시작이었고 〈로렌스 애니웨이〉에서 함께했던 명배우 나탈리 베이와 다시 작업하고 싶었고 악역과 선역이 두루 가능한 뱅상 카셀, 무섭게 떠오르는 배우 레아 세이두, 프랑스가 사랑하고 끝내 세계인이 사랑할 가스파르 울리엘을 염두에 두고 시나리오를 쓰기 시작했다.

명배우들이 필요했던 이유는 어쩌면 지금부터다. 연극 무대에서 영화로 옮겨진 〈단지 세상의 끝〉을 보면 휘몰아치는 대사와 침묵, 다시 이어지는 비아냥거리는 대화와 친절, 머뭇거리는 행동과 무례한 개입 속에 인간의 슬픔과 외로움, 그리움과 열등감, 사랑과 분노가 격정적으로 일렁인다. 여느 배우가 쉽게 표현할 수 있는 화법과 표정, 움직임이 아니다. 자비에 돌란의 캐스팅은 적절했고 그것은 화면 위에서 인증된다.

유명 작가 루이(가스파르 울리엘)는 12년 전 떠나온 고향으로 가는 비행기 안에 있다. 자신의 죽음을 알리기 위해서다. 오랜 시간을 돌아 집을 찾는 아들을 위해 어머니(나탈리 베이)는 갖가지 음식을 준비하고 자신도 과하리만큼 화려하게 치장한다. 어려서 기억에 없는, 그러나 분명히 자신의 작은오빠인 루이를 동경해온 막내(레아 세이두)는 설레는 마음으로

세상의 끝에
도달했을 때
찾아가고 싶은 이는
누구입니까?
ⓒ (주)엣나인필름

오빠를 기다리고 자신이 제법 잘 성장했음을 인정받고 싶어 한다. 매사 못마땅한 형(뱅상 카셀)은 오늘따라 더 신경질적 태도로 모두를 불편하게 한다. 12년 만에 찾은 집에서 루이가 당장 마음 붙일 사람은 아이러니하게도 처음 보는 형수(마리옹 꼬띠아르)였는데, 2세 없이 곧 세상을 뜰 자신의 이름을 조카의 미들네임으로 붙여준 사람이다.

오랜만에 누군가를 만난다는 것도, 그들에게 자신의 죽음을 알려야 한다는 것도 루이에겐 쉽지 않은 숙제인데, 12년 만에 만난 가족들은 환영도 잠시 각자의 마음속 원망과 분노를 드러낸다. 만일 루이가 타향살이에 지쳐 남루한 몰골로 돌아왔다면 달랐을까. 파리에서 성공한 작가, 신작을 내면 TV에도 출연할 만큼 유명해진 루이 앞에 가족들의 서운함과 열등감은 폭발한다. 루이는 자신의 죽음에 대해선 입도 떼지 못한다. 달리 생각해보면 어머니와 막내, 형의 가족은 늘 함께였고 혼자였던 건 루이다. 루이에게도 가족을 떠날 수밖에 없었던 이유가 있었다. 일생을 건 선택과 그것을 받아들여주지 않는 가족이 있었다. 하지만 모든 비난은 떠난 자에게 몰리고, 남은 자들의 슬픔은 '인간에 대한 예의'를 잊게 하는 명분이 된다.

〈단지 세상의 끝〉은 언어가 8할을 차지하는 영화다. 감정의 방향과 태도에 따라 말은 폭풍처럼 휘몰아쳤다가 고요한 바다로 떨어져 잠든다. 깔끔하게 다듬어진 예술 언어가 아니라 일상에서 감정을 실어 말하는 세기와 억양, 버벅거림과 잘못된 어법 그리고 그것을 정정해 다시 말하는 화법, 같은 말을 반복하는 모습 등이 생생하게 담겼다. 이것은 원작자 장 뤽 라가르스의 희곡에 적힌 그대로이고, 원작의 언어 그대로를 스크린에 옮기는 게 이 영화의 의미라고 생각한 자비에 돌란의 의지이며, 훌륭한 배우들이 보여준 명연기의 결과다. 백번 말해도 소용없고, 정말이지 꼭 영화를 통해 확인하기 바란다.

그리고 이 언어의 향연, 때로는 바이올린과 첼로, 더블베이스와 심벌즈 그리고 피아노가 협연하는 듯한 이 교향곡을 지휘하는 마에스트로는 단연 자비에 돌란이다. 아주 느리게, 몰토 아다지오에서 프레스티시모, 아주 빠르게까지 변화무쌍하게 연주되는 영화. 다섯 배우의 내공 연기를 통해 연극의 느낌을 그대로 살리면서도 영화로서도 명품으로 완성된 〈단지 세상의 끝〉. 자비에 돌란은 몇 번 새로운 걸 파격적으로 보여주다가 사라지고 말 어설픈 천재가 아니라 계속해서 자신의 확장성을 증명할 예술가임을 이 영화를 통해 입증했다.

그것은 현장에서부터 확인되고 있었다. 영화계의 아이돌처럼 보이

자비에 돌란 감독(가운데)과 배우 마리옹 꼬띠아르(왼쪽), 나탈리 베이 ⓒ (주)엣나인필름

는 꽃미남 외모에 다소 거만하다는 소문은 자비에 돌란의 내면과 핵심을 가리는 요소에 지나지 않는다. 치열하게 사색하고, 결정하고 나면 치밀하게 준비하고, 촬영이 시작되면 겸허한 태도로 연출한다. 2017년 개봉 당시 공개됐던, 영화를 함께했던 다섯 배우의 말을 그대로 옮긴다. 시간을 함께했던 그들의 말에 진실이 있다.

가스파르 울리엘

"자비에는 약간 거만하고 젠체하는 이미지로 알려져 있는데, 실제로는 촬영장에서 무척 겸손하고 정중했고 가끔은 소심하다는 생각마저 들었다. 이번 작업은 자비에의 〈세이프티존〉을 넘어선 것이지 않나. 배우이자 감독인, 배우의 작업을 잘 이해하는 자비에의 시선으로 필름에 담기는 것은 독특한 경험이었다. 그의 시선을 통해 가장 아름다운 모습으로 찬양되는 거다. 왜냐하면 결국 자비에가 중요하게 생각하는 것은 아주 작은 반응과 숨결, 떨림, 머리카락의 모양 같은 작은 부분이었기 때문이다. 자비에는 아주 미세한 감정의 떨림까지도 마치 지진계처럼 기록한다. 아주 큰 것과 아주 작은 것을 조합하는 연금술을 지니고 있다."

마리옹 꼬띠아르

"처음에 텍스트를 이해하는 데 약간의 어려움이 있었다. 문체의 섬세함이라든가, 그런 것을 내 것으로 만드는 일들 말이다. 겁이 많이 났고, 불안해서 곧장 자비에에게 그 이야길 했다. 하지만 동시에 문체에 매혹되기도 했다. 쉼표 하나도 건드리고 싶지 않았다. 그래서 자비에에게 함께 작업을 하고 싶기는 한데 어떤 방향으로 가야 할지 잘 모르겠다고 말했다. 솔직히 자비에와 작업하는 게 약간 무서웠다. 하

지만 동시에 흥분되는 일이었다. 자비에는 현장에서 변화를 즐겼고, 그의 연출은 마치 '라이브 아트'를 만들고 있는 것 같았다. 다른 곳에서 찾아보기 힘든 독특한 기법이었는데, 이런 경험은 처음이었다."

뱅상 카셀

"사람들은 자비에를 아이돌이라고 부르는데 그게 다는 아니다. 그는 꿈꾸고 상상한다. 현장에 도착하면 컷이라든지 색깔, 그런 것들이 벌써 다 준비되어있다. 게다가 그렇게 준비한 것들을 항상 재검토하고 더 나은 방향으로 수정하기도 한다. 그는 닫혀 있지 않다. 그리고 배우들을 사랑한다. 배우들이 작업하는 방식과 배우들이 가진 것에 맞춰서 그들을 기용한다. 모든 작업이 유쾌하고 따뜻한 분위기에서 진행되기를 바란다. 진심으로 열정으로 가득 차 있다. 자비에는 항상 무언가를 찾고 있고 언제나 일을 하고 있다. 탐구하고, 공부하고, 무언가를 하고 있다. 하루아침에 짠하고 '천재'로 태어난 게 아니라는 거다. 그와 함께 작업할 수 있어서 만족스러웠다."

레아 세이두

"영화 〈단지 세상의 끝〉은 모든 것이 선물이었다. 역할뿐만 아니라 감독인 자비에도, 같이 작업한 배우들도, 시나리오도 모두 선물 같았다. 영화 자체가 선물이었달까. 거부할 수 없는 종류의 프로젝트였다. 자비에는 배우로서도 현장에서 함께하기 때문에 우리가 웃을 때 같이 웃고 감정을 나눈다. 그 점이 자극이 되었다. 젊고 신선한 에너지가 현장 분위기를 좋게 만들었다. 나 역시 나의 한계를 넘어서고 싶었다. 왜냐면 자비에의 마음에 들고 싶었고, 최선을 다하고 싶었으며, 실망시키고 싶지 않았기 때문이다."

나탈리 베이

"영화 〈로렌스 애니웨이〉를 촬영할 때 자비에는 스물두세 살의 청년이었다. 그때는 몰랐지만 당시에도 자비에는 그 나이에 자기가 원하는 것 그대로 영화를 무척 쉽게, 여유롭게 하는 것을 볼 수 있었다. 당시에도 놀라울 정도로 성숙했는데 지금도 그렇다. 자비에는 모든 것을 직접 계획하고 실행하고 통제했는데, 심지어 억양까지 정해줬다. 한 문장을 10가지 버전으로 읽게 하기도 했다. 그렇게 만들어진 자비에만의 프레이징과 음악을 주면 배우들은 그에 맞춰서 재해석했다. 이렇게 엄청난 재능을 가진 젊은 감독과 함께할 수 있어서 큰 행운이었다."

'단지 세상의 끝'에는 무엇이 있을까. 흔히 말하는 인생 절벽, 낭떠러지 일보 직전. 영화를 보는 동안 루이에게 그들은 가족이 아니라 낭떠러지보다 더한 추락을 경험하게 하는 사람들이라는 생각이 들었다. 하지만 두고 두고 생각나며 생각이 바뀌었다. 살인과도 같은, 누구에게도 말할 수 없는 잘못이나 루이처럼 자신의 죽음을 말할 수 있는 그 누가 당신에게 있는가. 피가 섞였든 섞이지 않았든 그가 당신의 진정한 가족이다. 루이는 다음번에는 12년보다 짧은 시간 내에 오겠다고, 가족의 얘기를 묵묵히 다 듣겠노라고 다짐했지만, 그것이 마지막이었다. 아직 시간이 남아 있는 우리라면 늦기 전에 움직이자.

❻ 히든

새로움에 한 방 맞고 싶다면 이 영화!

개봉 2006 등급 15세 관람가
장르 미스터리/스릴러
국가 프랑스/오스트리아/독일/이탈리아/미국
감독 미카엘 하네케(Michael Haneke)
러닝타임 118분

칸과 아카데미가 사랑한 감독, 미카엘 하네케
48세 늦깎이 데뷔 감독의 도전적 질문
영화와 미디어 안에 진실이 있는가?

〈히든〉 포스터 ⓒ (주)스폰지이엔티

좋은 영화를 소개하려고 할 때는 제일 못했던 100m 달리기를 앞뒀을 때처럼 떨린다. 이 영화를 오롯이 잘 전할 수 있을까. 자신감이 바닥으로 내리꽂힌다. 보통은 영화의 매무새와 분위기에 따라 글이 흐른다. 영화의 완성도와 깊이를 닮는다. 이 글이 어떻게 써지든 그것은 영화 〈히든〉이 지닌 신선미, 관객에게 주는 충격의 100분의 1에도 미치지 못할 것이다.

〈히든〉을 선택한 것은 미카엘 하네케 감독의 영화여서만은 아니다. 하네케로 말하면, 2001년 영화 〈피아니스트〉로 칸국제영화제 그랑프리인 심사위원대상을 받았고, 4년 뒤 〈히든〉으로 감독상을 받았다. 칸 황금종려상도 두 번이나 받았는데 2009년 〈하얀 리본〉, 2012년 〈아무르〉다. 〈하얀 리본〉은 이듬해 골든글로브 최우수 외국어영화상, 〈아무르〉 역시 아카데미 외국어영화상의 주인공이 됐다. 48세에 늦깎이로 데뷔한 영화감독의 성취다.

상을 받은 영화들이야 두말할 것 없이 좋지만, 상을 비껴간 미카엘 하네케의 영화들도 너무 좋다. 보아온 것, 아는 것이 많은 나이에 새로울 수 있다는 것이 놀랍고 호호백발 감독이 보여주는 새로움은 결이 다르다. 드러내놓고 목소리 높여 외치지 않지만, 흔하지 않은 주제의식이 묵직하다.

〈히든〉은 처음부터 한 대 맞고 시작한다. 영화는 분명히 시작됐는데 건물 전경을 찍은 사진 같은 정지화면 위로 제작사며 배우, 타이틀과 감독을 소개하는 자막이 작은 글씨로 화면을 덮는다. 러닝타임(이하 왓챠 기준) 55초쯤 화면 오른쪽에서 검은 옷의 남자가 나와 왼쪽으로 걸어가는 걸 보고서야 '아, 정지화면은 아니구나' 알게 되고, 그 뒤에도 1분 38초까지 자막은 계속 덮인다.

자막이 걷히고도 계속되는 미동 없는 화면. 숨죽이고 지켜보는 가운데 단 두 번 보이는 사람이 막혔던 숨통을 틔운다. 2분 26초에 이르러서야 들리는 남자의 목소리, "어때?". 이어지는 여자의 목소리, "글쎄".

누군가 당신을 지켜보고 있다. ⓒ (주)스폰지이엔티

두 사람의 대화를 통해 스크린에 보이는 화면의 내용에 짐작이 가지만 아직은 어안이 벙벙. 2분 56초에 문을 열고 나오는 남자, 멀리 보이는 여자. 영화의 남녀 주인공임을 눈치채지만, 지금까지 3분 가까이 보아온 화면 안으로 그들이 들어온 것이다 보니 이것이 재생 중인 화면의 일부인지, 화면은 끝나고 영화 속 실재인 실사 화면이 시작된 것인지 장담하기 어렵다.

다시 계속되는 골목 전경의 모습. 상황 파악을 위해 애쓰기도 하고, 일단 지켜보자는 마음으로 내려놓는 나를 발견하기도 하는데, 3분 56초쯤 스크린에 비가 내리며 4분 30초까지 '빨리감기'가 진행된다. 이제야 영상의 정체를 정확히 알겠다. 비디오테이프 재생 화면. '빨리감기'를 잠시 멈춰 '재생'으로 남자주인공이 나오는 모습을 보여주다가 4분 36초부터 '되감기', 4분 40초부터 8초 동안 다시 걸어 나오는 남자의 모습 '재생'.

4분 48초부터 15초 동안은 아예 스크린을 걷다가 멈춘 남자의 '정지화면'으로 해놓고 두 주인공의 대화가 흐른다. 5분 4초가 되어서야 지금껏 우리가 보아온 장면을 모니터로 보며 대화하는 남녀가 보인다. 옷차림으로 보아 2분 56초에 나왔던 두 사람의 모습은 비디오 속 화면이 아니라 영화 속 '현재' 모습이었음이 확실해진다. 비디오 재생 중 잠시 안내도, 예고도 없이 실사 화면이 끼어든 것이다.

본 적 없는 영화의 시작, 그것만으로도 뇌가 띵한데 도대체 무슨 장면인지, 이 장면의 목적은 무엇인지 알 수 없어 왠지 모를 불안감에 휩싸인다. 내 집 앞을 2시간 넘게 찍었고, 그 안에는 나도 나오는데 전혀 눈치채지 못했고, 지금도 찍고 있을지 모르는데 누가, 왜 찍었는지 알 수 없는 비디오테이프를 받은 주인공 부부의 불안이 관객에게 고스란히 전달된다. 흔히 주인공들의 대사와 표정으로 그 불안감을 전하는데, 미카엘 하네케 감독은 내용이 아니라 '형식'으로 불안감을 공유한다. 결과는

프랑스 역사의 과거와 현재, 영화 〈히든〉 ⓒ (주)스폰지이엔티

백배 효과적이다. 마치 영화를 보는 내가 누군가에 의해 감시당하고 사생활을 침범당하는 느낌이 생생하다.

누가 찍었을까, 왜 보냈을까. TV 문학토론 프로그램 진행자로 한없이 지적이고 온화해 보이는 조르주(다니엘 오퇴유 분), 한없이 우아하고 교양 있어 보이는 아내 안느(줄리엣 비노쉬 분)에게 앙심을 품은 누가 있기라도 한 걸까. 평온한 중산층 가정, 평화로운 부부의 일상에 던져진 돌. 그 파문은 조르주가 잊고 지냈던 어린 시절의 잘못, 자신마저 속여온 치부를 상기시킨다. 늦었지만 진심 어린 사과라면 서로의 상처와 트라우마를 치유할 수 있을지 모르건만, 어른 조르주는 어린 조르주보다 더 잘못된 선택을 하고 만다.

이 치졸한 남자의 흔들림과 불안을 연기한 다니엘 오퇴유. 영화 〈마농의 샘〉(1986)에서 마농을 짝사랑하는 마음을 그녀의 리본을 가슴에 꿰매는 것으로 표현했던 오퇴유는 이번에도 연기파 배우답게 조용히 인상적인 연기를 펼친다. 유럽 영화든 미국 영화든, 큰 역이든 작은 배역이든 제 몫을 해내는 줄리엣 비노쉬는 이번에도 안정적인 연기로 영화를 받친다.

하네케 감독은 개인의 죄의식에 관한 영화라고 얘기했지만, 영화는 만든 자의 것인 동시에 해석하는 자의 것이다. 조르주는 40년 전에도, 40년이 지난 오늘도 '마지드'라는 이름의 알제리인에게 돌이킬 수 없는 상처를 남긴다. 자신의 '불안감'과 상대의 '삶'이 결코 등가(동일한 가치)가 아니건만 손쉽게 맞바꾼다. 죄는 잊어도 죄의식은 남아 조르주를 괴롭히는데, 조르주는 어리석게도 죄의식에 더 큰 죄를 범한다. 조르주의 잘못은 자연스레 프랑스의 잘못으로 비친다. 132년간 프랑스의 식민지 지배를 받은 알제리는 1962년 독립했다. 1954년부터 독립운동을 했고, 1961년 10월에는 3만 명이 넘는 알제리인이 파리에서 대대적 시위를 했는데 이때 200명 이상의 알제리인이 프랑스인에 의해 센강에 빠져 죽거나 실종됐다. 1957년 알제리인에 대한 고문 살인*이 있었음을 2018년에 이어 2021년에도 공식 인정한 프랑스지만 현재도 이민자 차별은 여전하다.

철저히 개인의 죄의식으로 보아도 무방하다. 스릴 넘치는 미스터리 심리극의 쫄깃한 긴장미를 맛볼 수 있다. 본래 미카엘 하네케는 어떤 메시지를 강요하거나 주입하는 감독이 아니고, 본인의 생각을 따라오도록 스토리와 영상을 꾸미는 감독도 아니다. 그저 관객의 마음을 자극하고 꽉 막힌 뇌를 쑤셔 하네케 자신과의 소통으로 끌어낼 뿐이다.

* 프랑스군은 알제리 독립전쟁(1854~1962) 중이던 1957년, 알제대 수학 교수 모리스 오댕과 알제리 독립운동가이자 변호사였던 알리 부멘젤을 고문 살해했다. 프랑스는 당시 37세로 숨진 부멘젤의 죽음에 대해 프랑스군에 구금됐다가 스스로 건물 6층에서 투신해 숨졌다고 자살로 위장했다. 2018년 오댕 교수에 대한 고문 살해를 인정하고 유족에게 사과했고, 2021년에는 부멘젤의 고문 살해를 공식 인정했다. 알제리 전쟁 당시 프랑스군과의 전투와 체포, 투옥 과정에서 숨진 알제리인은 무려 150만 명에 이른다.

"영화 안에서의 진실, 미디어 안에서의 진실, 이것은 다 조작이다. 나는 이미지 속의 이미지를 사용하는 기법을 통해 '어떤 것이 진실인가?' 같은 질문을 관객에게 제시한다. 이런 물음은 나 스스로에게도 항상 제기하는 문제들이다. 나는 관객을 가르치려 들지 않는다. 단지 끊임없이 자극하고 그들과 소통하려 하는 것뿐이다."

미카엘 하네케의 자극에 동요해볼 만하다. 영화 100편을 연속해 봐도 만나기 힘든 새로움이 그의 영화엔 분명히 있어 즐겁고, 인간과 우리 사회의 본성과 구조에 관한 예상하지 못한 깨달음이 있어 의미 있다. 무엇보다 한시도 마음을 놓지 못하게 몰입하게 하는 재주가 있고, 내가 믿고 있던 게 믿을 만한 것인지 되돌아보게 하는 힘이 있다.

❼ 미치광이 피에로 압도적 아름다움, 칸 포스터의 추억

제작 1965 등급 15세 관람가
장르 드라마/범죄 국가 이탈리아/프랑스
감독 장 뤽 고다르(Jean Luc Godard)
러닝타임 110분

포스터를 기억할 수 있는 영화가 있다면 그것이 '명작'
현대영화의 시작 장 뤽 고다르 감독의 〈미치광이 피에로〉

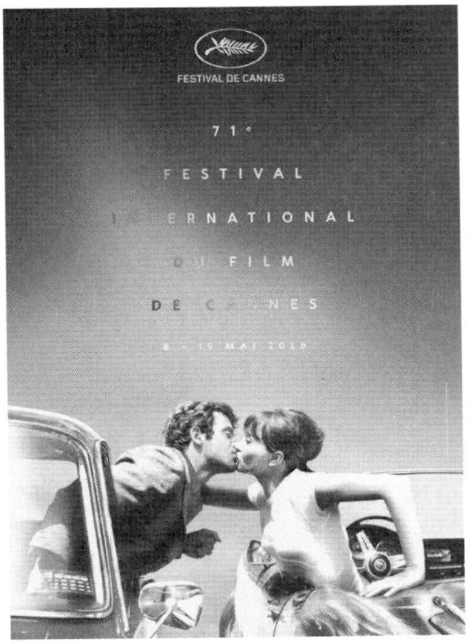

제71회 칸국제영화제 포스터
ⓒ 칸국제영화제 공식 홈페이지

세계 영화계에 있어 5월은 칸 국제영화제의 계절이다. 지나간 칸 영화제의 추억들을 되짚어보니 다양한 사연과 얼굴들 속에 소중하지 않은 해가 없다. 하지만 영화제 메인 포스터를 생각하면, 단연코 단 한 장의 사진이 떠오른다. 2018년 칸을 찾았을 때, 뤼미에르 극장 외관을 장식한 아름다운 색의 향연과 연인의 키스에 압도당했던 기억이 생생하다.

OTT 명작영화를 고르면서 "영화사는 장 뤽 고다르 이전과 이후로 나뉜다"는 세르주 다네의 찬사처럼 〈네 멋대로 해라〉(1960)로 현대영화의 시작을 알린 감독의 영화를 택한다는 것은 엄두가 나지 않는 일이다. 코로나19에 따른 사회적 거리두기는 거의 사라졌지만 극장가에 불었던 찬바람은 여전하다. 너무나 아름다웠던 포스터, 그 속의 파란 하늘처럼 한국 영화와 극장가에 청신호가 켜지길 바라는 마음으로 58년 전 명작을 소개한다.

〈미치광이 피에로〉 포스터 ⓒ NAVER 영화 포토

제71회 칸 포스터는 장 뤽 고다르의 1965년 작 〈미치광이 피에로〉의 한 장면이다. 2년 뒤 미국에서 제작된 〈보니 앤 클라이드〉의 원조 격이라 할 작품으로, 프랑스 파리에 사는 남녀의 위험한 도주 행각을 따라 남부 지중해 해안까지 이야기가 펼쳐진다.

고다르의 영화가 그렇듯 벽에 걸린 그림들과 그것을 그린 화가, 주인공들이 언급하는 영화감독이나 소설가 그리고 그들의 작품, 음악가와 읊조리는 노래, 정치적·사회적·역사적 사건과 관련된 인물의 이름들을 하나도 놓치지 않고 보겠다면 〈미치광이 피에로〉 역시 그야말로 '지적 유희'를 만끽할 수 있다.

동시에 장 폴 벨몽도가 연기하는 페르디낭 그리핀, 안나 카리나가 연기한 마리안 르누아르, 두 남녀의 자유를 향한 도피를 따라 장 뤽 고다르가 선사하는 영화 형식의 새로움과 선명한 색채의 대비를 즐기는 것만으로도 즐겁다. 처음 볼 때는 아무것도 모른 채 즐기고, 두 번째 볼 때는 정보들을 확인하고 보는 것도 〈미치광이 피에로〉를 관람하는 방법이다.

페르디낭은 부유한 이탈리아 여자와 사는 남자다. 한때 스페인어 교사였고 방송국에서 일하다 해고돼 실직자 상태다. 영화는 페르디낭의 일기, 내레이션을 따라 흐른다. 그렇다고 딱딱 맞아떨어지는 스토리로 전개되는 건 아니다. 이야기는 고다르 감독의 의도에 따라 일부러 분절적이고, 영상 역시 관객의 몰입을 방해하며 점프컷을 쓰기도 하고 그림이나 만화, 잡지나 광고 장면이 끼어들기도 한다.

마치 독일의 극작가 베르톨트 브레히트가 지금 보는 것이 연극임을 관객이 잊지 않음으로써 극에 빠져들지 말고 사회적 이슈에 관심을 갖기를 바랐던 것처럼, 브레히트의 '소격효과' 또는 '소외효과'가 스크린 위에 구현된 느낌이다. 어떤 면에서 고다르 감독은 좀 더 적극적으로 지금 보고 있는 것이 영화임을 상기시킨다. "여러분 보셨죠? 이 여자는 농담밖에 모른다니까요"라며 카메라를 똑바로 응시하는 페르디낭. 누구에게 말하는 거냐고 묻는 마리아에게 "관객에게"라고 답하는 식이다. 주인공의 카메라 응시는 수차례 반복된다.

처가의 파티에 참석한 페르디낭은 자본주의적 속물주의에 염증을 내고 아내의 얼굴에 케이크를 던지고는 집으로 온다. 딸의 베이비시터로 일하고 있는 마리안을 집에 데려다주는데 시체가 한 구 놓여있고, 마리안을 찾아온 프랑크의 머리를 냅다 병으로 깨는 사건이 발생한다. 두 사람은 도주를 시작한다. 그런데 정말 들키지 않고 무사히 도망가려는 건지 의심스러울 만큼 돈 없이 주유하며 말썽을 일으키는가 하면 차를 불태운 뒤 돈가방이 들어있다고 말한다.

〈네 멋대로 해라〉가 그러했듯 〈미치광이 피에로〉 역시 완성된 시나리오 없이 고다르 감독이 정한 기본 상황에 배우들의 즉흥연기로 장면들이 촬영됐다. 주인공들은 영화의 형식 그대로, 즉흥적 캐릭터로 즉흥적 선택들을 이어간다. 〈네 멋대로 해라〉의 후속작이자 완결판을 의도한 영화인데다 고다르 감독이 전작의 주연 장 폴 벨몽도의 스케줄을 5년 기다려 촬영한 보람 있게 즉흥성은 영화 전반에 생동감과 리듬을 부여한다.

즉흥성은 대사에 대해서도 다양한 해석의 가능성을 만든다. 마리안이 페르디낭에게 5년 전 인연을 말하는데 두 주인공이 과거 연인이었음을 드러내는 것인지, 안나 카리나가 〈네 멋대로 해라〉 오디션에서 떨어진 뒤 5년 만에 벨몽도와 연기하게 된 것을 말하는 것인지, 혹은 그 둘 다인지 확정하기 어렵다.

〈미치광이 피에로〉에서 페르디낭과의 사랑과 대립에서 팽팽한 힘의 균형을 보여주는 마리안의 역할은 매우 중요하다. 프랑수아 트뤼포, 클로드 샤브롤, 알랭 레네 등과 함께 누벨바그• 거장으로 불리는 고다르와 7편의 영화를 함께하며 '누벨바그의 여신'으로 불리는 안나 카리나. 고다르와 1961년 결혼해 4년 뒤 이혼했는데, 결혼 말기에 찍은 영화다.

앞서 배우 안나 카리나는 고다르의 〈여자는 여자다〉(1961)로 베를린영화제 은곰상인 여우주연상을 받으며 연기력을 인정받았고, 〈미치광이 피에로〉는 다섯 번째로 함께한 작품이다. 영화 속에서 페르디낭은 책 읽기, 글쓰기, 철학적 사유에 빠져 있고 마리안은 이런 남자를 지루해하며 새로운 모험을 꿈꾸는데 고다르-카리나가 전한 부부생활 모습과 닮아있어 웃음이 나기도 한다.

다시 스토리로 돌아와보자. 프랑스 남부에 정착한 페르디낭과 마리안은 돈을 벌기 위해, 또 무료함을 떨치기 위해 길거리 연극을 한다. 페르디낭이 미국 군인, 마리안이 베트남 소녀로 분해 서로 다른 언어로 이야기하는 장면이 인상적이다. 고다르 감독은 예술과 철학에 대한 사유뿐 아니라 정치에 대한 견해를 직설적으로 드러내곤 하는데, 그와 맥락을 같이하는 장면이다.

영화 형식과 색채의 새로움을 추구한 고다르 영화에서 회화는 중요한 의미를 지닌다. 영화 초반부터 페르디낭은 엘리 포르의 예술사 평론 《벨라스케스》를 욕조에서도 읽는다. 그리고 어린 딸에게도 읽어준다. 벨라스케스는 영화의 제목처럼 피에로(광대)를 많이 그렸다. 마리안의

• 1957년경 시작돼 1962년 절정에 이른 프랑스 영화의 새로운 물결. 주로 주제와 기술상의 혁신 추구한다.

집에는 르누아르, 피카소, 모딜리아니, 리히텐슈타인의 그림들이 걸려 있다.

페르디낭은 영화 내내 《니켈 도금 발》이라는 만화책•을 들고 다닌다. 혼자 보기도 하고 마리안과 함께 보기도 한다. 만화의 세 주인공은 페르디낭과 마리안처럼 경찰에 쫓기며 도주와 모험을 이어간다. 1965년 영화라는 게 놀라울 만큼 감각적 몽타주 속에 시대와 주제의식을 표상하는 이미지들이 유영한다.

만화책 《니켈 도금 발》 한 권 들고 탈출
ⓒ DAUM 영화 포토

도주에 성공한 것처럼 보이는 두 사람. 좁힐 수 없는 서로의 다름에도 마리안과 페르디낭은 지중해가 보이는 남부에서 사랑에도 성공할 수 있을까. 장 뤽 고다르의 영화들은 흔히 비극으로 끝나지만, 감독은 노익장을 과시하고 있다. 헌 집을 헐고 새집을 짓듯, 기존 영화 문법을 파괴하고 새로움을 추구해온 고다르는 2014년 자비에 돌란이 25세 나이에 〈마미〉로 심사위원상을 받았을 때 〈언어와의 작별〉로 공동 수상했는데, 이때 그의 나이 84세였고 3D 영화였다. 다채로운 실험을 계속하고 있지만, 그가 우리에게 묻고 스스로 탐구하는 것은 어쩌면 하나가 아닐까. 영화란 무엇인가.

• La Bande des Pieds Nickelés, 1908년 루이스 포튼이 시작한 연재만화로 2015년까지 작가를 바꿔가며 계속된 프랑스 전통 만화. 《레빠땅》(L'EPATANT)이라는 잡지에 연재됐으며, 단행본으로 묶여 출간되기도 했다. '니켈 도금 발'은 게으름뱅이, 일하기 꺼리는 사람에게 붙여지는 별명이다.

❽ 메멘토

크리스토퍼 놀란의 네 가지 '시간 탐구'

개봉 2001 등급 15세 관람가
장르 범죄/미스터리/드라마 국가 미국
감독 크리스토퍼 놀란(Christopher Nolan)
러닝타임 113분

어려워도 괜찮아! 한국 영화애호가들이 사랑하는 감독 크리스토퍼 놀란의 '시간에 관한 탐구' 영화들 톺아보기

시간에 관한 탐구, 그 시작은 〈메멘토〉

크리스토퍼 놀란 감독은 20년 전, 아내가 살해당한 뒤 모든 기억을 잃고 최근 10분간의 기억만 가지고 살아가는 남자를 그린 〈메멘토〉를 세상에 내놓았다. 지금 이 순간 10초, 20초의 시간이 흐르는 사이 조금 전까지도 기억했던 9분 50초, 9분 40초 전의 세상이 10분 이전의 칠흑으로 사라져가는 설정은 충격적이었다. 끊임없이 기억을 잃어가는 레나드 쉘비(가이 피어스 분)를 살아있게 하는 힘은 아내를 죽인 범인을 잡는 것. 모든 단서를 손에 쥐고도 살인범을 잡기란 어려운데, 그는 10분간의 기억으로 범인을 추적한다. 기억상실에 맞서 그가 할 수 있는 것은 가장 중요한 단서, 절대 기억해야 할 사실을 몸에 새기는 것이다. 온몸이 문신으로 덮인 남자. 그의 눈물 나는, 사라져가는 기억과의 사투는 실로 신선했다.

〈메멘토〉 포스터 ⓒ (주)디스테이션

〈메멘토〉 이후에도 크리스토

펴 놀란은 우리가 본 적 없는 영상, 우리가 생각지 못했던 아이디어로 신선함을 추구해왔다. 그가 관객을 사랑하는 방법이다. 특히 〈메멘토〉처럼 '시간'에 관한 새로운 접근을 보여준 영화들이 관객에게 신선한 충격을 안겼다. 13년 전 〈인셉션〉이 그랬고, 9년 전 〈인터스텔라〉, 그리고 2020년 개봉한 〈테넷〉이 그러하다.

〈테넷〉, ← 인버전 →

우선 〈테넷〉은 〈메멘토〉에 나왔던, 벽에 박혀 있던 총알이 튀어나와 총구 속으로 들어가는 장면에서 구상이 시작됐다. 마치 화면을 되감듯 시간이 거꾸로 흐르는 상황. 놀란 감독은 〈인터스텔라〉 때도 함께했던 노벨상 수상 물리학자 킵 손의 자문 아래, 시간이 현재에서 과거로 흐르는 '인버전'으로 개념화했다. 그동안 우리는 타임머신, 타임리프트 등을 통해 여러 시간대를 오가는 영화들을 많이 봤다. 놀란 감독의 눈에 그것은 너무나 쉬워 보였다. 아무런 제한도 없이 원하는 시간의 과거 또는 미래로 다녀왔다.

〈테넷〉 포스터 ⓒ 워너브러더스코리아(주)

개봉 2020 등급 12세 관람가
장르 SF/액션 국가 영국/미국
감독 크리스토퍼 놀란 러닝타임 150분

〈테넷〉의 인버전은 당연히 물리학에 토대한 과학적 개념이기도 하지만, 주인공들은 여러 제한을 받는다.

제한을 설명하기에 앞서 기본 구도를 보자면, 우선 〈테넷〉에는 두 가지 시간 상황이 존재한다. 시간이 과거에서 미래로, 지금 우리가 살고 있는 것처럼 '순방향'으로 흐르는 상황. 그리고 시간이 미래에서 과거로 '역방향'으로 흐르는 상황. 새가 거꾸로 날고, 흙먼지는 흙이 되고, 사람들은 뒤로 걷고, 깨진 유리는 깨지기 전으로 돌아간다. 말 그대로 화면을 천천히 재생속도 그대로 '되감기' 하며 보고 있다고 생각하면 쉽다. 〈테넷〉에는 두 가지 상황이 공존한다. 한쪽이 현재이고 다른 쪽이 과거인 것이 아니다. 두 상황을 오가는 방법은 회전문이다. 시간의 순방향에서 역방향 쪽으로 갈 때는 파란빛의 회전문을 통과하고, 역방향 쪽에서 순방향으로 올 때는 빨간빛의 회전문을 통과한다.

인버전 세상의 법칙들

주인공들에게는 다음과 같은 제한이 주어진다. 1) 파란빛 문을 통과해 시간이 거꾸로 흐르는 인버전 세상으로 갈 수 있지만, 인버전 해서 간 사람은 제대로 숨을 쉴 수 없다. 숨 역시 들이마실 수 없고 내뱉어지기 때문에 특별한 산소호흡기가 필요하다. 2) 중력은 똑같지만 차가 뒤로 달리고 사람들이 뒤로 걷는 상황에서, 나는 앞으로 걷고 앞으로 차를 몰아야 한다. 연습이 필요하지만 뛰어난 인재들이므로 이내 적응한다. 거꾸로 흐르는 시간 속에 있는 사람들이 보면 '되레' 인버전 해서 온 사람들이 거꾸로 걷고 거꾸로 차를 모는 것으로 보일 것이다. 고속도로에서 시속 100km로 역주행하는 차들이 주는 쾌감이 있는데, 이러한 발상에서 연출된 장면들이다. 이 장면은 시간의 순방향, 역방향 양쪽 시선으로 영화 전반과 후반에 두 번 등장한다. 3) 인버전 해간 사람이 본래 그곳에 있던 나와 마주치면, 인버전 해간 쪽이 소멸한다. 방호복과도 같은, 눈만 나온 전투복을 입는 이유다. 시간이 긴박해 방호복을 입지 못하고 가는 순간들이 있는데, 말 그대로 목숨 내놓고 인버전 한 상황이다.

가장 치명적인 제한은 역시 시간에 관련돼 있다. 4-1) 원하는 그때로 가는 게 아니기에, 지금 바로 이 순간에서 '시간의 방향만 반대인 순간'으로 가는 것이기에 주인공들은 인버전 세상에 도착한 뒤 자신이 원하는 순간까지 시간이 거꾸로 감기길 기다려야 한다. 9개 알고리즘 가운데 마지막 하나를 되찾기 위해 고속도로에서 적(사토르)의 차 쪽으로 장치를 던졌던 순간으로 인버전 해간 주인공(존 데이비드 워싱턴 분)이 기다리는 장면에서 확인할 수 있다. 4-2) 역방향 세상에 갔다가 순방향으로 돌아올 때도 좀 전에 내가 있던 시간이 아닌 '해당 역방향과 같은 순간의' 순방향으로 돌아온다는 것이다.

앞뒤가 똑같은 TENET, 변함없는 신념 그리고 경고

데칼코마니를 생각하면 쉽다. 흰 종이에 물감을 짜고 반을 접었다 펴는 거다. 시간이 순차적으로 흐르는 세상에서 인버전 하면, 똑같은 순간의 역방향 세상으로 가기에 '그보다 이전 시간으로 가고자 한다'면 기다려야 한다. 시간이 거꾸로 흐르는 세상에서 용무를 마치고 인버전 하면, 똑같은 순간의 순방향 세상으로 오기에 '인버전 전의 시간에 도달하려면' 그만큼의 시간이 흘러야 한다. ○○주의라고 할 때의 '주의', '강한 신념'을 뜻하는 테넷(TENET). 제목의 단어가 데칼코마니처럼 대칭을 이루는 것은 우연이 아니다. 이름 없이 '주도자'라 불리는 주인공과 그를 돕는 닐(로버트 패틴슨 분)은 우리가 현재라고 느끼는 순간에서 역방향 세상으로 갔다가 다시 인버전 해서 순방향 세상으로 오기를 반복한다. 강한 신념, 테넷 없이는 지구의 미래에 맞서 현재를 지키는 조직인 '테넷'의 일원으로 살아가기는 불가능하다.

사실상 어느 것이 인버전인지 어느 것이 현재인지 무의미할 만큼 시간은 평행하게 병렬해 있지만, 닐은 주인공이 그를 아는 것보다 먼저 '좀 더 앞으로의 시간, 미래'에서 주인공을 만났고 인버전에 관해 경험과 정보가 더 많다. 그래서 위기의 순간마다 닐의 활약이 돋보인다. 화면에는 주인공 기준의 현재, 닐 기준의 인버전 상황에서 만난 것만 스크린에 보인다. 닐을 기준으로 생각해보면 인버전 해가는 곳마다 그 당시의 자신이 있을 것이고, 다시 순방향으로 인버전 해온 뒤 시간의 순방향대로 살다가 아직 테넷의 존재에 대해 모르는 주인공을 만났을 것이다. 인류를 위한 희망의 불씨를 만든 뒤 또다시 인버전 한다. 그에게 과거, 현재, 미래의 시간 구분이 중요할까. 인생을 계획하고 개인적 행복을 추구할 수 있을까. 자칫 축복처럼 보일지 모르는 인버전. 놀란 감독이 설정해놓은 여러 가지 제한은 우리에게 시간을 뒤트는 시도의 위험성을 경고한다.

〈인터스텔라〉, 시간이라는 선생이 알려주는 '사랑'

전작 〈인터스텔라〉 역시 시간에 관한 우리의 인식을 확장해주었다. 영화에서는 '웜홀'을 통해 시공간 이동을 하는데, 바로 놀란과 작업 중인 킵 손이 웜홀을 처음 주장한 물리학자다. 킵 손은 어릴 적 조지 가모브의 대중 과학서를 읽고 과학자가 되기로 결심했듯, 자신의 영화 참여를 통해 사람들이 과학에 대해 관심을 가지기를 바라는 마음을 가지고 있다. 웜홀은 기본적으로 '서로 다른 공간을 잇는 통로'의 개념이지만, 공간이라는 것이 시간과 맞물려 있어 따로 떼어 생각하기 어렵다.

영화에서도 지구의 미래 대안을 찾기 위해 떠난 인물들이 웜홀을 통해 서로 다른 공간으로 가는데 시간대가 다르고, 명장면이라 할 '책장을 사이에 둔 쿠퍼 부녀의 6차원

〈인터스텔라〉 포스터 ⓒ 워너브러더스코리아(주)

개봉 2014 **등급** 12세 관람가 **장르** SF
국가 영국/미국 **감독** 크리스토퍼 놀란
러닝타임 169분

속 만남"에서도 두 사람은 서로 다른 시간과 공간에 속해 있다. 쿠퍼(매튜 맥커너히 분)가 지구에 돌아왔을 때 딸은 백발의 할머니가 되어 있었는데, 시간의 순항 속에서 현자가 된 노년의 딸은 젊은 아들에게 '사랑'이 가장 소중한 덕임을 새삼 일깨우고, 아들은 또 다른 시공간에 갇혀 있는 동료 과학자이자 연정을 품게 된 브래드(앤 해서웨이 분)를 찾아 새로운 우주 항해를 떠난다. 고난의 시공간 여행을 통해 쿠퍼가 구한 것은 지구였지만, 미래가 생긴 그에게 가장 소중한 것은 사랑이었다. 물리학 이론으로 똘똘 뭉친 우주적 영화의 결론이 인류 보편의 사랑에 다다른 결말. 평범해서 더 특별하다.

〈인셉션〉, 꿈을 통해 생각을 '심는다'

〈인셉션〉의 충격은 매우 컸다. 우리가 매일 꾸지만 '미지의 영역'인 꿈에 대한 재해석도 재미있었지만, 1단계 꿈, 2단계 꿈속의 꿈, 3단계 꿈속 꿈의 꿈, 4단계 꿈의 밑바닥 '림보'라는 설정부터 낯설었다. 더욱 낯선 건 두 사람 혹은 그 이상 인원의 꿈을 '연결'할 수 있고, 다른 이의 꿈에 들어가 상대의 생각을 '추출'(extraction, 익스트랙션)하거나 생각을 '이식'(inception, 인셉션)할 수도 있고, 추출과 이식을 위해 꿈속 공간을 '설계'할 수도 있다는 것이다.

〈인셉션〉 포스터 ⓒ (주)디스테이션

개봉 2010 등급 12세 관람가 장르 SF/액션
국가 미국 감독 크리스토퍼 놀란
러닝타임 147분

영화 〈인셉션〉에 적용된 시간의 개념은 '꿈의 단계별로 시간 길이가 다르다'는 설정이다. 1단계에서 10초가 흘렀다면, 2단계에서는 200초가 가고, 3단계에서는 4천 초의 시간이다. 실제로 꿈에서는 뇌의 활동이 빨라서 수십 초 꿈을 꾸고도 수십 분 이상 꾼 것 같은 느낌을 받는 사실에 착안했다. 영화에서는 꿈속 뇌의 활동이 '20배 빠르다'는 설명이 나온다. 이를 수치로 얘기하는 장면들이 나오는데, 관객의 이해를 돕기 위해 대략적 단위로 표현하면서 수치가 딱 맞아떨어지지 않는 부분들도 있다. 일테면 처음에 시간 속도가 다르다는 걸 설명할 때, "1단계에서 1주일이면, 2단계에서는 6개월"이라고 말하면 꿈속 공간 설계자(엘렌 페이지 분)가 "3단계에서는 10년"이라고 맞춘다. 2단계에서 3단계는 정확히 20배다. 그러나 1단계에서 1주일이면 2단계에선 20주인데 6개월은 단순 계산으로 24주, 1년이 52주인 걸 감안하면 26주이므로 20배가 넘는다.

꿈, 20배씩 빨라지는 시간의 흐름

특히 영화의 클라이맥스라 할 장면인 '그룹을 쪼개야 한다'는 생각을 심기 위해 에너지 재벌 상속자 피셔(킬리언 머피 분)의 꿈에 들어간 주인공들. 1단계 꿈이 '6초'가 남은 상황에서 고개가 갸우뚱해지는 대목이 나온다. 주인공들의 대사를 통해 시간 수치가 나오는데, 1단계 꿈에서 모두가 잠들어있는 승합차가 예상치 못한 시가전으로 6초 뒤면 물로 추락한다. 추락은 꿈을 깨우는 '킥'이 되므로 6초 뒤면 비행기에서 꿈꾸고 있는 피셔가 깰 것이다. 그전에 3단계 설원 배경 꿈에 들어가 있는 이들이 피셔의 생각에 인셉션을 마치고 피셔의 저택 폭발을 킥 삼아 꿈을 깨야 하고, 바로 이어 호텔에서 공중부양하듯 잠든 2단계의 주인공들이 엘리베이터 폭발을 킥으로 깨어나야 하고, 드디어 1단계의 차가 물에 빠지면 비행기 1등석에 잠든 주인공들이 꿈에서 현실로 돌아온다.

1단계 꿈에서 긴급사태가 터진 상황에서 "6초 뒤면 차가 추락하니

아서(2단계 호텔 꿈)에게는 2분, 우리(3단계 설원 꿈)에게는 20분"이라는 말이 코브(리어나도 디카프리오 분)의 입을 통해 나온다. 6초의 20배면 120초, 2분이 정확하고 2분의 20배는 40분인데 20분이라고 말한다. 20분과 40분, 단지 산술적 차이에서 오는 아쉬움만은 아니다. 3단계 꿈에서 피셔에게 인셉션을 완수하는 시간까지 20분보다 훨씬 긴 러닝타임이 흐르는데 굳이 줄여서 20분이라 할 필요가 있었나 싶다. 20분밖에 남지 않아 긴박감이 조성되기보다는 20분밖에 남지 않았다면서 온갖 일이 벌어지는 설원의 상황이 영화의 긴장감을 떨어뜨린다.

끝까지 충격, 팽이는 멈추었을까

3단계에서 죽어 4단계 림보에 빠진 사이토(와타나베 켄 분)를 구해내는 장면은 현실감 있다. 사이토는 '피셔 인셉션'을 요청한 의뢰인이자 아내 살인범으로 지명수배된 코브를 아이들이 있는 집으로 돌려보낼 키맨이다. 코브가 림보 속 사이토를 만나러 갔을 때 그는 그저 노인이 아니라 100년 이상의 오랜 세월을 산 모습이다. 그도 그럴 것이 영화가 펼치는 '피셔 인셉션'은 10시간의 비행시간을 이용해 벌어지는데, 비행기 탑승 후 얼마 안 돼 꿈속으로 들어가고 착륙 20분 전에 꿈에서 깨므로 9시간 정도 잠을 잔 것으로 생각한다면 현실에서의 9시간은 4단계 꿈에선 164년과 맞먹는다.

영화 〈인셉션〉은 시간의 설정뿐 아니라 다리가 계단이 되고, 도로 한복판에 기차가 달리고, 도로와 건물들이 도넛처럼 말려 차가 천장으로도 달리고 수직으로도 달리는 시각적 요소들도 충격적이다. 충격은 영화가 끝나는 순간까지 멈추지 않는다. 내가 있는 곳이 현실인지 꿈인지 나만이 알 수 있는 토템으로 코브는 원래 아내(마리옹 꼬띠아르 분)의 것이었던 팽이를 가지고 있는데 팽이가 돌다 멈추면 현실, 계속 돌면 꿈속이다. 드디어 아이들 곁으로 돌아간 코브. 분명히 아이들은 조금 컸고 꿈속과 옷 색깔도 다른데 팽이는 계속 돈다. 지금 다시 보니 덜 헷갈리는데, 13년 전 관람 때는 팽이가 계속 도는 것으로 보여 어안이 벙벙했다.

크리스토퍼 놀란, "경험하지 못한 즐거움 드리고파"

끝까지 놀람을 주는 크리스토퍼 놀란 감독. 〈테넷〉 이후의 작품에서도 마찬가지일 것이다. 총알이 도로 총구에 박히고 정주행하는 차들 속에 마치 전진하듯 자연스레 역주행하는 차들, 새로운 영상을 통해 새로운 액션을 보여주기 위해 물리학을 차용하고, 아이맥스 카메라를 핸드헬드로 개조하고 80mm 매크로 렌즈를 개발하는가 하면, 역대 최대 세트장을 짓고 역대 최다 길이의 필름 촬영을 무던히 해내는 놀란이 아닌가. 그는 〈테넷〉 개봉을 앞두고 "본 적 없는 액션 영상을 통해 경험하지 못한 즐거움을 드리고 싶었다"고 전했다.

자신을 뽐내기 위해서가 아니라 관객을 위한 행보임을 알기에 매번 "이해하기 어렵다"는 입소문 속에서도 '지적 탐구심'을 발동해 놀란의 영화를 세계 최고 수준으로 사랑하는 한국 관객임을 그도 아는 만큼, 놀란은 약속대로 한국에 올 것이고 새로운 것을 좋아하는 감독과 관객의 선순환은 계속될 것이다.

⑨ 가스등

가스라이팅의 시작

제작 1944 등급 15세 관람가
장르 범죄/미스터리/스릴러 국가 미국
감독 조지 큐커(George Cukor)
러닝타임 114분

잉그리드 버그만의 아카데미·골든글러브 수상작
여자 배우 발굴에 탁월한 조지 큐커 감독의 수작

"우울증 女만 골라 '가스라이팅 성폭력' … 피해자 중엔 15세도"
"'성병 낫게 해줄 테니 나랑 자자'며 가스라이팅… 친딸 성폭행한 아빠 징역 13년 확정"
"가스라이팅: 인종차별 당하고도 죄책감 들었던 이유"
"강요·속박… 괴로운 데이트폭력 '가스라이팅'"

뉴스 제목에 등장한 가스라이팅의 몇 가지 예다. 자신을 가스라이팅 한 유명 유튜버나 정치인에게 피해를 봤다고 호소하는 여성들도 있다. "확진이라고 속여 우리를 감금하려 한다"는 등 믿기 어려운 주장이 이구동성으로 여러 사람에게서 나오기도 한다.

가스라이팅(Gaslighting), 가스라이트 이펙트(Gaslight Effect), 가스등 효과는 1938년 영국의 패드릭 해밀턴이 연출한 연극 〈가스등〉(Gaslight)에 기원을 둔다. 1940년 영국에서 먼저 영화화됐고, 잉그리드 버그만이 주연한 1944년 작 동명의 영화를 통해 대중화됐다. 타인의 심리나 상황을 교묘하게 조작해 그 사람이 스스로 자신의 현실감각과 정신상태를 의심하게 만듦으로써 타인에 대한 지배력을 강화하는 '심리적 학대' 행위다.

1944년에 만들어진 〈가스등〉 영화를 통해 좀 더 구체적으로 살펴

보면 이렇다. 잉그리드 버그만이 연기한 폴라는 이탈리아에서 유명한 음악선생으로부터 성악 지도를 받고 있다. 자신의 이모 앨리스를 세계적인 오페라 가수로 키웠던 스승이다. 한 살 때 어머니를 잃은 폴라에게 이모는 엄마이자 친구였는데, 10년 전 영국에서 살해당했다. 이모의 유산을 모두 상속받아 부유하지만, 기구한 자신의 운명에 늘 서글픈 폴라다. 그런 폴라에게 유독 친절한 이가 있었으니 성악 교습 때

〈가스등〉 포스터 ⓒ DAUM 영화 포토

피아노를 연주하는 그레고리(샤를르 보와이에 분)다. 연로한 선생님은 반주자와 제자의 밀애를 모른 채 이모와 달리 노래에 집중하지 못하고 생각이 딴 데 있다고 말하자 폴라는 맞는 말씀이라며 성악을 그만두겠노라 선언한다.

폴라에게 결혼을 재촉하는 그레고리, 홀로 호수 여행을 다녀와 답을 주겠다는 폴라. 하지만 폴라가 목적지 기차역에 내린 순간 그레고리가 기다리고 있다. 호숫가에서 행복한 시간을 보내며 두 사람은 신접살림을 차릴 곳에 관해 얘기를 나눈다. 폴라는 프랑스에 살고 싶은데, 그레고리는 영국 런던에서 끝내 성공하지 못했던 아픈 시절을 얘기하며 런던을 희망한다. 이모가 끔찍한 죽음을 맞은 곳이기에 다시는 떠올리기조차 싫은 런던이지만 폴라는 사랑하는 사람을 위해 쏜튼광장이 내려다보이는 곳에 집이 있다며 그것을 그레고리에게 선물하겠다고 말한다. 아픔의 장소로 돌아온 폴라, 이모의 모든 물건을 다락방에 넣고 문을 봉쇄하는 그레고리. 이때만 해도 두 사람의 앞날은 밝아 보였다.

그레고리는 이웃의 방문에 신경질적 반응을 보인다. 집안일을 돕는 요리사, 가정부에게 마님이 아프다며 외출하지 못하게 하라고 말한다. "우리는 밖으로 나가서 세상 사람과 얘기를 나눠야 해요", 남편에게 불만인 폴라. 그레고리는 런던탑 나들이를 제안하고 폴라에게 할머니 때부터 내려온 것이라며 브로치를 선물하고 직접 폴라의 핸드백에 넣어준다. "당신은 뭘 잘 잃어버리니까 조심하라"는 당부와 함께.

남편에 대한 서운함을 잊고 나들이에 나선 폴라. 런던탑 안에서 땀을 닦다가 브로치가 없는 것을 알아챈 폴라는 안절부절, 남편에게 미안한 마음에 해설사의 설명에 집중할 수 없다. 몸이 좋지 않으니 집으로 돌아가자는 폴라, 귀가해 브로치를 찾는 남편에게 분실을 고하고 마는데. 이로써 폴라는 뭔가를 잘 분실하는 사람, 바깥 외출이 어려울 만큼 몸이 아픈 사람이라는 남편의 말을 입증한 결과가 된다. 그레고리는 이에 그치지 않고 반지가 없어졌다, 그림이 떼어졌다는 등의 빌미를 만들어 하인들 앞에서 망신을 주고 폴라에게 문제가 있음을 기정사실화한다. 여기까지가 가스라이팅 1단계. 이제 폴라는 비슷한 일이 반복되면서 '나에게 정말 문제가 있나?' 스스로를 의심하기에 이른다. 가스라이팅 2단계가 시작된 것.

그레고리의 이러한 작업은 하인들에 대한 가스라이팅 효과도 가능케 했다. 마님은 아프며 그녀의 기억과 판단은 믿을 수 없다고 생각하게 한 것은 물론이고, 자신들 앞에서 윽박지름과 트집을 당하는 폴라를 은근 무시하는 마음이 들도록 한 것이다. 특히 새로 들인 젊은 가

다감했던 연인, 지켜주고 싶었던 남자일 때
ⓒ NAVER 영화 포토

정부 낸시에게는 심화 가스라이팅이 진행되는데, 폴라 앞에서 더 예쁘다고 추켜세우며 마님에게 화장법을 알려주라고 말하는가 하면, '가정부로 끝나기엔 아까운 인물'이라며 묘하게 차기 마님이라도 될 것 같은 희망을 부추긴다.

그레고리는 집에서는 작곡일이 불가능하다면서 밤이 되면 작업실에 간다며 집을 나선다. 남편이 나가고 나면 잠시 뒤 집안의 가스등 불 크기가 작아진다. 1940년대 당시에는 집안의 다른 곳에서 가스등을 켜면 불 크기가 작아졌다는데, 폴라가 하인에게 "누가 집안 다른 곳에 가스등을 켰느냐"고 묻지만 돌아오는 건 "아니다"라는 답뿐이다. 다른 곳에 불을 켜지도 않았다는데 흐려지는 불빛, 그리고 연이어 천장에서 들리는 발걸음 소리. 대수롭지 않게 여기는 하인들과 자신의 말을 믿지 않는 남편으로 인해 폴라는 자신에게 환영, 환청까지 생겼나 싶어 더욱 괴로움에 빠진다. 가스라이팅 2단계의 완성이다.

당연히 환영, 환청이 아니었다. 집을 나선 그레고리가 안개 자욱한 런던의 밤거리를 돌아 뒷집 지붕으로 해서 다락방으로 돌아왔던 거다. 폴라에게 환영, 환청으로 착각하게 해 정신을 교란하려는 목적…이 아니었다. 그레고리에게는 찾는 게 있었다. 10년 전 이모가 살해당하던 날도, 그 조카를 유혹해 결혼하고 이모의 집으로 들어온 지금도 목적은 하나였다. 바로 유명 가수 앨리스가 보유하고 있던 천문학적 가치의 보석을 훔치려는 것이다. 쥐새끼마냥 밤마다 먼지를 뒤집어쓰고 뒤지건만 손에 잡히지 않는 보석. 그레고리는 마음 놓고 대낮에 찾기 위해 가스라이팅 3단계를 시작하는데, 바로 폴라의 DNA, 즉 가족력을 흔드는 것이다.

그레고리는 폴라에게 "너만 몰랐던 진실"이라며, "당신의 어머니는 정신병원에서 죽음을 맞이했다. 너의 어머니가 생전에 했던 말이 말달리는 소리가 들린다는 것이었다"고 거짓말한다. 어머니에 관한 놀라운 얘기를 듣는 것만으로도 충격인데, 폴라는 어머니와 자신을 동일시하는 남편 말에 세뇌돼 더욱 심신이 쇠약해지고 자신도 어머니처럼 이 집에서 쫓겨나 정신병원에 감금되리라 불안에 떨지만, 남편에 의해 집안에 감금된 폴라의 눈에는 자신을 믿어줄 사람도 도움을 청할 이도 없다.

한 명 있었다. 런던 경시청장의 보좌관으로 일하고 있는 브라이언 경위(조셉 거튼 분). 런던탑에서 황망히 집으로 돌아가는 폴라를 보고 앨리스를 빼닮은 외모에 놀란 브라이언. 경찰의 촉으로 폴라에게서 불안감을 본 브라이언은 친분 있는 순찰 경찰을 폴라 집 구역에 배치시켜 주변을 살피게 한다. 경찰은 낸시와 데이트를 하며 철저히 폐쇄된 집안 얘기를 듣고 브라이언에게 전한다. 브라이언의 집에서 열린 조용한 연주회에서 소리를 지르는 반사회적 행동을 하는 폴라를 보며 이제는 자신이 움직여야 할 만큼 심각한 상황임을 감지한다.

그레고리가 또다시 집을 나선 밤, 브라이언은 폴라를 만나려 하지만 거절당한다. 마음이 급해진 브라이언은 열두 살 광팬 시절에 앨리스로부터 직접 받은 장갑 한 짝을 가져와 보여주자 폴라는 나머지 한 짝을 보여주며 마음의 고삐를 조금 늦춘다. 작아지는 가스등 불이 환청이 아님을 확인해주는 브라이언을 보며 갑갑했던 마음에서 해방구를 찾는 폴라. 과연 브라이언은 가스라이팅 당해 심리적 학대를 받고 유산을 갈취당할 위기에 놓인 폴라를 구해낼 수 있을까. 10년 전 놓친 앨리스 살해범을 잡을 수 있을까. 아니, 폴라 스스로 그레고리의 손아귀에서 벗어날 수 있을까.

〈가스등〉은 흑백영화다. 1944년이 아니라 2020년에 만들었다 해도 흑백이 진리라 할 수 있을 만큼 집요한 압박과 협박, 그로 인한 갈등과 고통이 빚어내는 심리적 긴장 표현에 제격이다. 할리우드 누아르('검다'는 뜻의 프랑스어) 초기 영화라 흑백이 더 어울린다고 생각하는지도 모르겠다. 18~19세기 영국에서 시작된 공포와 로맨스가 결합한 고딕 문학이 프랑스로 건너와 '로망 누아르'로 불리고, 프랑스에서 발전한 누아르

영화가 미국 할리우드로 건너가 제2차 세계대전의 여진 속에서 필름누아르를 형성했다. 처음엔 유럽에서 건너온 영화 인력들이 탐정소설을 스크린으로 옮겼고, 이후 갱스터무비로 발달하면서 폭력성이 좀 더 짙어졌다.

여자 배우 발굴에 능한 조지 큐커 감독
ⓒ NAVER 영화 포토

영화 〈가스등〉에서 단연 빛나는 것은 잉그리드 버그만이다. 불행하기만 했다가 한 남자를 만나 행복을 느끼고, 사랑인 줄 알았는데 자신을 가두는 남편에게 반발하고, 여린 마음을 파고드는 그레고리의 치밀한 가스라이팅에 자신의 기억력과 판단력을 스스로 의심하며 스러져가는 폴라의 변화무쌍한 감정과 혼돈을 탁월하게 연기했다. 스웨덴 왕립 연극영화학과에서 수학하여 탄탄한 연기력을 지녔고, 조각상을 옮겨놓은 듯 완벽하게 아름다운 외모를 지닌 그녀에게 할리우드가 러브콜을 보냈다. 그리고 미국으로 건너온 잉그리드 버그만은 〈가스등〉으로 아카데미와 골든글로브 여우주연상을 동시에 거머쥐었다. 제17회 아카데미 시상식에 여우주연상, 남우주연상(샤를르 보와이에), 여우조연상(낸시 역, 안젤라 랜즈베리), 각본상, 촬영상, 미술상이 후보에 올랐는데 수상의 기쁨을 안은 건 여우주연상과 미술상이었다.

시대를 앞서간 조지 큐커 감독의 연출력이 명작 탄생의 일등 공신이다. 1891년생으로 19세기에 태어난 그가 20세기 중반에 만든 영화라는 게 놀라울 지경이다. 2층 방에서 다투는 폴라와 그레고리, 두 사람은 보여주지 않고 방문에 비친 폴라의 그림자와 방안에서 새어나오는 빛만 보이는 상황을 난간 아래 1층에서 응시하는 듯 촬영한 장면은 미장센의

백미다.

성적 소수자로 알려진 큐커 감독은 여자 배우의 과감한 기용과 재능 발굴에 탁월하다는 평을 받는다. 주디 갈랜드의 〈스타탄생〉을 비롯해 오드리 헵번과 함께한 〈마이 페어 레이디〉, 마릴린 먼로 주연의 〈사랑을 합시다〉, 소피아 로렌의 〈헬러 인 핑크 타이즈〉, 제인 폰다·에바 가드너에 엘리자베스 테일러가 출연한 〈파랑새〉 등 이루 말할 수 없이 다양하다. 대서양 건너 잉그리드 버그만을 〈가스등〉에 캐스팅한 것도 그중 하나다. 아카데미 트로피는 받지 못했지만, 낸시 역을 맡은 안젤라 랜즈베리를 발굴한 것도 큐커 감독이다. 미국 드라마 〈제시카의 추리극장〉의 주연 랜즈베리의 데뷔작이 〈가스등〉이다.

최근 장 뤽 고다르의 1965년 작 〈미치광이 피에로〉를 다시 보면서 '현시대 영화는 여기서 얼마큼 더 나아간 걸까' 하는 생각을 했는데, 그보다 21년 앞선 〈가스등〉을 보며 더 굳어졌다. 시대를 앞서간 수작은 시간을 초월해 유효하다.

⑩ 인 더 하우스

〈인 더 하우스〉, '(다음 편에 계속)'

개봉 2013 등급 15세 관람가
장르 스릴러 국가 프랑스
감독 프랑수아 오종(Francois Ozon)
러닝타임 105분

기발한 영화의 대명사 프랑수아 오종 감독
모차르트의 '다음 편'을 기다리는 살리에르
관객도 다음 편 '훔쳐보기'에 동참시킨 이유?

프랑수아 오종의 영화는 매우 기발하다. 지금은 제목도 기억나지 않는 단편들을 보며 매료됐고, 2000년을 전후해 나온 장편영화들을 재미있게 봤는데 특히 〈스위밍 풀〉, 〈8명의 여인들〉에 열광했던 기억이 선명하다. 보고 또 봐도 처음 보는 것처럼 재미있는 영화를 만드는 프랑수아 오종이건만 소개할 엄두가 나지 않는 이유는 두 가지다. 아무리 생각해도 '기발하다'에 더해 설명을 이어갈 재주가 없고, 영화마다 달라도 너무 다른 이 천재의 '스타일'을 파악할 능력이 없다.

〈인 더 하우스〉 포스터 ⓒ 찬란

그래도 확실히 말할 수 있는 건 어떤 영화든 관람을 시작하면 멈추기 어렵다는 것이고, 다시 봐도 재미있다는 것이다. 스토리가 무척 쫀쫀해서 다음, 그다음이 계속 궁금한 탓에 멈추기 어렵고, 예상되는 전개가 아니기에 푹 빠져 보느라 세부사항을 온전히 기억하지 못해 다시 볼 때 새로이 재미있다. 해서, 아무리 재주와 능력이 부족해도 한 편이라도 소개하고픈 욕심이 생기는 게 프랑수아 오종이다.

어떤 영화가 좋을까. 2019년 베를린영화제 심사위원대상을 받은 〈신의 은총으로〉, 여장 남자와 레즈비언 성향의 여자가 가족이 되는 과정을 도발적으로 그린 〈나의 사적인 여자친구〉(2014), 익숙한 배우 카트린 드뇌브와 제라르 드파르디유가 나오는 코미디 〈현모양처〉(2010)를 제치고 고심의 결과는 〈인 더 하우스〉(2012)이다.

이 영화를 선택하게 된 이유는 세 가지다. 극 중 공립고등학교에서 문학을 가르치는 국어 교사 제르망이 제자 클로드에게 소설 작법을 가르치는데, 정통 교육법이기도 하지만 마치 프랑수아 오종이 시나리오를 써나가는 방식을 엿보는 듯한 느낌을 준다. 바로 이 엿보기는 이 영화의 주제의식과도 맞닿아 있는데, 몰래카메라 등으로 점점 수위가 높아가는 '관음증'에 대한 경고다.

마지막 이유는 제르망 역의 파브리스 루치니인데, 넷플릭스에서 프랑스 드라마 〈연예인 매니저로 살아남기〉를 재미있게 봤고 시즌 2 두 번째 에피소드의 주인공이 그였다. 드라마에 실명으로 등장한 루치니는 '권태'에 빠져 있다가 다시 배우로서의 생기를 되찾는데, 영화에서도 권태로움에 빠져 있다가 재능 있는 소년 클로드를 만나 그의 글을 읽으며 생기를 띤다. 그런 우연의 겹침이 재미있어서 〈인 더 하우스〉를 덥석 물었다.

소설을 출간한 적도 있지만 스스로 재능이 없다고 느끼는 제르망은 문학을 가르치고 싶어 고등학교 국어 교사에 자원하는데, 학기 첫 번째 과제로 학생들이 제출한 '지난 주말 이야기'를 읽으며 형편없다고 혀를 찬다. 눈에 띄는 글 하나는 클로드라는 학생이 같은 반 친구 라파의 집에 놀러 간 얘기를 썼는데, 문장과 어휘력이 좋고 무엇보다 흡인력이 있다. 글 마지막에 쓰인 '(다음 편에 계속)'이라는 문구가 흥미를 돋운다.

두 번째 숙제는 제르망이 제시한 특정 형용사들을 사용해 글쓰기.

클로드(왼쪽)에게 글쓰기를 지도하는 제르망 ⓒ 찬란

클로드는 과제물인 동시에 라파의 집과 가족을 관찰한 이야기 2탄을 제출한다. 그리고 여지없이 이어지는 '(다음 편에 계속)'. 제르망뿐 아니라 아내 장도 클로드의 글을 기다린다. 해고 위기를 느끼며 불안한 마음으로 근무 중인 갤러리보다, 부부관계는 미뤄두고 제자의 글에 몰두하는 남편보다 클로드의 글이 훨씬 장을 즐겁게 한다.

영화에서 클로드의 소설은 제르망의 글 읽기나 클로드의 내레이션으로 들려온다. 그리고 글의 내용 그대로 라파의 집에서 영상으로 그려진다. 영상 액자소설과도 같은 장면에 때로 제르망이 등장하여 소설 속 현장에서 클로드를 지도하기도 하는데, 등장인물인 라파네 가족은 이를 못 보고 못 듣는 설정이다. 때로는 클로드가 전지적 작가 시점의 작가처럼 소설 장면에 등장해 소설의 문장을 읽기도 한다.

제르망과 아내 장은 클로드의 글에 중독된다. 이 중독이 어떠한 결말을 가져올지 모른 채 다음 편을 읽고 싶어 안달이다. 특히 제르망이 그렇다. 글쓰기 지도를 빌미로 계속해서 글을 써오도록 부추긴다. 지속적 글쓰기에 대한 독려 같지만, 클로드의 글을 통해 타인의 삶을 엿보는 재미에 빠져 선을 넘어선다. 클로드는 수학 공부를 돕는다는 명분으로 라파의 집을 편히 드나드는데, 이번 수학 시험에서 라파가 낙제를 받으

아예 클로드(왼쪽)의 소설 속으로 들어온 제르망, 이를 알 수 없는 라파(오른쪽) ⓒ 찬란

면 더 이상 갈 수 없고 그러면 글을 계속 쓸 수 없다며 제르망을 압박한다. 제르망은 수학 시험지를 훔쳐 클로드에게 건넨다. 그뿐만이 아니다. 이야기의 극적 전개, 캐릭터의 입체화를 종용하는데 그것은 결국 클로드의 위험한 행동을 부추기고 방조하는 것이나 다름없다. 두 사람의 관계엔 모차르트의 재능을 질투하는 살리에르 같은 일면도 있다.

프랑수아 오종은 흥미진진한 스토리로 관객 엿보기, 관음에 동참시킨다. '(다음 편에 계속)'이라는 말과 함께 글이 끝나면 그렇게 아쉬울 수 없고, 어서 다음 편이 이어지길 바란다. 이야기가 어찌나 흥미로운지 '막장드라마'의 다음 회차처럼 궁금하기 짝이 없다. 오종 감독이 관객을 끌어들이는 이유는 관람의 재미만을 위해서가 아니다. 영화의 결말, 엿보기에 빠진 제르망에게 닥치는 비극 앞에서 우리도 자유롭지 못하게 하기 위함이다.

모든 것을 잃는 제르망의 비극은 흥미롭게 남의 '집 안에서'(인 더 하우스) 벌어지는 은밀한 사생활을 재미있게 엿보던 우리에게 가해지는 철퇴이기도 하다. 엿보는 달콤함이 클수록 대가도 커지고, 깨달음도 모골

송연하다. 〈인 더 하우스〉의 엿보기, 클로드의 글이 더욱 재미있어야 했던 이유다.

영화 속에서 제르망이 클로드에게 아라비안나이트 왕 얘기를 한다. 얘기가 재미없으면 가차 없이 지은이를 죽였다는 왕. 마치 프랑수아 오종은 그런 왕국에 사는 재담꾼처럼 다채로운 색감의 이야기보따리를 우리 앞에 하나씩 펼쳐 보인다. 천재가 들려주는 천일야화가 언제까지 계속될지 궁금하다.

⓫ 콩나물

찌뿌둥한 마음이 맑게 개는 영화

제작 2013 등급 전체 관람가
장르 가족/드라마 국가 한국
감독 윤가은 러닝타임 20분

시간은 없고 빠르게 행복해지고 싶을 때, 클릭!
아이 하나면 온 집안이 웃듯, 즐거움 터지는 영화

근심이 있다가도 자는 아이 얼굴을 내려다보면 마음이 갠다. 어린이 배우의 때 묻지 않은 연기를 볼 때도 비슷한 느낌이다. 아이의 어릴 적 사진을 꺼내 보듯 종종 다시 보는 영화가 있다. 길이도 20분이어서 언제든 만나기 좋다. 어느덧 고등학생이 된 김수안의 일곱 살 시절 연기를 볼 수 있는 〈콩나물〉(2013)이다.

〈콩나물〉 포스터 ⓒNAVER 영화 포토

이보다 2년 전의 데뷔작 〈미안해, 고마워〉부터 연기를 잘했고 더 앙증맞은 모습을 볼 수도 있지만, 배우 김서형과 이유영의 먹을 갈아 쓴 붓글씨 같은 연기가 돋보이는 〈봄〉에서도 묻히지 않고 보이지만, 공유와 좋은 호흡을 보여준 〈부산행〉에서의 활약이야 말할 것도 없지만, 〈감쪽같은 그녀〉에서는 대배우 나문희와 앙상블이 너무 좋지만, 모두 장편이다. 한바탕 즐거운 소동을 만끽할 수 있는 〈운동회〉도 김수안의 매력을 흠뻑 느낄 수 있지만, 마찬가지로 장편이라 바쁜 일상에 자꾸 보기는 어렵다.

〈콩나물〉이 단편이라 만만하게 꺼내 본다는 의미는 아니다. 짧지만 완벽한 영화다. 각본과 연출을 맡은 윤가은 감독의 영화는 믿고 볼 만하다. 데뷔작 〈사루비아의 맛〉(2009)이나 〈손님〉(2011)부터 근래의 장편 〈우리집〉(2015), 〈우리들〉(2019)까지 어린이나 청소년이 주인공인 영화를 내놓고 있는데. 성인인 우리의 성격과 인성의 바탕이 된 어린 시절의 이야기는 자연스레 인간에 관한 탐구로 이어진다. 보는 것만으로도 행복해지는 풋풋한 기억, 마치 내 얘기 같은 여린 감성과 그 나이로서는 감당하기 어려웠던 친구들 사이의 관계를 더듬는 윤 감독의 더듬이는 소란스럽지 않게 어른과 가족, 우리 사회의 문제에 가닿는다.

〈콩나물〉만 해도 그렇다. 압바스 카이로스타미 감독의 이란 영화 〈내 친구의 집은 어디인가〉(1987)에서의 숙제 공책 배달 미션처럼 김수안의 발길을 따라 달동네에서 출발해 다리 건너 시장까지 이어지는 '콩나물 파는 시장은 어디인가'가 펼쳐지는데, 모든 게 들어 있다.

어느 스릴러가 이 정도일까. 이토록 조마조마할 수 없다. 오토바이도 피해야 하고, 공사로 길이 막혀 다른 길로 돌아가는데 이번만큼은 양

터져버린 긴장, 참을 수 없는 으앙~ ⓒ 영화 예고편 화면 갈무리

보할 수 없는 골목을 지켜선 커다란 개가 무섭다. 순간, 일곱 살 인생 최대 난관을 헤쳐나가는 보리(김수안 분)의 재치가 번뜩인다. 개를 피하려 아줌마 뒤를 쫓아갔는데, 금세 대문으로 쏙 들어가버린 상황. 보리는 집을 나서자마자 만난 만삭의 이웃에게서 받은 빵을 꺼내 자신이 선 곳과 반대쪽으로 던지고 던지며 주의를 돌려 길가는 데 성공한다.

동네 슈퍼에 가면 살 줄 알았는데, 그래서 할아버지 제사상에 올릴 콩나물 심부름을 보리에게 시키자는 작은엄마에게 맞서 길 몰라 안 된다는 엄마의 걱정을 뒤로하고 동네에 놀러 나가는 척 나온 거였는데, 나도 뭔가 도움이 되는 일을 하고 싶었는데, 낭패다. 채소 트럭에서 장바구니를 채워 오는 동네 아줌마와 슈퍼 아줌마의 대화를 듣고 작전을 변경하여 트럭을 찾으러 달린다. 하지만 이미 트럭은 떠난 뒤였다. 시장에 가야 콩나물을 살 수 있다는 아저씨의 말에 보리의 얼굴은 금세 어두워진다. 앗, 시장 가는 길은 모르는데.

트럭의 행방을 묻지만, 시장에 데려다주겠다는 아저씨의 친절은 경계하며 마치 요 앞에 보호자가 있다는 듯 "엄마"를 부르며 달리는 보리의 모습에서 우리 사회의 단면이 보인다. 불안했던 건, 경계했던 건 보리만이 아닐 것이다. 엄마의 마음으로 보리를 지켜보는 관객도 무의식적으로 "안돼~"를 외쳤을 수 있다. 일곱 살 꼬마가 안심하고 다닐 수 있을 만큼 세상은 녹록지 않다.

영화 〈아무도 모른다〉(2005)를 보면, 마치 엄마처럼 세 동생을 돌보는 의젓한 아키라 역시 아이인지라 잠시 책임과 의무를 내려놓고 친구들과 어울리는 장면이 있다. 유치원생 보리는 오죽할까. 콩나물을 사야 한다는 일념을 잠시 잊고 다른 동네 아이들 틈에 끼어 놀이터에서, 또 문방구 오락기 앞에서 즐거운 한때를 보낸다. 아이들끼리 돈을 걷어 산 쭈쭈바인 줄도 모르고 맛있게 먹다가 원주인인 언니가 나타나 승강이가 벌어진다. 콩나물 살 돈이 든 동전 지갑을 맞잡고 일대 접전을 벌이는데,

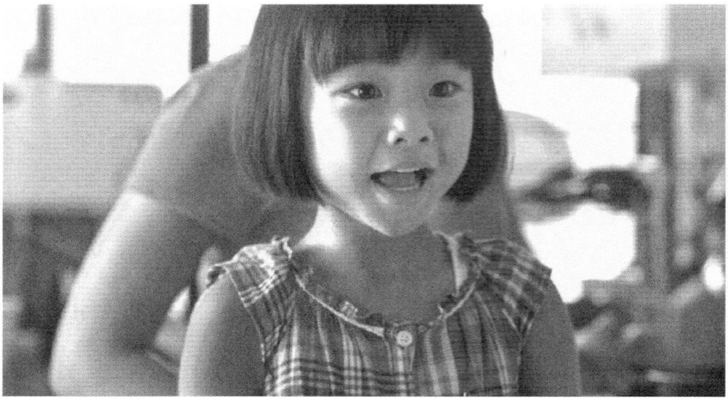

보리 역의 어린이
배우 김수안
ⓒ NAVER 영화 포토

그래도 언니라고 물러서지만 이미 보리는 울음이 터진 뒤다.

목이 탄 보리는 가게 평상에 모여앉아 막걸리를 나누는 할머니 할아버지에게 물을 얻어 마신다. 한 잔 더 마시는데, 어르신들이 그건 술이라며 만류하지만 "요구르트 맛인데" 하며 길 찾으랴 지갑 지키느라 애가 탔던 보리에겐 꿀맛이다. 긴장이 풀린 보리는 평상 위에서 〈물레방아 도는 인생〉 특별공연을 펼친다. 즐거워하는 어르신들, 공연료는 진짜 요구르트. 앞서 보리의 무릎에 빨간약을 발라주고 상처 연고를 챙겨주신 말 못 하는 할머니도 그렇고, 〈콩나물〉에선 우리 사회에 노인이 계셔야 하는 이유가 조용히 들린다. 코로나19로 번졌던 무개념 노인에 대한 혐오, '노인 포비아'와는 사뭇 다른 풍경이다.

영화에는 뭉클한 반전을 위한 판타지도 있다. 정말 없는 게 없다. 반전이 무엇인지, 과연 할아버지 제사상에 콩나물이 올라갔는지 영화를 통해 확인하면 꿀맛이다. 작은엄마의 "보리에게 심부름" 하는 소리에 환해지던 보리의 표정만큼이나 엄마와 함께 왔던 아이임을 알아본 시장 채소상 아주머니의 질문 앞에 지어지는 김수안의 표정은 꼭 봐야 한다. 고렇게 귀여울 수 없다.

조마조마 스릴 만점의 〈콩나물〉이지만, 우리 사회나 세상 사람에 대한 불신의 시선을 키우는 영화가 아니다. 오히려 우리 아이들이 살아가는 세상, 살아갈 세상의 '안전망'은 결국 우리 사람임을 다시금 확인시킨다. 사람과 사람, 서로 기대어 살아가는 인간, 그 인간미가 따뜻하고 감칠맛 나는 콩나물밥처럼 잘 지어진 영화 〈콩나물〉. 흔히 음표를 콩나물에 비유해선지 투명 오선지 위에 음표가 그려지듯 통, 통, 통 떠오르는 영화 타이틀로 시작하는 영화처럼, 새로운 한 주를 준비하며 발랄하고 흐뭇한 기분을 얻고 싶다면 만나보자, 〈콩 나 물〉.

⑫ 가타카

이미 삶은 결정됐다고 생각하는 당신에게

개봉 1998 등급 12세 관람가
장르 SF/드라마/미스터리/범죄 국가 미국
감독 앤드류 니콜(Andrew Niccol)
러닝타임 106분

DNA가 직업과 운명을 결정하는 미래
사랑으로 잉태한 빈센트 vs. 완벽한 유전자조합 안톤
SF 액션이 이렇게 철학적이어도 됩니까?

"영혼에는 유전자가 없다." - 김한범

"SF 영화가 추구해야 할 이상적 형태. 철학적 질문들의 세련된 재단" - 탈지구 기원자

"'되돌아갈 힘을 남겨두지 않아서 너를 이긴 거야'라는 대사가 매우 인상적이었다. 아니, 인상적인 정도가 아니라 충격적이었다. 이런 자세여야만 한다." - 김성호의 씨네만세

"기득권이 노리는 건 명확하다. 흑백논리…. 그러나 세상에는 무수히 많은 회색이 있다. 회색은 흑이 될 수도 백이 될 수도 있다. 경계는 경계일 뿐, 넘어서면 된다." - 윤제아빠

"영화란 꿈을 주고, 좋은 영화란 거기서 나아갈 힘을 주는 것. 노력을 뛰어넘는 전력. 99명의 천재보다 1명의 노력가가 경이로운 이유" - 지예

"최고의 SF 명작이 아닌가 싶다. 차갑고 암울한 디스토피아 사회를 무덤덤하게 잘 그려냈다. 영화에 나온 일들이 정말 실현 불가능하지 않기 때문에 더 와닿는다. 마지막 장면의 여운" - Floyd

"최고의 영화다. 무기력한 나를 깨워줬다. 대사를 듣는 순간 미친 듯이 울었다. 내 삶을 바꾼 영화" - me_dia

"10번, 100번, 1,000번 볼 영화를 선택하라고 한다면." - LSD

왓챠에 올라온 〈가타카〉 관람객의 평이다. 모두 옮길 수 없는 게 안타까울 정도로 영화의 핵심을 짚는, 공감 가는 글들이 많다. 도대체 어떤 영화기에 극찬 일색일까.

〈가타카〉 포스터. 주연배우 우마 서먼, 에단 호크, 주드 로(왼쪽부터)
ⓒ 콜럼비아트라이스타영화(주)

영화 〈가타카〉는 1997년, 20세기를 3년 남겨둔 시점에 세상에 나왔다. 가까운 미래, 21세기, 지금 우리에겐 현재인 21세기가 영화에선 유전자 과학으로 인간의 운명이 결정되는 암울한 세상이다. 아이는 태어나자마자 유전자 검사를 받는다. 향후 어느 정도의 능력을 보일지, 어떤 질병을 앓게 될지, 수명은 얼마일지가 바로 도출된다.

사랑하는 순간 잉태된 아이가 가장 건강하고 똑똑하다는 속설과는 정반대로, 엄마 아빠의 사랑으로 태어난 빈센트 프리맨(에단 호크 분)에게는 근시에 심장병, 범죄자 성향, 31세 사망이 예고된다. 실망한 부부는 인공수정으로 딸 둘, 아들 둘의 수정란을 만나게 되고, 그 가운데 두 사람의 좋은 점만 닮은, 최고로 완벽한 유전자 결합의 수정란을 택해 안톤 프리맨을 탄생시킨다.

부모의 모든 기대를 독차지하는 안톤, 기대만큼 우수한 유전자의 능력을 확인시키는 동생의 그늘에서 빈센트는 성장한다. 하지만 영혼에는 유전자가 없다는 관객의 해석처럼 빈센트의 영혼은 열정적이고 포기를 모른다. 예고된 유전자 운명에 굴하지 않고, 매사 열심이고 저 하늘 너머 우주에 가겠다는 꿈을 키운다. 아무도 기대를 걸어주지 않는 상황, 자신이 지닌 실재적 능력과 가능성을 봐주는 게 아니라 유전자 검사를

운명을 스스로
만들어가는 빈센트
ⓒ 콜럼비아
트라이스타영화(주)

통해 '적격자'와 '부적격자'를 결정하는 사회에서 빈센트는 우주비행사가 될 기회를 얻을 수 없다.

그렇다고 굴할 빈센트도 아니다. 어려서부터 동생과 해온 수영 시합, 먼저 포기하는 사람이 패하는 대결에서 늘 고배를 마시던 형은 여느 날처럼 함께 뛰어든 바다에서 물에 빠져 허우적거리는 동생을 구한다. 자신이 스스로 생각하는 것보다 더 강하다는 것을 알게 된 빈센트는 자신감 하나를 들고 집을 나온다. 청소부로 전전하는 '부적격자'의 삶을 살던 어느 날, 최대 우주항공사 〈가타카〉의 청소부가 된다. 가까이 가니 더욱 불타오르는 꿈. 우주에 관한 해박한 지식도, 예고된 수명을 넘어 건강하게 단련된 신체도, 누구보다 우주를 열망하는 의지도 빈센트를 '우주비행사 적격자'로 만들어주지는 못한다. 입사 시험에서 예의 진행되는 유전자 검사, 피 한 방울만 넣으면 '부적격', '불합격' 신세다.

빈센트의 꿈을 향해 일명 '사다리'를 놓아줄 DNA 브로커가 다가온다. 우수한 인자를 지닌 전직 수영선수 제롬 유진 머로우(주드 로 분), 아무도 모르는 사고로 하반신 마비가 된 그의 DNA 정보를 빌려 가타카 입사 시험을 통과하는 작전을 제안한다. 빈센트 프리맨에서 제롬 머로우로의 변신 방법은 가히 아날로그적이다. 다행히 얼굴은 비슷, 헤어·

패션 스타일은 연출로 가능하고, 제롬이 받았던 치과 치료는 몰아서 하면 되는데 타고난 근시에 5cm 모자라는 키는 해결하기 어렵다.

근시를 감쪽같이 없애려면 수술이 필요하지만, 각막에 흔적이 남아 불가능. 컬러렌즈로 해결하는데 불시의 검문에서는 표가 나므로 빼버려야 하지만 안경을 쓸 수는 없으므로 눈앞이 캄캄해지는 걸 각오해야 한다. 고문과도 같은 수술로 키도 늘리고, 가타카 건물에 출입할 때마다 신분을 확인하는 피검사에 대비해 오른쪽 검지에는 가짜 피부 아래 제롬의 피가 들어 있어야 한다. 보안을 위해 불시 검사가 많기에 사타구니에는 제롬의 소변이 담긴 주머니를 차고 다녀야 하고 상태 좋은 피도 항시 지녀야 한다.

그 모든 것을 다 통과해서 입사와 근무를 완벽히 수행 중이지만, 그걸로 끝이 아니다. 우주비행사에게 요구되는 극강의 체력과 지구력 테스트에서 최고의 유전자를 입증하기 위해 숨이 턱에 걸려 죽을 것 같을 때까지 '태연하게' 달려야 한다. 빈센트는 선천적으로 심장병이 예고돼 있고, 제롬은 국가대표 수영선수를 할 만큼 우수하니까. 평생의 노력으로 축적한 우주에 대한 지식, 웬만해선 말릴 수 없는 우주 사랑으로 작성한 보고서가 상관 휴고(앨런 아킨 분)에게 채택되어 토성 출발 일주일을 앞두고 있다. 그야말로 어릴 적 꿈이 현실로 이뤄지는 상황. 이제 빈센트는 가운데 이름 유진으로 부르는 제롬 머로우보다 더욱 제롬 머로우에 걸맞은 인간이 된 것이다.

호사다마라 했던가. 최하 등급 부적격자에서 최고 등급 우주비행사에 등극하기 직전, 결정적 순간에 가타카에서 살인사건이 벌어진다. 토성 탐사 계획을 반대하던 감사관이 빌딩 화장실에서 살해된 것이다. 휴고는 아이린 카시니(우마 서먼 분)에게 경찰의 사내 수사를 도우라 명한다. 제롬이 얼마나 토성에 가고 싶어 하는지를 아는 아이린, 모든 게 너무 완벽한 제롬을 의심하던 그는 살인까지도 의심하며 제롬의 서랍 속

미래에 가봐도,
사람이 희망이다.
ⓒ 콜럼비아
트라이스타영화(주)

빗에서 머리카락을 훔쳐 유전자 검사를 의뢰한다. 즉석에서 나온 결과, 10점 만점에 9.3점의 인재. 검사관의 "대단하네요"라는 말을 들으며 아이린은 의심을 내려놓는다. 하지만 포기를 모르는 경찰의 수사망은 점점 조여온다. 바람에 날린 눈썹, 무심코 청소부에게 준 종이컵이 빈센트를 압박한다. 경찰의 추적과 이를 모면하는 빈센트의 기지가 숨 막히는 긴장감을 형성한다.

영화에는 몇 가지 반전이 준비돼 있다. 형사반장의 정체, 살인범의 정체, 빈센트의 정체를 알고 있던 내부직원의 존재, 빈센트에게 육체의 DNA를 빌려주고 빈센트에게서 정신적 꿈을 얻은 유진의 선택. 이러한 요소들이 얽혀 나머지 절반의 이야기가 어떻게 전개되는지 확인해볼 만하다. 무척 흥미진진하고 대단히 충격적이다. 에단 호크, 주드 로, 우마 서먼의 눈부시게 아름다운 청춘을 보는 재미도 쏠쏠하다.

유전자에 의해 인간의 사회적 운명이 결정된다는 신선한 공상과 이를 극복해내는 존재를 통해 〈가타카〉가 전하는 메시지는 익숙하다. 꿈꾸는 자만이 꿈을 이루고, 인간의 노력으로 이루지 못할 것은 없다. 하지만 반운명론을 계몽주의의 운명 개척론처럼 '하면 된다'로 들이미는 것과 빈센트의 처절한 좌절과 부단한 일어섬을 통해 담담히 전하는 것은 하늘과 땅 차이다. 영화를 보노라면 여러 상황 속에서 좌절했던 나를 발견하며 빈센트에게 공감하고, 쉽게 포기했던 나를 기억하며 반성한다. 묻고 싶다. 당신은 오늘 '되돌아갈 힘을 남겨두지 않고' 전력을 다하고 있는가.

그리고 그것보다 훨씬 좋은 생각을 우리에게 전하는 것은 선천적으로 예고된 심장질환에 먼저 포기하려는 아이린에게 용기를 주기 위해 '산 증인'인 자신의 실체를 드러내는 빈센트의 모습이다. 남녀 간의 어떤 사랑보다 뭉클하다. 마찬가지로 '부적격자' 아들을 둔 아버지에게 희망을 전하려는 모습, 그런 빈센트에게 숨겨두었던 배려를 드러내는 모습에서 암울한 세상의 희망은 역시나 사람에게 있음을 상기시킨다. 공상과학, SF 스릴러를 통해 인간의 문제를 '낯설게' 마주하면 본질이 더욱 선명히 드러난다.

〈가타카〉라는 놀라운 데뷔작을 선보인 앤드류 니콜 감독은 이후 짐 캐리가 주연한 〈트루먼 쇼〉의 각본, 톰 행크스의 〈터미널〉 원안과 기획을 통해 세상 어딘가에 홀로 유배된 사람의 외로움, 그렇게 만든 사회를 비판적으로 그렸다. 밥이든 옷이든 수명으로 지불하고, 노동과 돈으로 수명을 살 수 있고, 그러한 수명이 손목에 표시되어 숫자가 0이 되면 즉시 심장정지로 사망하는 세상. 죽지 않기 위해 수명을 훔치고 구걸하고 뺏으며 사투를 벌이는 디스토피아를 통해 빈부격차와 인간의 소유 문제를 다룬 〈인 타임〉 역시 〈가타카〉에 버금가는 충격을 안겼다.

뇌에 들어온 외계생명체 '소울'에게 감정을 빼앗겨버린 인류, 단 한 명의 영혼을 지켜낸 멜라니(샤일샤 로넌 분)에게 걸린 지구의 운명을 그린 〈호스트〉, 에단 호크와 다시 만난 〈드론전쟁: 굿킬〉, 〈인 타임〉의 아만다 사이프리드와 재회한 〈아논〉 등 신선한 스토리의 SF·액션 영화가 많지만 제일 먼저 데뷔작 〈가타카〉부터 시작해보는 건 어떨까.

⑬ 아직 끝나지 않았다

영화는 끝났는데 당신은 '아직 끝나지 않았다'

개봉 2018 등급 15세 관람가
장르 스릴러 국가 프랑스
감독 자비에 르그랑(Xavier Legrand)
러닝타임 93분

단편 〈모든 것을 잃기 전에〉로 시작해 5년 뒤 장편영화
단 두 작품으로 세계적 주목받은 자비에 르그랑 감독
놀라운 연기력으로 관객을 붙드는 소년, 토마 지오리아

"영화가 끝났을 때 엔딩 크레디트가 다 올라갈 때까지 꼼짝하지 못했다." - *wois*****

"영화가 끝난 후 엔딩 크레디트가 올라가는 순간의 적막과 참담함까지도 영화의 일부가 아닐까 하는 생각" - *yuns*****

〈아직 끝나지 않았다〉 포스터 ⓒ 판씨네마(주)

먼저 단편 〈모든 것을 잃기 전에〉(2012)가 나왔다. 그리고 5년 뒤 장편영화 〈아직 끝나지 않았다〉가 나왔다. 연극배우 출신의 감독 자비에 르그랑은 데뷔작으로 2014년 아카데미 단편영화 작품상에 노미네이트되었고, 장편 데뷔작으로는 2017년 베니스영화제에서 감독상인 은사자상과 미래사자상을 동시에 받았다. 연출작 단 두 편, 하나로 이어지는 이야기를 그린 영화들만 보았음에도 세계 유수의 영화제들과 언론이 "주목해야 할 천재 신예"로 일컫고 있다. 도대체 영화가, 연출이 어떻기

에 그럴까.

가정폭력을 다룬 영화는 많다. 마치 다큐멘터리 또는 재연드라마처럼 끔찍한 현상에 주목하거나 가정폭력이 근절되어야 하는 사회적·심리적 배경을 이야기하는 경우가 많다. 그중에는 강렬한 공감을 불러일으키는 영화도 있다. 또는 미카엘 하네케의 〈하얀 리본〉처럼 은유와 직유가 공존하는 가운데 가정폭력을 철학적 무게감 속에 직면케 하는 수작도 있다.

자비에 르그랑의 영화는 기존의 방식과 다르다. 우선 과장되거나 왜곡된 혹은 문학적으로 표현된 가정폭력 장면이 없다. 너무나 평이해서 가부장제의 잔재가 엄존하는 나 혹은 이웃의 풍경이라 생각될 정도다. 그래서 혹자는 한 가정을 공포로 내모는 아빠 앙투안만의 잘못인가 생각할 수도 있고, 판사의 말에 따라 '누가 더 거짓말쟁이인지' 중립적으로 판단해보겠노라 팔짱을 낄 수도 있다. 아빠 앙투안은 폭력적 괴물이 아니라 아버지 노릇에 서툰 남자로 보이기 십상이고, 엄마 마리암을 보면서는 '왜 자신의 동생인 이모보다 상황 대처가 더디고 행동력이 없는지' 답답함을 느낄 수도 있다. 바로 이 부분이 르그랑 영화의 차이점이

판사 앞의 마리암과 앙투안(오른쪽) ⓒ 판씨네마(주)

자, 이야기의 결말부에 가서 관객 자신을 부끄럽게 만드는 핵심이 되기도 한다.

영화 줄거리 속에서 차근히 얘기해볼까. 〈모든 것을 잃기 전에〉는 매 맞는 아내이자 아이들에게 가해지는 가정폭력을 막아주지 못했던 엄마 마리암(레아 드루케 분)이 딸 조세핀(마틸드 오느뵈 분), 아들 줄리앙(토마 지오리아 분)을 데리고 남편 앙투안(드니 메노셰 분)에게서 탈출하는 하루를 그린다. 학교와 반대편으로 걸어가 다리 밑에서 기다리는 줄리앙을 태우고, 남자친구와의 이별에 눈물 흘리는 조세핀을 태워 마리암은 자신이 일하는 마트로 향한다. 떠나기 전에 월급과 퇴직금을 받아야 하고, 자신을 태우러 오는 동생을 기다려야 한다. 다행히 동료들이 도와줘서 진행이 순조로운가 했더니 남편이 마트에 온다. 수표책을 받으러 왔다는 남편은 필요한 걸 받고도 할 말이 있다며 기다리겠단다. 마리암과 조세핀, 줄리앙은 무사히 마트를 빠져나가 동생 차에 오를 수 있을까.

글로만 보면 참 별것도 아니라고 할 수도 있는데, 이처럼 초긴장 속에 화면을 응시하게 하는 영화도 드물다. 동생 휴대전화의 배터리가 없고, 남편이 마트를 서성이는 것만으로 애가 타고 공포가 밀려온다. 르그랑 감독은 마리암이 당한 폭력을 마트 유니폼에서 일상복으로 급히 갈아입고, 다시 유니폼을 입는 모습에서 보이는 몇 개의 멍으로 보여줄 뿐이다. 아이들이 당한 폭력은 남자친구를 두고 떠나고 싶지 않은 마음보다 큰 조세핀의 불안, 엄마가 아빠를 잠시 만나러 간다는 사실만으로 터지는 줄리앙의 울음으로 짐작할 뿐이다.

〈아직 끝나지 않았다〉는 영화를 보고 나서 다시 읽으면 제목부터 공포다. 앙투안을 벗어나 친정이 있는 곳에서 살면 폭력은 끝이라고 생각했는데 아니다. 법의 눈으로 보면, 마리암은 아이들에게서 일방적으로 아빠를 떼어놓은 엄마이고, 아빠를 '그 남자'라 부르며 "다시 보고 싶지 않다"는 줄리앙의 글은 어른이 시켜서 쓴 글이다. 반면 간호사로 일하는 앙투안이 직장과 거처를 옮겨 아이들 가까이서 살려는 모습은 아버지로서 바람직한 노력이고, 법적 성년이 된 딸은 아니더라도 아들만큼은 격주로 보겠다는 앙투안의 요구는 아버지의 당연한 권리다.

결국, 전화번호를 바꿔도 거처를 옮겨도 앙투안에게서 숨을 수 없는 상황 속에서, 중립적 법의 테두리 안으로 이 가족의 문제가 들어온 상황 속에서 가장 심각한 폭력적 상황에 놓이는 건 격주 주말을 '그 사람'과 함께 보내야 하는 줄리앙이다. 어느덧 자라 11세가 된 줄리앙은 여전히 어린 소년이건만 아빠로부터 엄마를 지키기 위해 "엄마에게는 휴대전화가 없다", "엄마는 집에 없다"고 거짓말하지만, 결국 들켜 험악한 궁지에 몰리면서도 어떻게든 혼자 감당해보려 애쓴다. 줄리앙의 불안한 눈빛과 어두운 낯빛, "뒈져버려" 하고 소리치는 절망적 분노, 관객은 줄리앙과 하나 되어 폭력을 체감한다.

영화 마지막 10여 분 전까지 별다른 물리적 폭력도 없는데 긴장을 넘어 공포를 느낀다. 서스펜스 혹은 호러라 할 만한 영화인데, 흔히 등장하는 긴장감 넘치는 음악이나 효과음조차 없다. 여기에 자비에 르그랑 영화의 또 다른 차별점이 있다. 감독은 고조되는 음악이나 신경을 긁는 음향 같은 인위적 소리 대신 앙투안이 눌러대는 자동차 경적과 문 두드리는 소리, 현관 버저음, 전화벨 같은 현실의 소리로 긴장과 공포를 조성한다. 폭력 장면에 과장과 왜곡이 없는 것과 같은 맥락이다.

설명을 듣다 보면 '조미료' 없는 영화로 밋숭밋숭할 것 같지만 그렇지 않다. 시끄럽지 않을 뿐 두 영화 모두 촘촘하게 현실적이다. 자비에 르그랑 감독은 가정폭력을 다루면서 '의도적으로' 사회적 메시지 전달을 목적으로 하는 다큐멘터리를 지양하고 극영화로 구성하기 위해 서스펜스 형식을 표방했지만, 겉으로 드러내는 폭력의 정도나 음악·음향은 매우 현실적으로 표현했다. 그러한 선택은 매우 효과적이어서 더욱 두렵고 소름 끼친다.

200 대 1의
오디션으로 줄리앙이
된 배우 토마 지오리아
ⓒ 판씨네마(주)

인물을 통해 얘기해보면 더욱 선명해진다. 마리암은 마트 계산원으로 일하는 직장에서는 동료가 "노조 대표"라고 표현하고 지점장이 그의 퇴사를 아쉬워할 만큼 똑 부러지게 일을 잘하지만, 집에서는 맞고 살고 남편에게 "싫다", "안 된다"는 말도 못 하고 수동적이다. 어떻게든 '대충' 상황을 넘기기만 하려고 하기에 앙투안의 일방적 스킨십에도 제대로 대응하지 못한다. 심지어 자신과 아들의 생명이 위태로운 순간에도 처음에는 앙투안의 이름을 부르며 "그만하라"고 말할 뿐이다. 지켜보노라면 속이 답답해 터질 지경인데, 이것이 현실이다. 폭력은 한 사람의 건강한 대응력을 앗아간다. 마리암은 아이들을 아빠의 가정폭력으로부터 지켜야 하는 엄마이기도 하지만, 그 자신도 피해자라는 것을 잊어선 안 된다.

앙투안은 쌍방의 사랑과 일방적 집착을 구분하지 못하고, 분노를 조절하지 못한다. 앙투안의 폭발을 보며 "모두가 똘똘 뭉쳐 그를 무시하고 외면하는데 어찌 화나지 않을 수 있느냐. 앙투안만의 잘못이 아니다"라고 얘기하기도 하는데 이는 핵심을 놓친 결과다. 누구나 화날 수 있지만, 누구나 앙투안처럼 표출하지는 않는다. '앙투안이 좋은 사람이다, 아니다'의 문제가 아니다. 치료가 필요한데 가정 내에서, 가족 안에서 일어나는 문제라고 해서 묵인하거나 방관하다가는 어떤 일이 벌어질지 〈아직 끝나지 않았다〉의 결말이 보여준다.

조세핀은 18세가 넘어 이 가족의 비극에서 벗어나 있는 것 같지만 그렇지 않다. 성인으로서 자신을 책임지고 살아가는 출발선에 선 그에게 필요한 건 화려한 성년 파티도 아니고 사랑하는 남자친구만도 아니다. 동생은 어리고, 엄마는 아빠와의 법정 싸움에 매달려 있고, 탈출구라곤 드문드문 만날 수 있는 남자친구뿐이고, 의논하고 상의할 사람 없이 임신의 두려움에 흐느낀다. 가장 두려운 건 생일파티에서 노래를 부르면서도 '그 사람'이 문을 열고 들어올까 싶은 불안, 제일 좋아하고 잘하는 음악으로도 눌러지지 않는 초조가 조세핀의 오늘이다.

가장 안쓰럽고 또 대견한 건 줄리앙이다. 어리기 때문에 더욱 보호받아야 하는데, 어리기 때문에 주말을 누구와 보낼지 누구와 함께 살지를 내가 아니라 법이 정하는 대로 따라야 한다. 폭력은 직접 맞지 않아도, 내가 아끼는 사람이 당하는 걸 지켜보는 것만으로도 충격적 가해다. 그러함에도 엄마가 아빠에게 맞을까 봐 염려하고, 어떻게든 자신의 힘으로 해결해보려는 줄리앙은 〈아직 끝나지 않았다〉에서 가장 씩씩하다. 생명이 위태로울 수 있는 순간, '그 사람'의 침입을 여린 두 팔로 막아선 모습에선 도저히 눈물을 참을 수 없다. 어른인 게 부끄럽고, 마치 내가 판사인 양 '객관적으로' 보겠다고 '양쪽 입장을 두루' 살피겠다고 했던 게 애정 어린 관심이 아니라 '방관'이었음을 인정할 수밖에 없는 순간이다.

모든 걸 다 떠나서 줄리앙을 연기한 어린이 배우 토마 지오리아를 만나는 것만으로도 두 영화를 볼 가치가 있다. 200 대 1의 오디션을 거쳐 발탁된 배우, 천재 감독이 알아본 천재 배우. 너무나 사실적으로 표현된 줄리앙의 들숨과 날숨을 통해 전해지는 복잡다단한 심경, 고개를 숙여 보이지 않음에도 느껴지는 '그 사람'을 향한 분노의 눈빛. 배우 토마 지오리아가 〈아직 끝나지 않았다〉에서 펼쳐낸 감정들이다. 〈모든 것을 잃기 전에〉에선 그저 울음으로 공포를 표현하던 꼬마 배우의 급격한 깊이 성장이 느껴진다.

"나이 대비 뛰어난 자질을 지니고 있고, 듣고 호흡하는 방법에 있어서 최고의 배우가 가진 능력을 보여줬다. 어떠한 트릭(속임수) *없이 모든 상황을 완벽하게 소화했고, 우리는 그저 어린 배우가 가진 자연스러움을 유지하도록 하면서 그의 자질들을 끌어내기만 하면 됐다."*

자비에 르그랑 감독의 말이다.

⑭ 21그램

영화 거꾸로 보기 마지막 장면부터 생각해본 영화

개봉 2004 등급 청소년 관람불가
장르 범죄/스릴러/드라마 국가 미국
감독 알레한드로 곤잘레스 이냐리투 (Alejandro Gonzalez Inarritu)
러닝타임 125분

숀 펜과 나오미 왓츠의 열연도 좋지만 베니시오 델 토로의 순수 연기에 '흠뻑'

〈21그램〉 포스터 ⓒ (주)영화사한결

눈에 보이지 않는 시간은 사람의 마음에 큰 지배력을 지닌다. 계절 역시 그러하다. 날씨만 바뀐 거라고 넘겨버릴 수 없게 봄이면 설레고 가을이면 생각이 깊어지는 구석이 분명히 있다. 처음 맞는 가을도 아닌데, 어김없이 가을이면 여운이 긴 영화들을 찾는 나를 발견한다. 여운은 어쩐지 가을과 어울린다.

그렇게 다시 본 게 〈21그램〉이다. 볼 때마다 새로운 질문이 주어지는 영화다. 아직도 답을 찾지 못한 건 제목 〈21그램〉의 의미다. 영화 마지막 폴(숀 펜 분)의 독백에서 영화 내내 언급 한 번 없었던 21그램에 관한 얘기가 나오긴 한다.

"우리는 몇 번의 삶을 사는가? 우린 몇 번 죽는가? 우리는 누구

나 모두 죽음의 순간에 21그램을 잃는다고들 한다. 21그램은 얼만큼일까? 얼만큼을 잃는 걸까? 언제 21그램을 잃을까? 얼만큼이 그것과 함께 사라질까? 얼만큼이 얻어질까? 21그램은 5센트 동전 5개가 쌓인 무게, 벌새 한 마리의 무게, 초콜릿바의 무게. 21그램은 얼만큼의 무게일까?"

도교식 선문답도 아니고, 몇 번을 곱씹어봐도 깊이 알지 못하겠다. 일단 이 독백은 온통 의문문이다. 답을 주지 않는다. 그런 가운데 단정한 것이 두 가지 있는데, 우리는 모두 죽는 순간에 예외 없이 21그램을 잃는다는 것과 21그램이 미국 5센트 동전 5개, 벌새 한 마리, 초콜릿바 하나의 무게와 맞먹는 아주 가벼운 무게라는 것이다.

그렇다면 죽는 순간 사라진 21그램은 무엇일까. 막연히 영혼이라고 생각할 수 있고, 21그램이 우리 영혼의 무게라고 여길 수도 있지만, 폴의 독백에 단정된 바는 없다.

굳이 관련 정보를 끌어오자면 미국 매사추세츠주의 의사 던칸 맥두걸이 1907년 출판한 학술연구 '21그램 실험'이 등장한다. 죽음의 고비를 앞둔 환자 6명의 질량 변화를 측정했는데, 6명 중 1명이 사망 시점에 정확히 21.3그램을 잃었다. 던칸은 무게가 줄었다가 회복되거나, 줄었다가 사망 전보다 더 많은 무게가 나간 '나머지 다른 환자들의 결과'는 장비의 눈금을 조정하는 중에 사망했다는 등의 이유를 대며 무시했다. 또 어느 개도 사망 시 무게를 잃지 않았다고 보고하며 동물에게는 영혼이 없다고 보았고, 인간에게만 영혼이 있다는 증거라며 영혼 반대론자들의 주장을 묵살했다.

영화가 2004년 작인 걸 감안하면, 약 100년이 지난 시점에서 과거 비판받았던 실험 결과를 인용한 셈이다. 그래서 알레한드로 곤잘레스 이냐리투 감독은 '영혼'이라는 표현을 직접 적지는 않았는지도 모르겠

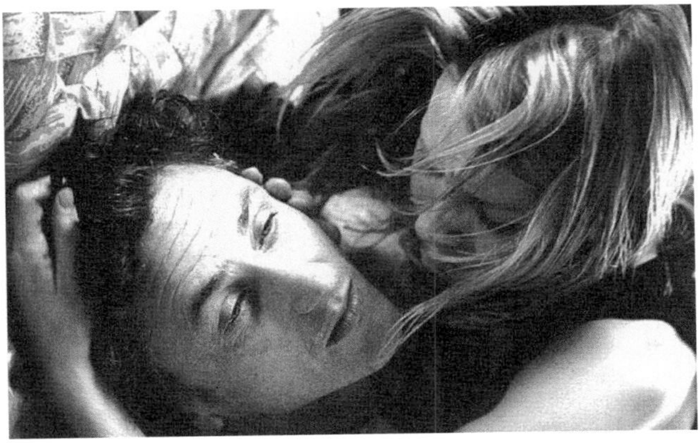

배우 숀 펜과 나오미 왓츠(왼쪽부터). '배우 맛집' 영화 ⓒ (주)영화사한결

는데, 그래도 '누구나'라는 표현은 마음에 걸린다. 정말 누구나 죽는 순간 21그램을 잃는가? 21세기인 현재, 더욱 발전된 장비로 21그램 실험을 다시 해보기라도 해야 할까? 해외 포스터를 보면 인물별로 '사랑의 무게', '죄의 무게', '복수의 무게'를 묻고 있다.

다시 폴의 독백으로 돌아가서 생각해본다. 처음엔 사람이 죽을 때 21그램이 줄어든다는 부분에 귀가 솔깃하지만, 다시 들으면 독백의 앞부분에 마음이 쏠린다. 우리는 몇 번의 삶을 사는가? 우린 몇 번 죽는가?

이 말을 읊조린 폴의 인생에 대입해보면, 폴은 두 번 살았다. 대학교수인 폴은 죽음을 눈앞에 두고 있다, 심장이식 외에는 살길이 보이지 않는다. 그는 행운아다. 심장을 이식받고 두 번째 삶을 선물 받는다. 정말 선물이었을까. 남편의 죽음 앞에 마지막으로 남편의 정자를 이용해서라도 남편과의 아이를 가지려는 아내 메리(샤를로트 갱스부르 분). 이제 남편도 살았으니 부부에게는 행복만 남을 것 같지만, 전혀 아니다. 임신을 둘러싼 서로의 속내를 확인하며 두 사람은 멀어진다. 그뿐이 아니다. 폴은 자신에게 심장을 준 남자의 아내 크리스티나(나오미 왓츠 분)를 사랑하게 되지만, 크리스티나가 살인자가 되는 걸 막기 위해 최악의 선택을 감행한다. 두 번째 삶에서 맞이한 새로운 사랑, 기쁨도 잠시 삶은 비극으로 치닫는다. 병상에 누운 폴이 죽지 않기를, 다시 살기를 바라던 순간들에 원했던 삶일까.

폴에게 새 심장이 갈 수 있었던 건 한 남자가 교통사고로 죽음에 처해서다. 그 사고를 낸 장본인 잭(베니시오 델 토로 분)의 아내 메리(멜리사 레오 분)의 "삶은 계속되는 거야"라는 말 역시 '우리는 몇 번의 삶을 사는가? 우린 몇 번 죽는가?'라는 말의 의미를 생각하게 한다.

처음 봤을 때는 메리의 말이 단지 남편 잭에게 "이제 그만 사고에 대한 자책에서 벗어나 가족을 돌봐라. 살아남은 자의 삶은 계속되어야 한다"는 뜻으로 들렸다. 다시 보니 잭이라는 한 인간에 국한된 얘기가 아니라 영겁의 시간 속에서 계속되는 인간의 삶을 얘기한다는 데 생각이 미친다. 윤회를 얘기하는 게 아니라, 동물계 척삭동물문-척추동물아문-포유강-영장목-인간과-인간속-인간종에 속하는 우리의 삶이 계속되고 있다는 뜻으로 다가온다. 내가 숨 쉬는 공기, 옷깃을 파고드는 바람에 먼저 살다 간 누군가의 숨결이 깃들어 있다. 인간 삶의 엄숙한 무게가 새롭다.

〈21그램〉에서 삶은 계속된다. 크리스티나의 남편이 죽고, 그 죽음으로 폴이 다시 살고, 교통사고를 냄으로써 폴에게 역설적으로 새 삶을 준 잭은 바로 그 폴로부터, 크리스티나의 슬픔을 대리한 폴로부터 목숨을 위협당한다. 끔찍한 악연으로 얽혔던 세 사람 그리고 세 가족은 다행히 악순환의 고리를 끊는다. 폴이 남긴 두 번째 삶에서의 선택 덕이다. 잭은 집으로 돌아가고 크리스티나는 생명을 잉태한다. 그렇게 인간은 지속할 것이다.

절대 가볍지 않지만, 절대 우울하지만도 않은 이야기 〈21그램〉. 볼 때마다 혼자일 수만은 없는 나의 삶, 서로 얽혀있는 우리의 삶, 그렇게 악연으로 선연으로 이어가는 인간의 삶에 대한 다양한 질문을 안기는 영화일 수 있는 건 배우들의 열연 덕이 크다.

압도적 연기를 보여준 베니시오 델 토로 ⓒ (주)영화사한결

서로 다른 시간대의 이야기가 동시에 흘러가고, 서로 다른 가족의 이야기가 따로 흐르다가 교통사고로 한 데서 만나는 구조다 보니 처음엔 좀 당황할 수 있다. 숀 펜이 1인 2역을 하는지, 아니 3역인지 추론도 해보고. 잭이나 크리스티나의 도플갱어가 나오는 영화인가 엉뚱한 상상도 한다. 하지만 곧 상황 파악을 하게 되는데 배우들이 시간대별, 심리와 신체 상태별 차이를 섬세하게 연기했기에 '머릿속 정리'가 이루어진다. 시간 순서에 따라 편집되지 않은 덕분에 동일 인물이지만 다른 시간, 다른 상황 속에서 표정과 몸짓이 달라지는 그 차이를 세밀하게 연기해낸 배우들의 놀라운 연기를 동시다발적으로 비교하며 만끽할 수 있다.

또 간단치 않은 인물들의 상황과 심리를 배우들이 너무나 깊이 표현해준 덕에 우리는 이들의 얽히고설킨 상황 속으로 빨려 들어가 마치 내 얘기인 양 체험할 수 있다. 영화를 보고 나면 힘이 쭉 빠지고, 좀처럼 쉽게 이야기를 밖으로 밀어내버릴 수 없는 이유다.

모두 잘했지만, 칭찬의 소리가 유독 큰 배우가 있다. 베니시오 델 토로다. 이유는 대략 두 가지다. 숀 펜은 예상을 빗나가지 않고 역시 잘하고, 나오미 왓츠는 신체 조건만 좋은 게 아니라 깊은 감성을 리얼하게 연기하는 배우라는 걸 이번에도 확인시킨다. 강인한 아내상을 보여준 멜리사 레오와 샤를로뜨 갱스부르의 호연도 돋보인다. 베니시오 델 토로는 당시로부터 4년 전 영화 〈트래픽〉으로 베를린영화제에서 남자연기자상을 받았으나 꽃미남 외모 덕에 푸에르토리코 출신의 짧은 영어에도 할리우드에 데뷔한 배우, 브래드 피트의 뜨거운 열정 버전 외모라는 이미지를 완전히 벗진 못한 상태였다. 하지만 〈21그램〉에서 베니시오 델 토로는 인간의 깊은 고뇌를 설득력 있게 연기하여 실력파 배우로 거듭 각인된다. 기대 그 이상일 때 우리의 만족도는 배가 된다.

또, 베니시오 델 토로가 맡은 '잭'이라는 역할 덕도 있다. 과거의 잘못, 전과를 지우고 새 삶을 살아보려 문신을 가리고 열심히 성경을 읽으며 하나님의 말씀에 의지해 살아가지만 아무리 성실히 일해도 문신이 보기 불편하다는 고객의 항의에 직장에서는 잘리고 하나님이 주셨다며 행복해하던 트럭으로 한 가족을 치고 만다. 부족한 과거에서 벗어나려고 발버둥 치고 또 발버둥 쳐도 자꾸만 원점으로 돌아가는 삶 앞에 좌절한 경험, 크기와 정도의 차이는 있어도 많은 사람이 자신을 투영할 수 있는 인물이다. 여기서 잭은 도망가지 않고 솔직하게 삶을 정면돌파한다. 자수와 수감, 그리고 출소 후 다시 시작된 참회의 삶. 하지만 이런 과정을 모르는 크리스티나와 폴은 그를 해하기 위해 주변을 맴돈다. 사적 복수를 응원하기보다 잭의 괴로움에 공명하는 우리가 있다.

영화가 던지는 질문들에 답하지 않아도 좋다. 〈체 게바라〉로 칸국제영화제 남우주연상을 받기 전 〈신시티〉, 〈시카리오〉 등 하드보일드 액션 속이 아닌 베니시오 델 토로의 순수한 연기를 보는 것만으로도 놓치기 아까운 영화 〈21그램〉이다.

⓯ 다운

한국의 헬레나 본햄 카터 〈담보〉 김재화의 이 영화

제작 2018 등급 12세 관람가
장르 드라마 국가 한국 감독 이우수
러닝타임 29분

유해진처럼 응원하게 되는 배우 김재화
명품조연 아닌 주연작으로 만나는 〈다운〉

〈다운〉 포스터 ⓒ NAVER 영화 포토

돈을 꾸어와서 갚지 않은 것도 아닌데 빚진 느낌의 배우들이 있다. 일테면 과거 유해진이 그랬다. 여러 영화에서 너무나 좋은 연기를 보여주는데, 한 작품을 충분히 끌고 갈 힘을 가진 배우인데 조연에 머무르는 게 내가 미안했다. 멀티캐스팅이나 투톱 영화에서 주연을 맡았는데, 유해진 덕에 올라간 관객 수가 꽤 많음에도 제대로 확인되지 않는 느낌에 아쉬웠다. 그러다가 단독 주연, 그야말로 원맨쇼 영화 〈럭키〉(2016)가 개봉하는데, '이번에 제대로 보여주자'는 마음이 들었다. 별 힘도 없으면서.

주변에 "우리가 그동안 좋은 연기 봤던 값을 좀 치르자. 영화 좀 많이 보자"며 떠들고 다녔다. 그런데 웬걸, 다 같은 마음이었고 '되겠구나' 안심했다. 반신반의하는 동료에게 주변 민심에 기대어 마치 예언가라도 된 양 "흥행할 거야!" 장담하기도 했다. 민심은 천심, 〈럭키〉는 697만 관객의 사랑을 받았다. 영화 제목에 딱 맞게 700만으로 기록되도록 3만 관객을 끌어오고 싶은 마음도 있었지만, 충분히 배우 유해진의 티켓 파워를 과시했다. 그다음부터는 순풍에 돛 단 듯, 스스로 지닌 실력과 멈추지 않는 아이디어로 촬영 현장을 즐겁게 하고 작품에 공을 보태며 순항하고 있다.

비슷한 마음이 드는 배우들이 여럿 있는데, 그중 한 명이 김재화다. 영화 〈황해〉에서 살짝, 〈카운트다운〉에서 살짝, 〈러브픽션〉에서 잠깐 보면서도 눈길이 갔다. 궁금증이랄까, 갈증이 처음으로 해소된 영화는 〈코리아〉였다. 중국 국가대표 탁구선수, 세계 1위 자리를 다투는 덩아령 역을 맡았는데 얼마나 열심히, 어찌나 제대로 준비했는지 '현실의 중국 탁구선수'를 캐스팅한 것으로 생각하는 이들도 있었다. 최소가 '중국 배우'였다. 개인적으로 '쾌감'이 일었다. 역시! 대단한 배우였구나! 아무에게 말하지 못해도 눈여겨봤던 배우가 실력 발휘를 충분히 할 기회를 얻거나 잘나가면, 내가 캐스팅하고 내가 키운 것마냥 기쁜 게 기자라는 직업의 우스운 일면이다. 그런 애정과 관심이 출근 시간은 있어도 퇴근 시간은 없는 직업을 견디게 한다.

사실, 〈코리아〉 이후 승승장구할 줄 알았다. 너무 중국인 같아서였을까. 그 대단한 열연 후에도 아직 조연이다. 출연 비중이 작을 뿐 작은 배역은 없고, 더더군다나 작은 배우는 없다는 걸 잘 알고 있다. 그래도 '빚진' 마음이 드는 건 사실이다. 그 뒤 여러 영화, 드라마, 시트콤에서 어떠한 캐릭터가 맡겨져도 원래 그 인물이었던 것처럼 잠깐이어도 소름 돋는 연기를 선물해주기에 빚덩이가 커가는 느낌이다.

일테면, 영화 〈롤러코스터〉의 승무원 김활란의 속사포 수다는 언제 들어도 내가 옆에서 꽹과리라도 치고 있는 듯 신이 나고, 나도 정신 바짝 들게 영화 〈소공녀〉의 정미가 미소에게 던진 인생 직구를 맞고 싶고,

영화 〈모가디슈〉의 신스틸러 김재화(왼쪽에서 두 번째) ⓒ 롯데엔터테인먼트

드라마 〈시크릿 마더〉에서 서릿발 같은 불호령을 내리다가도 따뜻하게 감싸주는 아내 명화숙이 내 가족이면 좋겠고, 길 가다가 우연히라도 절대 스치고 싶지 않은 섬뜩함이지만 어떤 미스터리 공포영화의 캐릭터보다 살기 넘치는 〈우상〉의 수련이 주인공인 영화를 보고 싶다. 영화 〈모가디슈〉에서 보통 사람의 현실적 입장을 코믹하면서도 인간미 있게 표현하며 긴장감을 일으키던 사무관 조수진도 인상적이다.

영화 〈담보〉의 정 마담은 또 어떤가. 넘치지도 모자라지도 않게, 그저 자신의 팍팍한 일상을 살아가는 정 마담일 뿐이지만 담보, 어린 승이(박소이 분)에게는 더할 나위 없는 세상의 벽이고 박두석(성동일 분)에게는 승이를 구출해내기 위해 맞서 싸워야 하는 빌런(악당)이다. 승이와 두석의 비극이 커 보이려면 선명한 악이어야 하지만, 그렇게 평면적으로 연기하면 영화가 우스워진다. 또 정 마담 역시 우리네 이웃 중 한 인물일 뿐이다. 그런 미묘한 지점을 배우 김재화는 탁월하게 연기했다.

이렇게 다양한 장르에서 매번 새로운 인물을 우리 눈앞에 데려오고, 분장이든 의상이든 아름답고 흉측하고를 가리지 않고, 작품을 위해

〈다운〉, 어쩌면
나일지 모르는 내면을
연기하는 배우 김재화
ⓒ NVAER 영화 포토

서라면 변화를 넘어 변신을 두려워하지 않는 배우 김재화를 보노라면 세계적 배우 헬레나 본햄 카터가 생각난다. 세월의 흐름에 쉽게 무너지지 않을 젊음을 줄 광대뼈까지 똑 닮았다. 연출가 남편을 선택한 것도 같다. 배우 김재화 역시 헬레나 본햄 카터처럼 더욱 다양하게 쓰임 받으며 더욱 큰 사랑을 받게 되리라 믿는다.

그래서 소개하고 싶은 영화는 주연작 〈다운〉이다. 2018년 작이니 그리 오래되지도 않았지만, 김재화 배우가 주연인 영화여서, 또 30분이 채 안 되는 짧은 영화지만 김 배우의 감정선 조절과 누구에게도 뒤지지 않는 리얼 일상 연기를 감상하기에 충분해서 추천한다. 다른 얘기를 오래 한 이유는 또 있다. 영화 〈다운〉은 제목의 뜻부터 아무것도 모른 채, 절대 검색하지 말고 그냥 보는 게 제격이기 때문이다.

너무 억지인가? 세 가지만 알고 보면 된다. 첫째, 배우 김재화 주연이다. 둘째, 연기 잘하는 〈완벽한 타인〉, 〈내 안의 그놈〉, 〈정직한 후보〉의 윤경호 배우가 남편 역이다. 셋째, 이러지도 저러지도 못하는 선택의 기로에서 우리가 무엇을 가장 중심에 두어야 하는지 생각하게 하는 영화다. 마음 따뜻한 당신에게 눈물주의보를 발령한다.

⑯ 미드나잇 선

터미네이터 아들 미모에 깜짝!

개봉 2018 등급 12세 관람가
장르 로맨스/멜로/드라마 국가 미국
감독 스콧 스피어(Scott Speer)
러닝타임 92분

패트릭 슈워제네거의 해맑은 미소, 벨라 손의 아름다운 노래
청춘과 음악, 희귀병이라는 제한… 사랑을 단단하게 하는 것들

쌀쌀한 가을엔 따스한 멜로가 제격이다. 옷깃을 여미는 바람에도 마음만은 춥지 않게, 뭘 볼까. 멜로 영화를 뒤적인다. 셰익스피어의 고전 〈로미오와 줄리엣〉이 그러하듯, 비극이 사랑을 진하게 한다. 약간의 짠맛이 단맛을 더 강하게 하듯이.

〈미드나잇 선〉 포스터
ⓒ 씨네그루(주)키다리이엔티

멜로 영화에 소금 역할을 하는 난관은 집안의 반대, 전쟁, 장거리, 경쟁자, 출생의 비밀 등 다양하다. 그리고 불치병 또는 시한부 인생도 그중 하나다. 영화 〈미드나잇 선〉의 주인공 케이티(벨라 손 분)도 색소성 건피증(이하 XP)을 앓고 있다. 케이티에게는 태양이 치명적으로, 글자 그대로 목숨을 앗아갈 수도 있을 만큼 위험하다. 그렇다고 햇빛만 피하면 장수할 수 있는 것도 아니다. 언제 어느 때 이상 반응이 나타나 사망할지 모른다. 불치병에 시한부의 비극이 설상가상 중첩돼 있다.

다행히 케이티에게는 홈스쿨링 선생님이자 친구 같은 좋은 아빠(롭

리글 분)가 있다. 해 뜨는 아침에 문을 여는 학교에 가본 적 없는 건 당연, 동네 놀이터 한 번 나갈 수 없는 케이티를 직접 찾아와 "그럼 밤에 오면 되네"라고 말하는 당돌하면서도 속 깊은 모건(퀸 쉐퍼드 분)이 일찌감치 유일한 또래 친구가 된 것도 행운이다. 하지만 다행과 행운으로만 살기엔 인생은 팍팍하다. 아빠와 모건과 시간을 보내며 더없이 평안해 보이는 케이티지만 어딘가 허해 보인다.

낮에는 자고 밤에 활동하는 케이티는 일찍 세상을 떠난 엄마가 남긴 기타를 치며 노래 부르기를 즐긴다. 노래도 잘하지만 비밀 노트에 적어 내려간 가사도, 직접 작곡한 곡조도 애잔하게 아름답다. 케이티가 세상을 만나는 유일한 시간은 동네 기차역에서 한밤중에 버스킹을 하는 일. 그나마도 밤 11시 전에, 사정사정해도 자정 전에 귀가해야 하지만 노래를 부르니 좋고 사람들의 공간 속에 나올 수 있어서 더 좋다.

이제 등장할 때가 됐다. 케이티에게 다행 아빠와 행운 친구에 더해 행복을 가져다줄 누구. 이제 막 버스킹을 시작하려는데 그가 나타났다. 이름은 찰리(패트릭 슈워제네거 분. 포털 사이트들은 '슈왈제네거'로 표기)이고, 유치원 시절부터 10년을 창밖으로 지켜보던 그 아이. 짝사랑의 상대 찰리가 다가와 말을 건다. 정신이 혼미한 케이티는 멋진 말 한마디 못 한 채

미소가 아름다운
패트릭 슈워제네거
ⓒ 씨네그루
(주)키다리이엔티

허둥지둥 자리를 뜨는데, 예상하다시피 뭔가를 하나 흘리고 온다. 바로 비밀 노트. 물러설 찰리가 아니다. 유리구두 한 짝 흘리고 간 신데렐라를 찾듯, 비밀 노트를 통해 케이티와 재회한다.

마음 착하고 배려심 깊은 찰리 덕에 케이티는 꿈같은 나날을 보낸다. 물론 해가 없는 밤 동안의 데이트만 가능하지만, 밤은 사랑을 낭만으로 물들이는 솜씨가 좋다. 그런데 케이트는 찰리에게 자신의 병을 말할 수 없다. 연민과 동정을 받고 싶지 않고, 무엇보다 지금의 행복을 깨고 싶지 않다. 사랑이 깊어질수록 케이티는 혼자 남을 찰리의 상처가 걱정이고, 그래서 어서 얘기해야 하지만, 해야 한다는 마음과 달리 입은 떨어지지 않는다.

신선놀음에 도낏자루 썩는 줄 모른다고, 사랑하는 사람과 함께 있으면 시간이 빨리 흐른다. 떠오르는 해를 본 케이티는 무작정 집을 향해 달린다. 미명 아래 단 몇 초였을 뿐인데, 케이티는 아프다. 그제야 자신의 현실을 절감한 케이티, 딴에는 찰리를 위한다며 연인을 밀어낸다. 어쩌면, 자신의 병명을 더 이상 말하지 않을 수 없는 궁지에 몰리니 차라리 이별을 생각한 걸까.

희귀병 치료와 대입을 위한 수영 훈련으로 각자의 시간을 보내던 두 사람. 불치병은 운명이 아니지만, 케이티와 찰리의 사랑은 운명이어서 두 사람은 재회한다. 그리고 금빛 데이트를 즐긴다. 두 사람의 미래는 어떻게 될까.

영화 〈미드나잇 선〉에는 세 가지 커다란 미덕이 있다. 지금까지 소개한 애틋하고도 아름다운 러브스토리, 배우이기도 하지만 가수이기도 해서 싱어송라이터 역할에 안성맞춤인 벨라 손의 물 흐르듯 편안한 연기, 그리고 여자들의 이상형 자체를 현실로 보여준 찰리 역의 패트릭 슈워제네거다.

본래 정보 없이 관람을 즐기는 터라 남자 주인공의 이름조차 모르

벨라 손의 함박웃음. 밤을 잊은 그대에게 'Walk with me' ⓒ 씨네그루(주)키다리이엔티

고 영화를 봤다. 처음엔, 어쩌면 저렇게 깎아놓은 밤톨처럼 잘생긴 청년이 있을까, 눈길이 갔다. 그다음엔, 여자 마음 알아주고 연인에게 헌신을 아끼지 않는 훈훈함에 설레었다. 그런데! 볼수록 그 미소와 눈매가 어디선가 본 듯한, 아니 틀림없이 봤고 많이 본 느낌이 들었다. 어려운 내용의 영화가 아니라 템포를 따라가면서도 머리 한구석으로는 누구인지 계속 생각했다. 아! 〈터미네이터〉? 에이, 닮긴 했는데 너무 잘생겼잖아. 아니지, 청출어람의 아들도 많지! 설마, 설마 하며 찰리의 이목구비를 살피는 재미까지 보태 영화를 행복하게 봤다.

영화가 끝나자마자 검색해보니 패트릭 슈워제네거. 흔하지 않은 성, 역시나 아버지가 아널드 슈워제네거(국립국어원 외래어 표기. 포털에는 아놀드 슈왈제네거)다. 말하자면 패트릭은 '금수저'인 셈이다. 후광을 입고도 남을 만큼 유명한 아버지를 두었다. 이력을 살펴보니 재미있다. 15세부터 '프로젝트365'라는 회사를 만들어 운영했고, 모델로 시작해 연기자의 길을 걷고 있다. 영화가 개봉한 2018년은 패트릭 슈워제네거가 본격적으로 배우로 두각을 나타낸 해다. 영화 〈고스〉에 이어 〈미드나잇 선〉을 통해 외모만 잘생긴 게 아니라 연기가 된다는 것을 인정받았다. 무엇보다 〈미드나잇 선〉을 통해 여심을 사로잡고 예비 스타가 됐다.

배우에겐 역시 '배역'이 중요하다. 아픈 여자친구를 위해 자신이 할 수 있는 일들, 소소하지만 사랑을 전하기에 충분한 경험들을 선물하는 찰리. 얼굴은 더욱 선하게 빛나고 연기는 더욱 아름다워 보일 수밖에 없다. 분명히 영화 줄거리는 케이티를 주어로 흐르는데, 미국 현지에서도 스포트라이트는 패트릭 슈워제네거에게 더 많이 비췄다. 배우에겐 생김새보다 표정이 중요하다. 활짝 웃는 미소만큼 사람을 아름다워 보이게 하는 건 없다. 패트릭 슈워제네거에게는 이가 온통 드러나는 해맑은 미소가 있다.

벨라 손은 함박웃음이 매력 포인트다. 특히 노래를 부를 때 아름답다. 그녀가 부른 노래 〈워크 위드 미〉(Walk with me), 영화 속에서 밤에 들어서인지 밤에 들으면 더욱 좋다. 유난히 달빛이 좋은 밤, 함께할 누군가가 없다면 노래도 좋은 친구다. 노래를 듣고 마음에 든다면, 내처 영화 〈미드나잇 선〉까지 달려보자.

⑰ 당신은 아직 아무것도 보지 못했다

거장의 유작

개봉 2012 등급 15세 관람가
장르 드라마 국가 프랑스
감독 알랭 레네(Alain Resnais)
러닝타임 115분

부음을 듣고 온 13명 배우에게 감독이 남긴 부탁
알렝 레네 감독, 영화의 제자리는 예술임을 웅변

〈당신은 아직 아무것도 보지 못했다〉 포스터
ⓒ (주)영화사조제

삶은 죽음을 향해 나아간다. 우리가 인생에 대해 아무것도 장담할 수 없지만 죽을 것이라는 사실은 확실하다. 역설적으로, 죽음이 있다는 것은 거기에 삶이 있다는 것이다. 살아있지 않은 존재에게 죽음은 없다. '죽음이 무엇인가?'에 관한 사유는 '삶이 무엇인가? 그러므로 우리는 어떻게 살아야 하는가?'에 대한 질문에 가닿는다.

명감독들의 전성기 시절 영화도 좋아하지만, 이 세상을 떠나기 얼마 전의 작품들을 사랑한다. 루게릭병으로 죽음을 앞둔 교수를 제자가 매주 화요일에 찾아가 14번을 함께한 인생 수업을 담은 책 《모리와 함께한 화요일》을 읽을 때처럼, 어떻게 살 것인가에 대한 답을 어렴풋이 볼 수 있어서다. 안드레이 타르코프스키의 〈희생〉, 압바스 키아로스타미의 〈사랑을 카피하다〉, 그리고 알랭 레네의 〈당신은 아직 아무것도 보지 못했다〉 등이 그렇다.

사실 제목을 '당신은 아직 아무것도 보지 못했다'라고 달아놓고 시작한 글이었다. 그런데 불과 두 문단을 쓰기도 전에 다른 영화로 바꾸었다. 세 번째 문단을 쓰며 원점으로 돌아왔다. 어느 감독을, 어느 영화를 더 좋아하고 아니고의 문제가 아니다. 거장의 작품들이 오르지 못할 태산으로 느껴질 만큼 존경하고 존중해서다. 사랑하면 상대나 대상이 크게 보이지 않는가. 하물며 그들이 생의 마지막 즈음에 남긴 영화들이다 보니, 소개하려 마음먹는 일부터가 쉽지 않고 우왕좌왕이다.

솔직히 지금 이 순간에도 영화 〈당신은 아직 아무것도 보지 못했다〉에 대해 아무것도 쓸 자신이 없다. 그러함에도 쓰려 하는 건 일상에 매몰되고, 나의 관점에 매몰되어 내가 지금 인생의 어디쯤을 어떤 태도로 살고 있는지를 잊기 쉬운 우리에게 생각할 거리, 생각할 시간을 주는 '쉼표' 같은 영화이기 때문이다. 아마 김혜수·이정은 주연의 영화 〈내가 죽던 날〉을 본 영향도 있겠다. 그 영화 역시 우리가 상처투성이 일상을 살면서 잊어버리기 쉬운 '나'와 인생의 방향에 대해 잠시 생각하게 하는 힘이 있다.

〈당신은 아직 아무것도 보지 못했다〉는 유명 극작가 앙뜨완의 부음으로 시작한다. 부고를 받은 배우들이 하나둘 고지대의 저택을 찾는다. 앙뜨완이 쓴 연극 〈에우리디스〉에 오르페우스와 에우리디스 역으로 출연했던 두 쌍의 배우들, 그리고 오르페우스 어머니와 아버지 역을 맡은 배우들, 죽음을 상징하는 무슈 앙리를 맡았던 배우 등이다.

영화는 프랑스 극작가 장 아누이가 그리스신화 오르페우스와 에우리디케의 이야기를 현대적으로 해석한 연극 〈에우리디스〉, 그리고 〈사랑하는 앙뜨완〉을 원작으로 한다. 알랭 레네 감독은 스무 살 젊은 시절 〈에우리디스〉를 보고 압도됐고, 70년이 지나 90세의 나이에 영화화했다. 영화에서 1세대 에우리디스 역을 맡은 사빈느 아젬마, 오르페우스 어머니 역의 아니 뒤프레, 1세대 오르페우스 역의 피에르 아르디티는

앞줄 왼쪽부터 램버트 윌슨, 앤 콘시니(극중 2세대 오르페우스, 에우리디스를 맡았던 배우 역), 마티유 아말릭(무슈 앙리로 출연한 배우 역), 사빈느 아젬마, 피에르 아르디티(1세대 에우리디스, 오르페우스였던 배우 역) ⓒ (주)영화사조제

실제로 장 아누이의 연극에 출연했던 배우이고, 특히 2세대 오르페우스 역의 램버트 윌슨은 이 영화의 원작인 〈에우리디스〉에 출연했다.

부음을 듣고 찾아온 13명의 배우를 맞이한 집사는 영상을 보여준다. 앙뜨완이 생전에 남긴 메시지와 감사 인사, 그리고 부탁이 재생된다. 부탁 내용은 젊은 창작자 집단 '콤파니 드 라 콜롬보' 단원들이 새롭게 해석한 〈에우리디스〉 데모 영상을 보고 평가해 달라는 것이다.

처음엔 관객이 되어 영상을 보던 배우들은 자신이 맡았던 대사가 생각난 듯, 마치 다음 대사를 조금 미리 알려주듯 읊조리더니 이내 자리에서 일어서서 혹은 자리를 바꿔 앉아 상대 배우와 호흡을 맞춰 연기하기 시작한다. 그런데 이 연기가 어느 순간, 마치 과거의 그때로 돌아간 듯 혹은 기억 속에서 해당 장면을 끄집어낸 듯 제3의 공간에서 실연이 이루어진다. 조금 더 나이 든 오르페우스와 에우리디스의 공간, 조금 더 창창한 오르페우스와 에우리디스의 공간, 그리고 두 공간을 오가는 죽음의 무슈 앙리.

데모 영상 안과 밖, 현재와 과거, 현실과 기억의 경계가 모호해지고 허물어지는 순간들을 시각적으로 그려낸 알랭 레네 감독의 실험적 표현들이 황홀하다. 감독은 우리에게 영상 안과 밖, 현재와 과거, 현실과 기억, 어느 것이 진짜이고 어느 것이 가짜인가를 묻는다. 영상 안 퍼포먼스 단원들과 영상을 보던 배우들, 영화 안 그들과 영화 밖 우리, 누가 진짜이고 누가 가짜인가. 모두가 진짜이고 다 함께 공존하고 있는 게 인생이라고 알랭 레네가 말하는 것만 같다.

인간의 깨달음이 신화가 되고, 신화가 연극이 되고, 연극이 영화가 되고, 영화는 우리에게 와 깨달음의 순간을 선물한다. 그렇게 순환하는 과정에서 인간과 예술은 끝없이 소통하고, 영화는 인류 역사의 일부가 된다. 철학자 질 들뢰즈가 "가장 위대한 정치적 영화감독"이라고 부른 알랭 레네답게 평생을 영화에 바친 거장은 영화의 예술적 지위를 분명히 하는 작품을 생애 끝에 남겼다. 영화의 정치, 영화의 바른 자리는 예술임을 일깨운다. 함께 프랑스 영화에 새 장(누벨바그)을 연 장 뤽 고다르 감독이 "무(無)에서 영화 테크닉의 신경지를 개척한 인물"이라고 평한

영화 촬영 현장에서 디렉팅 중인 알랭 레네(맨 오른쪽) ⓒ (주)영화사조제

감독답게 신선한 실험으로 가득한 영화를 완성했다. 내용과 형식 면에서 두루 예술적이다.

영화에 관한 얘기를 이어가기 위해 잠깐 신화를 상기하자면, 아폴론의 아들이자 뛰어난 시인이자 음악가인 오르페우스는 아내 에우리디케를 더없이 사랑했다. 에우리디케는 양치기의 추근거림을 피해 도망치다가 뱀에게 발목을 물려 죽었다. 오르페우스는 죽음의 세계에서 아내를 찾아오겠다고 결심하곤 하데스의 지하세계로 내려갔다. 뱀 같은 머리칼을 한 머리가 세 개 달린 문지기 개 케르베로스를 비롯해 괴물과 망령을 슬프고도 아름다운 음악으로 잠재우고, 마침내 하데스와 왕비 페르세포네의 마음마저 노래로 얻은 오르페우스는 아내의 부활을 약속받는다. 다만 한 가지 조건이 붙었으니, 지상에 올라갈 때까지는 돌아보지 말 것. 좁고 어두운 길을 오르페우스가 앞장서고 에우리디케가 뒤에 서서 한마디 말도 없이 잘 올랐다. 지상에 먼저 올라온 오르페우스는 이쯤이면 되겠지 하고 돌아봤는데, 아내의 몸이 아직 절반은 지하에 있었다. 그대로 추락해버린 에우리디케. 오르페우스는 다시 한번 지하세계로 가고자 하지만 이번에는 실패한다. 슬픔을 노래하는 오르페우스에게 숱한 아가씨들이 반하지만, 거절을 거듭하던 오르페우스는 비참한 죽음을 맞는다. 죽어서 명부로 간 오르페우스는 아내와 재회한다.

영화 〈당신은 아직 아무것도 보지 못했다〉에서 앙뜨완은 오르페우스다. 앙뜨완의 집에 배우들이 들어설 때 마치 다른 세계로 들어서는 느낌의 음악이 들린다. 마치 오르페우스가 음악을 통해 지하세계의 관문을 통과했듯이. 다만 앙뜨완의 집은 지하가 아닌 고지대에 있다. 배우들이 들어서는 곳이 죽음의 장소가 아니라 삶의 장소임을 명확히 하듯이. 스포일러라 상세히 말할 수 없지만, 앙뜨완은 극 중 두 번 죽는다. 오르페우스가 아내를 구하러 지하세계에 간 것은 말하자면 죽은 것이고, 다시 비참한 주검이 되니 그 또한 두 번 죽었다. 오르페우스는 첫 번째 죽음으로 아내를 되살렸다. 앙뜨완은 첫 번째 죽음으로 자신과 연극 〈에우리디스〉가 출연 배우들에게 어떤 의미인지를 실감한다. 오르페우스는 두 번째 죽음으로 아내와의 영원을, 앙뜨완은 두 번째 죽음으로 영원히 기억될 작품 〈에우리디스〉를 얻는다. 영화는 '현대인의 신화'라는 사실을 알랭 레네는 웅변한다.

'왓챠'에서 이 영화를 본 정민지 씨가 소감 대신 압바스 키아로스타미 감독이 '씨네21'과의 인터뷰에서 한 말을 인용했다. 〈당신은 아직 아무것도 보지 못했다〉 관람평으로 매우 적절한 인용이어서 곱씹는다.

"많은 필름 메이커가 사람들을 게으르게 만들고 있다. 실제 일상에서는 다양한 호기심을 갖고 이웃의 창문을 들여다보고 머릿속에서 이야기를 만들던 사람들이 영화관에 들어오면 그저 모든 것이 스크린 위에 설명되기만 기다리는 나태한 상태에 빠진다. 영화가 보내는 사인(시그널, 신호)을 합쳐 언어와 이미지를 만들려고 하지 않는다. 영화 시작 전에는 로비에서 잡지의 크로스워드 퍼즐을 풀면서 머리를 쓰던 바로 그 사람들이 말이다. 난 영화가 끝나고 극장을 나서는 사람들이 아무것도 생각지 않는 얼굴을 하는 영화를 만들고 싶지 않다.

내 영화 같은 유형의 영화는 관객에게 스스로 세계를 지어 올릴 가능성을 준다. 큰 항아리에 물이 담겨 있고, 관객은 각자의 잔을 들고 와 자신의 물을 떠 가는 거다. 관객은 영화에 깊이를 더해줄 수도 있고 영화가 보여주는 바다에서 헤엄을 칠 수도 있다. 모두 각자 다른 영화를 본다. 시네마는 제7의 예술인 만큼 가장 완전하고 창의적인 예술이어야 한다고 생각한다. 그러나 현재 영화는 스토리텔링에 경도됐고 그로 말미암아 소설에 패배했다. 왜냐하면, 오히려 소설의 독자는 스스로 로케이션을 상상하고 인물을 캐스팅해서 강력한 이야기를 만들어내기 때문이다. 가장 진보된 예술이어야 하는 시네마가 소설에

뒤처져 있다.”

영화를 볼 때, 영화가 모든 것을 충분히 설명해야 한다고 혹시 생각하는 나라면, 스토리 전개에 빈틈이 없고 관객이 알기 쉽게 전달해야 한다고 생각하는 나라면, 그래서 모두가 똑같이 좋다고 느껴야 좋은 영화라고 생각하는 나라면, 〈당신은 아직 아무것도 보지 못했다〉를 보자. 영화가 결코 그럴 필요 없고, 아니 그렇지 않았을 때, 모호하고 좀 어려운 듯도 하지만 아름다운 건 분명할 때 얼마나 충일한 만족감을 얻을 수 있는지 알게 할 것이다. 영화가 끝나고 난 뒤 내 머릿속에 영화 제목이 붙은 새로운 집을 한 채 지어 올리는 즐거움, 두고두고 생각할 거리를 얻은 기쁨을 맛볼 것이다.

⑱ 세상의 끝에서 커피 한 잔

쌀쌀 쓸쓸할 때 '세상의 끝에서 커피 한 잔'

개봉 2015 등급 12세 관람가
장르 드라마 국가 한국/일본/대만
감독 강수경 러닝타임 118분

영화 전체가 '사진 한 장'으로 응축돼 기억되는 영화
심신이 고단한 날, 가본 적 없는 '그곳'에서 얻는 평안

〈세상의 끝에서 커피 한 잔〉 포스터 ⓒ 홀리가든

마음에도 날씨가 있다. 마음에 쌀쌀한 바람이 불어 겨울이 다가온다 싶으면, 어릴 적 꽁꽁 언 손을 녹이던 따뜻한 아랫목이 그립다. 내 엄마, 내 연인의 품은 아니어도 아랫목처럼 따뜻한 온기를 느낄 수 있는 영화가 있다.

마음이 쓸쓸해서 OTT(Over The Top, 인터넷을 통해 볼 수 있는 TV)를 열면 어쩐지 못 본 영화가 아니라 봤던 영화를 다시 보고 싶고, 그중에서도 배우나 감독이나 스토리가 아니라 그저 단 하나의 장면에 사로잡혀 선택할 때가 있다. 그 장면은 마치 사진처럼 마음속에 저장돼 있고, 어쩌면 그 장면은 인상적인 한 컷이 아니라 영화 자체를 대변하고 응축하는 기억 그대로다. 〈세상의 끝에서 커피 한 잔〉은 그런 영화다.

미사키(나가사쿠 히로미 분)는 부모님의 이혼으로 30년 전 아버지와 헤어졌다. 기억 저편의 아버지 소식을 전한 건 경찰이었다. 아버지가 8년 전 바다에 나가 실종됐으며 살아계시지 않을 것이니 법적·행정적 절차를 밟으라는 것. 선뜻 아버지의 빚을 떠안겠다는 미사키에게서 아버지에 관해 안고 있는 마음의 빚이 보인다. 부채와 함께 아버지와의 추억이 담긴 바닷가 배 창고를 유일한 유산으로 받는다.

미사키는 창고를 개조해 '요다카 커피'라는 이름의 카페를 열고 커피콩을 볶는다. 일본 혼슈지방 이시카와현 노토반도의 한적한 바닷가, 정말이지 세상의 끝인 것처럼 아무것도 없는 바닷가에 얼마나 많은 손님이 오겠는가. 하지만 정성으로 볶고 손님 취향에 딱 맞는 커피를 골라주는 덕에 온라인 판매는 날로 성황이다. 미사키는 주로 집중해서 음미하면 깊은 맛을 느낄 수 있다는 탄자니아 커피콩을 볶는데, 영화와 닮았다. 여담으로, 요다카는 '쏙~ 쏙~'거리며 우는 쏙독새다. 이름에 '독'(간장독, 김칫독의 독)이 붙은 건 입을 꼭 다물었을 땐 잘 보이지 않을 만큼 부리가 작지만, 입을 벌리면 항아리 같은 크고 깊은 입속이 보여서다.

커피콩 볶는 기계와 과정이 신기하기만 한 남매 아리사(사쿠라다 히요리 분)와 쇼타(호타모리 카이세 분)는 카페 바로 위 언덕, 이제는 운영하지 않는 민박집의 아이들이다. 남매는 고레에다 히로카즈 감독의 일본 영

쏙독새라는 이름의
카페 '요다카 커피'
ⓒ 홀리가든

화 〈아무도 모른다〉의 아이들과 겹쳐 보인다. 쇼다는 천진난만한 막내 유키, 아리사는 어린 나이에도 엄마 노릇을 대신하는 속 깊은 첫째 아키라 그대로다. 이웃 도시 술집이 일터인 엄마 에리코(사사키 노조미 분)는 일주일에 한 번 집에 올까 말까다. 엄마가 놓고 가는 돈은 학교 월사금을 내고 동생과 먹고살기에 부족해서 아리사는 가난을 이유로 학교에서 '왕따'를 당하고 도둑 취급을 받는다.

궁지에 몰린 아리사는 어쩐지 마음이 가고 믿음이 가는 어른인 미사키에게 돈을 꿔 달라고 한다. "여기서 일해볼래?" 돈은 쉽게 빌리는 게 아니라며 일자리를 제안하는 미사키. 어른이 한 잘못을 다른 어른이 메워주는 그 마음이, 내 아이가 아니어도 세상의 아이가 처한 곤궁에 마음을 쓰는 그 품성이 너무 고맙다. 일찍 철이 든 애어른 아리사는 주문량이 급증해 바빠진 '요다카 커피'에서 충분히 제 몫을 해낸다.

엄마 에리코는 미사키와 가까워지는 것을 경계한다. 처음엔 분통이 터졌다. 에리코 당신이 없는 사이 남매를 보살펴줄 거라고 믿는 남자(나가세 마사토시 분)는 되레 아이들의 생활비를 축내고 위협이 되는 존재라고! 미사키가 당신이 없는 동안 아이들에게 보살핌과 즐거운 추억을 주고 있다고! 예쁜 얼굴이 밉게 보일 만큼 무책임하고 판단력 흐린 에리코가 미웠다.

하지만 에리코에게도 사연이 있다. 중학교를 졸업할 즈음 임신하게 됐는데 아이의 아빠는 외면했다. 이런 게 진짜 무책임이다. 에리코는 혼자 아이를 낳았고 부족하나마 이제껏 키워왔다. 영화에는 등장하지 않지만 쇼타의 생부도 마찬가지였기에, 손을 보탤 가족도 없기에 두 아이를 홀로 키우고 있을 터. 바닷가 시골 마을에서 짧은 학력에 아이 딸린 여성이 할 수 있는 일은 많지 않다. 마을에 관광객이 줄어드니 민박도 안 되고, 그나마 낮에는 아이를 돌보고 아이가 자는 밤이면 나가던 술집도 없어지니 대처의 술집까지 출퇴근하게 된 거다. 시외버스가 끊기는

그들이 함께해서 '온기'가 느껴지는 바닷가 풍경 ⓒ 홀리가든

시간에 일이 끝나니 택시비도 하루 이틀, 싱글맘 에리코에게는 너무 큰 돈이다.

미사키의 사연, 아버지에게 가지고 있는 마음의 빚은 30년 전 이혼 당시 어린 미사키가 엄마를 택해 아버지를 떠난 것이다. 이 대목에서 미사키의 인성이 보인다. 부모 이혼의 피해자라고 생각하기 십상인데, 되레 자신이 엄마를 택해 아버지가 혼자 남게 됐다고 미안해하는 사람. 아빠와의 추억 공간에서 기다리면 아빠가 돌아오리라는 기약을 안고 기한 없는 기다림을 감당하는 사람. 이런 미사키이기에 아리사와 쇼타를 살피고 이내 에리코에게 손을 내밀고, 모든 것을 내어줄 수 있으리라. 스포일러라 말할 수 없지만, 미사키에게는 두 번의 위기가 닥친다. 하나는 그나마 에리코와 가까워질 수 있는 계기가 되지만, 다른 하나는 기다림을 힘겹게 하는 선택의 기로로 미사키를 내몬다.

다시 글의 처음으로 돌아가 보자. 이상하게도, 한 번도 가본 적 없는 '요다카 커피' 카페가 자리한 바닷가 풍경은 마치 가본 것처럼, 추억처럼 문득문득 떠오른다. 어떤 때 떠오르나 보니, 살면서 마음에 찬바람이 불 때 세파의 고단함이 클 때 그립다. 바다는 지구의 자궁이라 했던가. 나의 기원이자 가장 평안했던 그곳을 기억하는 그 장면이, 이 영화를 자꾸 보게 만드는지 모르겠다.

언제 봐도 실망감이 없다. 무엇이든 품어줄 것만 같은 바다를 닮은 미사키가 있고, 해맑은 미소의 쇼타가 있고, 언제나 응원하고픈 아리사와 이제는 좀 행복했으면 하는 에리코가 있다. 보는 것만으로도 힐링이 되는 바닷가 풍경을 영화로 옮겨온 강수경은 대만의 감독이다. '온기'가 느껴지는 세상의 끝에서 커피 한 잔 함께할 날을 기다린다.

⑲ 12명의 성난 사람들

밀폐된 공간, 기막힌 역전

제작 1957 등급 15세 관람가
장르 범죄/미스터리 국가 미국
감독 시드니 루멧(Sidney Lumet)
러닝타임 96분

헨리 폰다 주연, 시드니 루멧 감독의 20세기 명화
8번 배심원의 반란… 나는 과연 몇 번 배심원일까?

영화 〈완벽한 타인〉(2018)을 보면서 쫀쫀한 스토리와 배우들의 탄탄한 연기가 있다면, 드넓은 풍광 없이 한정된 공간 안에서도 얼마든지 재미있는 영화가 가능하다는 걸 다시금 확인했다. 식탁 위에서 울리는 문자와 전화벨 하나에 얼마나 긴장하고 웃음이 터졌던가 말이다.

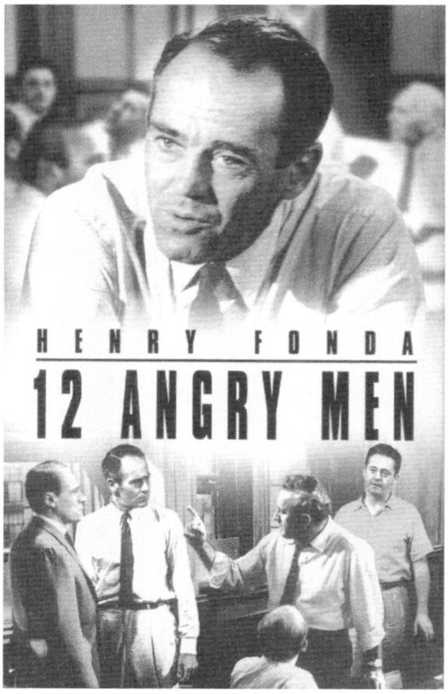

〈12명의 성난 사람들〉 포스터
ⓒ 이십세기폭스코리아(주)

이보다 61년 전, 더 좁은 공간에서 더욱 밀도 있는 이야기로 보는 이의 마음을 사로잡은 영화가 있었다. 바로 〈12명의 성난 사람들〉(1957)이다. 〈완벽한 타인〉은 그나마 호화 아파트 안에서 거실, 주방, 방, 욕실, 테라스로 장소이동이나마 이뤄지지만, 〈12명의 성난 사람들〉의 주 무대는 12명이 앉을 수 있는 탁자와 의자가 놓인 회의실, 그에 딸린 화장실이 전부다. 회의실 문은 밖에서 잠겨 있고 필요한 자료가 있을 때 안에서 노크해야 잠시 문이 열릴 뿐이다.

〈완벽한 타인〉에는 3쌍의 부부와 남자 1명으로, 총 7명이 등장한다. 전화기를 식탁 위에 올려놓고 걸려오는 전화나 문자를 모두 공개하는 게임을 시작하는데, 흥미진진할 것 같았던 장난은 이제 '장난 아니게' 심각한 상황으로 치닫는다. 서로 속내 아는 부부니까 괜찮은 게 아니라, 부부여서 더욱 보여줄 수 없는 사생활이 아슬아슬하다.

〈12명의 성난 사람들〉에서는 12명의 배심원이 주인공이다. 이들은 살인범의 유죄와 무죄를 가리라는, 반드시 전원일치여야 한다는 판사의 주문을 받는다. 말하자면 단 한 사람이라도 다른 의견이 있으면 배심 포기를 선언해야 하고, 그러면 다른 배심원들에게로 넘어간다. 대신 배심원 전원일치의 판단이라면 토 달지 않고 그대로 판결하겠다고 선언한다. 이때 판사는 의심이 여지가 없다면 유죄로, 의심의 여지가 있다면 무죄로 판결하라고 설명한다. 판사의 말은 법이 지켜야 할 선, 즉 유죄인 사람이 거리를 활보할지언정 무죄인 사람이 감옥에 갇히는 일은 막아야 한다는 법의 정신을 상기시킨다.

6일 동안 재판과정을 지켜보고 판사의 주문을 들은 배심원들은 유

12명의 배심원 ⓒ 이십세기폭스코리아(주)

무죄 판단을 마무리할 때까지는 방 밖으로 나갈 수 없는, 내부의 화장실 외에는 오갈 수 없는 꼼짝없이 갇힌 신세가 된다. 영화는 가볍게 거수투표로 시작한다. 11 대 1, 11명의 배심원이 피고를 유죄로 본 것이다.

〈12명의 성난 사람들〉은 관객을 집중하게 만들 줄 안다. 17세 소년이 아버지를 죽여 살인 재판에 섰다는 것 외에는 별다른 정보를 주지 않고 곧바로 출발한다. 배심원끼리 싸우는 과정에서 사건과 범인에 대한 정보, 증인의 정체와 증언내용에 대해 알게 된다. 영문 모르고 싸움 구경을 시작하게 된 터라 상대를 향해 쏟아내는 말들을 통해 사건의 전모를 파악해가는 형국으로, 영화나 드라마 앞부분을 놓치고 중간부터 보게 된 기분 속에서 사건의 개요와 상세, 이에 대한 팩트 점검과 가치 판단을 하는 나를 발견한다. 탐정 셜록 홈스가 되었다가, 판관 포청천이 되었다가, 지혜로운 왕 솔로몬과 같이 현명한 판결을 하려는 내가 있다.

여기까지는 흥미롭고 즐겁다. 점차 나도 모르게, 나는 배심원 1~12번 중 누구와 비슷한가를 생각하게 된다. 배심원들에게서 나의 편견, 나의 무지, 나의 속단, 나의 연민을 본다. 마치 부족한, 감추고 싶은 내 민낯을 들킨 듯 낭패감이 엄습한다. 그렇다고 피하고 싶은 경험은 아니다. 실제가 아니니까 해볼 만한 영화적 시뮬레이션(모의실험)이다.

11 대 1, 압도적 유죄 판단으로 〈12명의 성난 사람들〉이 시작한다고 이미 말했다. 12명의 배심원 중 8번 배심원(헨리 폰다 분)만 유일하게 '무죄'를 말한다. 그가 말하는 무죄의 의미가 소년이 아버지를 죽이지 않았다는 것은 아니다. 유죄라고 단정하기엔 의심의 여지가 있다는 것이다. 11명의 배심원은 자신들과 생각이 다른 8번, 얼른 끝내고 야구장에 가거나 선풍기도 돌지 않는 회의실에서 어서 벗어나고픈 열망을 꺾는 남자에게 눈총을 쏘아댄다. 모두가 유죄라는데 혼자 딴소리하는 이상한 사람으로 보거나 혼자 잘난 척하는 자라 여긴다.

짐작하겠지만, 영화가 11 대 1 그대로 혹은 중립을 지키며 6 대 6으로 끝나지 않는다. 약간 모호한 〈완벽한 타인〉의 결말과 달리 〈12명의 성난 사람들〉은 고구마 먹다가 꽉 막힌 속에 사이다 같은 청량감을 주며 막을 내린다. 예상된 역전극이지만 8번 배심원은 살인사건의 결정적 증거물인 칼, 증인과 증언내용, 범인의 알리바이, 변호사의 태도 등에 대해 면밀하게 문제를 제기하며 '유죄'를 말한 11명 배심원의 마음을 흔든다. 소년의 입장이 되어 사건 전반을 복기한다.

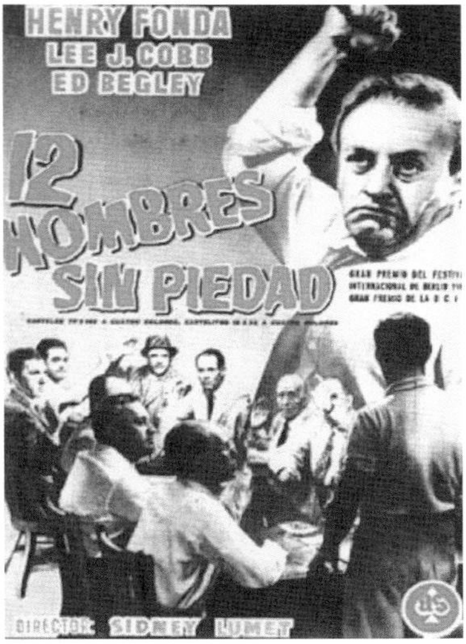

밀폐된 회의실, 3번 배심원 역의 리 J. 콥이 부각된 포스터 ⓒ 이십세기폭스코리아(주)

그저 8번 배심원의 말이 너무 옳아서 한 명 한 명 설득당하는 것이라면 밋밋하다. 시드니 루멧 감독은 미성년 친부 살인범에 관한 배심원들의 토론과 언쟁을 속도감 있게 밀고 나가면서도 중간중간 쉼표로 배심원들의 성장배경이나 직업, 취미, 가족관계, 일상 에피소드를 가볍게 곁들인다. 팽팽한 긴장에 이완의 쉼표를 넣은 것이다. 동시에 그 쉼표들은 루멧 감독이 심어놓은 복병이다. 쉼표 때 얘기된 내용은 배심원들이 의견이 다른 상대를 공격하는 포인트가 되기도 하고, 자신의 마음을 '유죄'에서 '무죄'로 바꾸는 계기가 되기도 한다. 다양한 문제 제기와 응수, 공격과 방어 속에서 처음에 내린 11 대 1의 판단은 10 대 2, 8 대 4… 점점 달라져간다. 글로 설명하니 정말 재미가 없는데, 영화로 보면 이토록 기막힌 역전극이 없다.

영화 속에서 배심원들은 밖으로 나갈 수 없는 회의실, 비 오기 전 푹푹 찌는 고온고습의 날씨, 서로를 공격하고 자신을 방어하는 뜨거운 싸움 속에서 갑갑함을 느끼고 땀을 줄줄 흘린다. 보는 사람 역시 그 고

밀도의 밀실에 갇힌 것처럼 영화 속 상황이 생생히 느껴진다. 그러다가 한바탕 소나기가 퍼붓는다. 영화도 시원한 빗줄기 같은 결말을 향해 치닫는다.

사실 〈12명의 성난 사람들〉의 주 무대는 말했듯 법정이 아니라 회의실이다. 회의실에는 12명의 배심원 외에는 아무도 없다. 분명히 판사, 검사, 변호사, 피고가 없는데 영화를 보다 보면 이보다 재미있는 '법정드라마'가 있던가 싶을 만큼 제대로 재판이 이뤄진다. 검사나 변호사가 8번 배심원만큼만 의구심을 가져도, 11번 배심원(조지 보스코벡 분)만큼만 사실관계에 대해 꼼꼼히 확인해도, 4번 배심원(E. G. 마샬 분)만큼만 논리에 승복해도, 3번 배심원(리 J. 콥 분)만큼만 자신의 억지와 부조리를 인정해도, 그리고 판사가 1번 배심원(마틴 발삼 분)만큼만 합리적으로 의사 진행을 해도 '공정한 재판'이 되리라는 기대를 키운다.

흑백의 영화가 끝나고 나면, 한 명 한 명 배우들의 얼굴이 이름 자막과 함께 나온다. 굉장히 정겹고 뭔가 뭉클하다. 당시에는 좋은 연기를 보여준 배우들에 대한 존중의 뜻을 담은 엔딩 크레디트이지 싶은데, 66년이 지난 지금엔 좀 다르게 다가온다. 시드니 루멧 감독, 헨리 폰다를 비롯해 12명의 배심원을 연기한 배우들은 이제 모두 고인이 되었다. 고인의 된 선구자 배우들의 이름을 얼굴 모습과 함께 한 명 한 명 되새기는 순간이 특별하다. 또 이제는 모두 이 세상에 없는 분들이 생전에 남긴 영화를 보는 의미도 남다르다. 여자 배심원이 없다든가 기침하는 사람 옆에서도 실내 흡연을 하는 장면 등 지금과는 다른 세태가 자연스레 드러나는 점은 오늘의 우리를 돌아보게 한다.

20 내가 잠들기 전에

자고 나면 기억상실

개봉 2014 등급 청소년 관람불가
장르 미스터리/스릴러
국가 영국/프랑스/스웨덴
감독 로완 조페(Rowan Joffe)
러닝타임 92분

어제를 잊고 아침마다 20대가 되는… 조용한 스릴러
니콜 키드먼과 콜린 퍼스의 즉흥연기, 그 드문 기회

꼭 완벽한 영화만 볼 필요는 없다. 좀 아쉽고, 조금 엉성해도 미덕이 꽤 큰 영화들이 있다. 일테면 영화 〈내가 잠들기 전에〉가 그렇다. 아카데미 여우주연상(〈디 아워스〉, 2003), 남우주연상(〈킹스 스피치〉, 2011)에 빛나는 니콜 키드먼과 콜린 퍼스의 연기를 볼 수 있다는 것만으로도 볼 이유가 충분하다.

〈내가 잠들기 전에〉 포스터 ⓒ (주)영화사진진

아쉬운 점을 미리 털고 가볍게 시작해볼까. 작가 S. J. 왓슨은 스릴러 소설 《내가 잠들기 전에》로 혜성처럼 등장했다. 데뷔작이 미국, 영국, 프랑스, 독일 할 것 없이 베스트셀러 1위에 올랐다. 《해리포터와 마법사의 돌》의 작가 J. K. 롤링과 비견되는 성적이었다. 그런 소설을 영화화하는 것이었고, 영화 〈블레이드 러너〉, 〈델마와 루이스〉, 〈글래디에이터〉의 리들리 스콧이 제작자로 나섰다. 영화 〈한니발〉, 〈가디언즈 오브 갤럭시〉의 촬영감독 벤 데이비스, 영화 〈트레인스포팅〉의 프로덕션 디자이너 케이브 퀸, TV 드라마 〈왕좌의 게임〉의 의상 디자이너 마이클 클랩튼이 가세했다는 것도 기대를 키웠다. 하지만 뚜껑을 열어보니, 역시 과한 기대는 금물. '졸작'이라기보다는 예상한 것과 결이 다른 영화다.

〈내가 잠들기 전에〉는 기억상실에 관한 영화다. 기억상실은 예술의 단골 소재다. 영화만 해도 〈메멘토〉(2000), 〈이터널 선샤인〉(2004) 등 수작들을 이미 많이 봤다. 크리스토퍼 놀란 감독의 〈메멘토〉는 단 10분밖에 기억하지 못하는 남자가 악조건 속에서 아내의 살인범을 쫓는 이야기다. 10분 후면 잊어버릴 소중한 단서들, 사진에 메모도 모자라 온몸에 문신을 새기는 남자의 외로운 싸움이 처절하다. 파고들수록 범인의 정체가 예상과 다르게 흐르는 게 또 하나의 긴장감을 형성한다.

미셸 공드리 감독의 〈이터널 선샤인〉은 일부러 기억을 지우는 사람들에 관한 얘기다. 사랑하는 사람과의 이별이 너무 아파서 그 추억을 지우고 싶은 사람들. 과연 사랑했던 기억을 지우는 게 상처 치유에 도움이 되는지, 후회는 없는지, 사랑이라는 운명은 결국 원형을 반복하며 기억쯤 지워도 제자리로 가는 것인지 많은 생각을 하게 한다. 기억을 지워주는 자들은 과연 사랑의 부질없음에서 자유로운지, 현명한 사랑을 하는지에 대한 해답을 보여주기도 한다.

이러한 명작들이 있음에도 로완 조페 감독의 〈내가 잠들기 전에〉가 세상에 나올 수 있었던 것은 어떤 이유 때문일까. 〈내가 잠들기 전에〉는 자고 나면, 아침이 되면 과거의 기억을 잃고 자신이 20대인 줄 알고 깨어나는 중년의 크리스틴(니콜 키드먼 분)에 관한 이야기다. 크리스틴에게 중요한 것은 '내가 누구이고 왜 여기서 이 남자와 살고 있는가'다. 〈메멘토〉의 10분에 비하면 훨씬 더 긴 시간을 기억하는 데다 아내를 죽인 살인범을 찾겠다는 목표에 견주자면 처절함이 덜할 수 있다. 누구나 해봄직한, 사랑을 잃은 뒤 생명을 잃은 것처럼 아파하는 〈이터널 선샤인〉의

누구를 믿을 것인가.
ⓒ (주)영화사진진

주인공들에 비교해도 공감 폭이 좁을 수 있다.

역설적이지만, 그래서 좋다. 치매에 의해서든 사고 후유증으로든 스트레스에 의해서든 그렇게 멀리에 있지만은 않은 기억상실의 '일상'을 〈내가 잠들기 전에〉가 보여준다. 내게 닥친 일이라고 생각해보자. 아침에 눈을 떴는데 침대 옆에 한 남자가 다정히 잠들어 있다. 이름은커녕 누군지도 모르겠는데 함께 있다. 잠에서 깬 남자는 부드러운 얼굴과 말투로 자신의 이름이 벤(콜린 퍼스 분)이며, 남편이라고 설명한다. 기억이 없다는 막막함은 얼마나 깊은 심연에 빠진 느낌일까. 생각해보면 남자도 미칠 노릇이다. 기억하지 못하는 여자에게 매일 자신을 설명해야 하는 남자, 아픈 사람을 두고 떠나지도 못하고 곁을 지켜야 하는 고통도 남자에게 '천형'처럼 느껴질 것이다. 기억을 잃고 아침을 맞는 여자의 혼란, 그 혼란을 곁에서 지키는 남자의 인내를 니콜 키드먼과 콜린 퍼스는 섬세한 숨결과 미세한 표현들로 연기했다.

크리스틴은 차갑지만 지극한 벤에게 고마워하기는커녕 뭔지 모를 심리적 거부감을 느낀다. 벤이 출근한 후 한 통의 전화가 걸려온다. 내쉬 박사라는 남자는 자신을 "10년 전부터 매일 전화를 걸어 당신의 상태를 알려준 사람"이라고 소개한다. 곧이어 만난 두 사람은 내쉬 박사의 주도 아래 기억상실증을 고치기 위한 치료와 노력을 함께해나가는데, 남편에게는 비밀로 하라고 한다. 크리스틴은 혼란스럽다. 자상한 남편을 믿어야 할지, 정도 이상의 친절로 자신에게 시간을 내주는 박사를 믿어야 할지. 일단은 박사의 조언대로 남편 몰래 숨겨둔 카메라에 오늘 알게 된 '나에 관한 정보'들을 영상일기 쓰듯 저장해둔다.

영화는 우리에게 집중을 청한다. 내가 크리스틴이 되어 벤이 보여주는 행동과 반응에 이상한 점은 없는지 살피고, 내쉬 박사를 저울질한다. 하루하루 새로이 알게 되는 정보들을 기억하고, 새롭게 떠오르는 기억의 파편들을 잊지 않고 담아둔다. 진실은 무엇일까.

크리스틴의 질문은 진화한다. '내가 누구인가'에서 '나는 어떻게, 무엇을 하다가 기억상실이 되었는가'에 집중한다. 매일 새로 태어나는 아기처럼 하루를 살다 보니, 이 작은 발전이 참으로 더디게 이뤄지지만 결국은 진실을 향해 나아간다. 자꾸만 생각나는 얼굴의 상처, 떠오르는 이름 '마이크', 좁고 긴 복도 그리고 폭행. 상처는 누구의 것일까, 마이크는 누구일까, 상처는 마이크의 것일까, 나에게 폭력을 가한 사람은 누구일까, 상처 난 자일까, 마이크일까. 나에겐 과연 가족이 남편만 있었던 것일까. 어쩌다가 친구건 누구건 모든 관계가 거세된 것일까.

기억을 잃은 크리스틴에게는 세상의 모든 게 자신만 모르는 비밀처럼 느껴질 것이다. 흔히 어제를 살지 말고 오늘을 살라고 얘기하는데, 크리스틴 같은 처지가 되어보면 어제의 어제들이 내가 딛고 설 '땅'이다. 설 땅이 없는 크리스틴은 오늘에 뿌리내리지 못하고 부유한다. 하지만 벤은 크리스틴을 위한 것이라며 과거의 일들을 얘기해주지 않는다. 그저 함께 있는 오늘에 만족하기를 바란다. 사실 벤에게는 크리스틴에게 숨겨야 할 비밀들이 있다. 그 비밀이 크리스틴과의 오늘을 지켜주고, 비밀이 탄로 나면 더 이상의 오늘은 없다고 생각한다. 정말로, 비밀이 지켜줄 수 있는 우리의 무엇이 있을까.

명배우들의 약속되지 않은 연기
ⓒ (주)영화사진진

영화의 설정 자체가 크리스틴이 '주'이고 벤이 '부'다. 콜린 퍼스는 이 점을 명확히 알았다. 똑같은 스토리를 영화 〈나를 찾아줘〉 같은 추격극으로 풀 수도, 〈메멘토〉 같은 액션 수사극으로 풀 수도 있지만 조용한 스릴러, 심리극으로 풀어나가는 이상 크리스틴과 벤이 팽팽한 대결 구도일 수 없음을 알았다. 콜린 퍼스는 연기할 때도 니콜 키드먼에게 반응하며 맞췄다.

개봉 당시 공개된 제작노트를 보면, "촬영에 들어가기 전에 방향을 잘 잡아놨는데도 막상 액션이 들어가면 '크리스틴은 내 생각보다 상태가 심각하구나. 과소평가하고 있었네'라는 생각이 들어 설정보다 더 달래는 말투를 쓰는 등 사전에 고려하지 않았던 연기를 선보였다"고 밝혔다. 또 "크리스틴에게 다가가 껴안아 안심시켜주고 싶은 충동을 느끼는 장면이 있는데, 그에게 벤은 전혀 모르는 사람이기 때문에 다가섰을 때 불안한 표정을 보이면 '크리스틴은 이럴 준비가 안 됐구나' 생각하게 되면서 장면은 갑자기 다른 양상을 띠었다"고 회상했다.

그래서 김이 빠진다는 얘기가 아니다. 로완 조페 감독은 부부지만 부부가 아닌 두 사람의 동거, 창과 방패와도 같은 두 사람의 생생한 관계 표현을 위해 리허설 방식보다는 즉흥연기를 추구했다. 콜린 퍼스와 니콜 키드먼, 니콜 키드먼과 콜린 퍼스이기에 가능한 선택이었다.

상상해보면, 약속된 연기 없이 니콜 키드먼은 아이처럼 칭얼대고 콜린 퍼스는 이에 맞춰 본래 캐릭터인 냉정함을 누르고 부드럽게 달랜다. 이야기가 이쯤 흘렀으니 포옹으로 안심을 전할까 하며 콜린 퍼스가 다가서지만 니콜 키드먼이 경직된 얼굴로 물러선다. 그런 연극 무대에서의 실연과도 같은 연기가 영화 프레임 안에 고스란히 담긴 것이다. 한 번쯤은 대배우들의 계산되지 않은 연기, 예상과 달리 흘러간 연기를 감상해볼 만하지 않은가.

㉑ 브라질

CG 없는 '손맛 SF', 불운의 걸작

제작 1985 등급 15세 관람가
장르 판타지/SF 국가 영국
감독 테리 길리엄(Terry Gilliam)
러닝타임 131분

스타 감독의 데뷔작, 떡잎부터 달랐다
영화 내용도 형식도 '아날로그의 승리'

살아서 인정받지 못한 천재가 허다하듯 개봉 당시 그 가치를 인정받지 못한 불운의 걸작들이 있다. 스탠리 큐브릭의 〈2001 스페이스 오디세이〉(1968), 리들리 스콧의 〈블레이드 러너〉(1982)와 함께 SF 걸작으로 불리는 테리 길리엄 감독의 〈브라질〉이다.

〈브라질〉 포스터 ⓒ DAUM 영화 포토

영화 〈피셔 킹〉, 〈12몽키즈〉, 〈그림 형제: 마르바덴 숲의 전설〉, 〈파르나서스 박사의 상상극장〉을 연출하기 전, 테리 길리엄 감독의 할리우드 데뷔작이 〈브라질〉이다. 영화는 연대와 장소를 명확히 밝히지 않은 미래도시를 배경으로 한다. 정부와 정보국이 개인에 관한 모든 정보를 장악하고 있고, 사람을 믿기보다 서류와 도장을 믿으며, 잘못된 서류로 사람이 죽는다면 그 또한 또 다른 서류로 합법화할 수 있는 곳이다. 정보에 대한 통제는 당연히 개인의 자유 통제로 귀결된다. 사람보다 서류가 우위에 있는 미래도시 〈브라질〉은 미래에 대한 부정적 전망을 담은 디스토피아 작품이다.

기본 골격을 두고 조지 오웰의 소설 《1984》를 연상한 독자가 많을 것이다. 실제로 테리 길리엄 감독 또한 철학적 측면에서 《1984》를, 영화의 표현과 스타일 면에서 페데리코 펠리니 감독의 〈8과 1/2〉에서 영감을 받았다는 것을 그대로 드러내 〈1984 1/2〉을 영화 제목으로 삼으려 했다. 하지만 1년 앞서 마이클 래드포드 감독의 영화 〈1984〉(1984)가 개봉하면서, 다시 작명해야 하는 상황에 놓였다. 길리엄 감독은 영화의 주제곡, 브라질 출신의 아리 바로쏘가 작곡한 〈Aquarela Do Braziliera〉(아쿠아렐라 도 브라질)에서 제목을 따왔다.

붕어빵에 붕어가 없는 식이 됐지만, 노래를 들으며 영화를 보노라면 어쩐지 〈브라질〉이라는 제목이 잘 어울린다는 느낌이 든다. 왜냐하면, 길리엄 감독이 그려낸 미래 생활양식이 모든 게 낯선 우주적 이미지가 아니라 과거와 미래가 혼재하는 모습이기 때문이다. 마치 산업혁명 당시의 증기기관과 기계가 특화돼 살아남고 나머지는 황폐해진 미래 모습을 보여주는 디젤펑크식 디스토피아처럼. 〈브라질〉에도 고풍스러운 건축양식과 인테리어, 유선전화기와 타자기, 중절모와 트렌치코트, 화려한 장식이 달린 모자와 드레스, 살롱 문화와 크리스마스 파티 같은 전통 요소가 있는가 하면 아침이면 토스트와 커피를 자동으로 내주는 기계, 전신 성형으로 영원한 젊음을 꿈꾸는 사람들, 정보에 의해 개인의 사생활이 통제되는 시스템 같은 미래 요소가 공존한다. 현재와 과거가 공존할 것 같고, 가까우면서도 멀고 이국적으로 느껴지는 남미의 브라질. 똑 부러지게 설명하긴 어렵지만 '왜 제목이 브라질일까'를 생각하게 하는 것만으로도 잘 지은 제목이다 싶다.

이야기의 주인공은 샘 라우리(조나단 프라이스 분)이다. 정보국 정보기록부에서 일하고 있고, 일상 업무에 어려움을 겪는 부장을 음으로 양으로 도우며 총애를 받는 덕에 지각해도, 게을러도 대충 잘 지낸다. 그러한

정보국 내의 '이단아' 샘 라우리. 나는 상상한다, 고로 나는 존재한다.
ⓒ DAUM 영화 포토

현재 상황에 대만족하며, 돌아가신 아버지의 후배이자 어머니의 친구인 정보국 차관이 잘나가는 정보검색부로 승진시켜준다 해도 마다하는 인물이다. 늘 똑같은 꿈을 꾸는데, 은색 갑옷에 날개를 단 채 위험에 처한 아름다운 여성을 구하려 애쓴다.

그러던 어느 날, 샘은 정보국의 실수 하나를 알게 된다. 아치볼드 '터틀'(로버트 드 니로 분)을 체포해야 하는데 아치볼드 '버틀'을 잡아왔다. 직원이 필사적으로 쫓다가 타자기 위로 떨어진 바퀴벌레의 잔해에 의해 이름 철자가 바뀐 탓이다. 정보국 직원들은 천장을 뚫고, 창문을 깨뜨리고, 대문을 부수며 들어와 막무가내로 사람을 체포한다. 그리고 이러한 정보 검색과 출동, 체포에 쓰인 모든 비용이 가족에게 청구된다. 버틀의 아내는 영문도 모른 채 남편을 잃고, 잡혀가는 아빠를 보며 우는 아이들을 안은 채 청구서에 사인해야 한다. 정보국 경찰은 잘못을 덮기 위해 버틀을 저세상으로 보낸다. 그야말로 암울한 미래, 디스토피아다.

끔찍한 디스토피아에도 인간미를 지닌 사람, 희망은 존재한다. 우선 정부가 체제전복범으로 규정한 아치볼드 터틀은 에어컨이나 배관 고쳐주는 일을 좋아한다. 사람들이 센트럴 서비스에 전화해서 순번과 필요한 서류를 얘기하는 사이 전화를 엿들은 터틀은 자발적으로 그 집에 가서 수리해준다. 하지만 서류와 도장 없이 한 수리이므로 불법이고, 이

것은 반역으로 간주된다. 샘의 에어컨이 고장 났을 때 도와주면서 인연이 닿는다.

그리고 샘의 '꿈속의 여인' 질 레이튼(킴 크리스트 분)은 트럭 운전사로 버틀의 윗집에 사는데 잘못된 체포를 목격했다. 버틀 여사와 아이들이 슬픔에 잠겨 아무것도 하지 못하는 동안, 질은 정보국을 찾아가 체포의 오류를 주장하며 내 일처럼 앞장선다. 하지만 서로 자기 일이 아니라고 미루는 공무원들, 도장이 없다는 답답이들 앞에서 좌절한다. 정보국의 오류를 알고 있다는 이유로 질은 테러리스트로 규정돼 체포 대상 명단에 오른다.

정보국에서 불법 체포에 항의하는 질을 승강기 안의 샘이 발견한다. 현실에서 꿈속 여인을 만나다니, 단숨에 달려가고 싶은데 승강기가 샘의 맘을 몰라준다. 현실에 존재한다는 것을 알게 된 샘은 여인의 이름 등에 대해 알고 싶어 마다하던 정보검색부로의 승진을 자청한다. 말이 정보검색부일 뿐 컴퓨터 하나 없는 좁디좁은 사무실. 샘은 우여곡절 끝에 질에 관한 정보를 얻게 되는데, 아뿔싸 바로 오늘이 체포 예정일. 혼비백산 꿈속처럼 여인을 구하러 출동한다. 샘은 현실에서도 여인을 구하고 사랑을 얻을 수 있을까.

테리 길리엄 감독은 디스토피아 영화답게 비극적 결말로 영화를 운

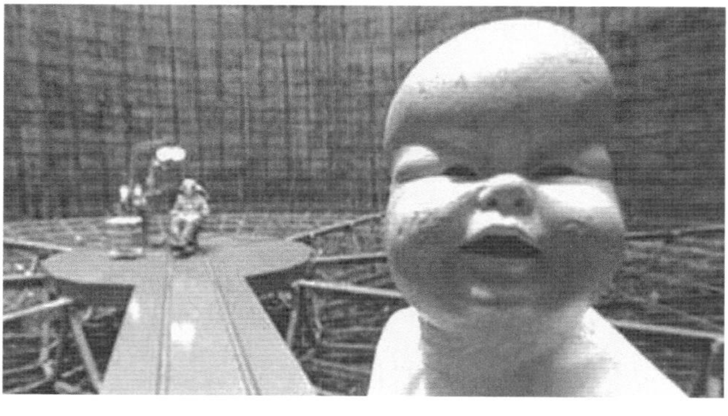

시스템 안의 괴물과
그 통제를 벗어난 인간.
CG 없이도 가능한
SF 대작
ⓒ NAVER 영화 포토

전했다. 미국 국내 배급을 맡은 유니버설스튜디오는 영화가 너무 긴 것(142분)도, 새드엔딩인 것도 마음에 들지 않았다. 제작비를 60%만 주고 중단했건만 길리엄 감독은 끝내 완성했다. 유니버설스튜디오는 영화를 94분으로 자르고 해피엔딩으로 바꿔 TV에 먼저 방영했으나 화제가 되지 않았다. 감독의 일관된 흐름과 철학이 뚝뚝 끊기고 증발된 영화를 어느 관객이 좋아하겠는가. 길리엄 감독은 142분 그대로 LA비평가협회에 출품했고 협회는 〈브라질〉에 작품상, 감독상, 각본상을 수여하며 그해 최고의 영화임을 인증했다. 덕분에 해외 배급을 맡은 이십세기폭스는 142분 감독 버전으로 유럽에 먼저 개봉했고, 유니버설스튜디오도 10분만 자른 132분짜리로 극장 개봉했다. 현재 국내 왓챠 등에서 볼 수 있는 것은 감독 버전이다.

그런데 정말 비극이기만 한 걸까. 영화의 마지막 부분이 오래도록 잊히지 않는다. 국가가 개인의 정보를 통제하고 신체의 자유를 박탈할 수 있을진 몰라도 상상의 자유, 정신의 자유는 통제하고 박탈할 수 없음을 선명하게 확인시킨다는 측면에서 본다면 디지털 시스템의 패배, 아날로그 인간 사유의 승리가 아닐까. 이런 일에 승리 운운하는 게 어울리지는 않지만 말이다.

영화 〈브라질〉이 아날로그의 힘을 보여주는 것은 분명하다. 영화가 제작된 1980년대 중반, 별다른 컴퓨터그래픽(CG)이 없던 시절. 테리 길리엄 감독과 제작진은 카메라 각도, 조명과 그림자를 이용해 샘이 일본식 갑주를 입은 거대 악에 맞서는 장면을 다윗이 골리앗과 싸우는 모습처럼 실감 나게 구현했다. CG 없이도 땅속에서 거대 기둥이 솟고 대형 빌딩이 폭파되고 건물이 무너지고 다양한 괴수들이 등장하는 블록버스터를 박진감 넘치게 표현했고, 할머니가 아가씨가 되는 마법을 부렸다. 샘이 날개를 달고 하늘을 날고, 질이 철창에 갇힌 채 공중을 떠도는 모습도 실감 난다.

'와, 38년 전(1985년)에 저걸 어떻게 연출한 걸까.' 굉장함에 놀라 저절로 찬사가 나온다. 영화는 사진들보다 훨씬 화질이 좋다. 영국 아카데미 시상식에서 특수시각효과상, 프로덕션디자인상을 받은 이유가 보인다. 영화를 보며 머릿속으로 '이 없으면 잇몸으로' 일궈낸 멋진 연출 방법을 스스로 감독이 되어 추측해보는 것도 〈브라질〉의 또 다른 재미다.

㉒ 더 프롬

금지된 사랑

개봉 2020 등급 12세 관람가
장르 코미디/뮤지컬/드라마 국가 미국
감독 라이언 머피(Ryan Murphy)
러닝타임 131분

여자가 여자를 좋아할 때
가벼운 뮤지컬 터치 〈더 프롬〉
인생을 뒤흔든 영혼의 지진 〈캐롤〉

넷플릭스에서 볼 수 있는 영화 〈더 프롬〉은 보수적 분위기가 팽배한 미국 인디애나주를 배경으로, 여자 동성애자라는 이유로 고교 졸업파티(프롬) 참석에 어려움을 겪는 에마의 고난 극복기를 그린다. 심각한 드라마로 접근하기보다는 뮤지컬 영화로 산뜻하게 터치했다. 2018년 브로드웨이 초연 이후 제73회 토니상 7개 부문 후보에 오르며 작품성을 인정받은 동명의 뮤지컬이 원작이다.

〈더 프롬〉 포스터. 얼리사와 에마(왼쪽부터)
ⓒ 메가박스중앙(주)플러스엠

에마가 이야기의 중심축이고 노래도 잘하고 밝은 에너지를 가진 조 엘런 펠먼이 오디션을 통해 캐스팅됐는데, 노마와 사랑의 마음을 나누는 얼리사 역시 오디션을 통해 아리아나 디보스가 낙점됐지만 두 배우의 이름은 영화에서 한참 뒤에나 소개된다. 그도 그럴 것이 에마를 도와 자신감을 불어넣어주고, 제약 없이 누구나 참여 가능한 졸업파티를 열어주는 어른들 역에 메릴 스트립,

제임스 고든, 니콜 키드먼, 앤드류 라넬스, 키건 마이클 키 등 쟁쟁한 스타가 캐스팅됐기 때문이다.

이 가운데 앞의 네 명은 브로드웨이 배우로, 엄청난 제작비를 들여 새 뮤지컬을 공개했으나 '자아도취자'들이라는 언론의 혹평을 받자 여론을 반전시키려고 '좋은 어른' 이미지를 만들기 위해 난관에 처한 고교생이 있는 인디애나 행을 택했고, 시작은 불순했으나 정말 좋은 어른이 되어간다. 키건 마이클 키는 교장이지만 에마를 돕는 역이고, 이들 착한 어른들에 맞서 보수의 전통을 지키려는 학부모회장 역마저 유명 배우 케리 워싱턴이 캐스팅됐다.

처음엔 우리 문화에 익숙하지 않은 프롬, 졸업파티의 중요성이 깊이 다가오지 않는 데다 누가 주인공인지 헷갈려 잠시 머쓱하지만 곧 즐거운 노래와 춤을 매개로 영화에 몰입된다. 특히나 영화 도입부, 세트장에 재현했다는 브로드웨이 거리와 극장 내 무대는 너무나 똑같아서 세트라는 사실을 잊게 한다. 메릴 스트립이 브로드웨이 스타였나 할 만큼, 4개월 맹연습으로 완성했다는 노래와 춤 그리고 압도적 카리스마는 나

배우 제임스 고든, 니콜 키드먼, 앤드류 라넬스, 메릴 스트립(왼쪽부터) ⓒ 메가박스중앙(주)플러스엠

이를 잊게 한다. 제임스 고든과 앤드류 라넬스의 무대도 매력 만점이다.

영화 〈더 프롬〉은 그저 자신이 좋아하는 얼리사와 춤추고픈 에마의 소원 성취, 졸업파티 참석에도 규칙과 선을 강조하는 편협성을 깨뜨리는 데만 힘을 기울이지 않는다. 평생 코러스 걸로 살아온 엔지(니콜 키드먼 분)의 대사가 있는 배역을 향한 꿈, 수줍음 많은 17세 소년 게이로 프롬에 참석하지 못했을 뿐 아니라 부모에게 외면당한 베리(제임스 고든 분)의 상처, 스타 배우지만 사랑에 실패하고 인간관계에 서툰 디디(메릴 스트립 분)와 훈훈한 인품을 지닌 교장의 만남, 남을 돕고 앞서서 지도하길 좋아하는 왕년의 TV 스타 트렌트(앤드류 라넬스 분)가 자신에게 딱 맞는 길을 찾는 계기 등을 두루두루 보듬는다. 깊이는 덜하지만 아주 유쾌하고 뜻있는 영화기에 할리우드 스타들이 한달음에 달려왔다.

〈더 프롬〉도 매우 재미있지만, 넓고 얕은 터치의 영화를 보다 보면 깊은 감성의 영화가 보고 싶어진다. 달콤한 치즈케이크를 한참 먹다 보면, 진한 풍미의 커피가 당기는 기분이랄까. 그렇게 해서 이어보면 좋은 영화가 〈캐롤〉이다. 〈캐롤〉은 동성애 여자들의 사랑에 대해 복잡하면서도 섬세하게 그리고 깊이감 있게 접근한다.

〈캐롤〉의 주인공은 한눈에 강한 끌림을 느낀 두 여인, 캐롤과 테리즈다. 키스뿐인 〈더 프롬〉의 풋풋한 사랑에 비하면, 두 사람의 사랑은 거부할 수 없이 농염하고 인생을 뒤흔들 만큼 치명적이다. 영화의 가장 큰 미덕은 캐롤을 연기한 케이트 블란쳇의 묵직하게 지배하는 연기, 테레즈를 연기한 루니 마라의 '사랑의 원형'을 보여주는 아름답고 순수한 연기다.

더욱 흥미로운 설정은 〈더 프롬〉에서 동성애는 타고난 성향이고 바꿀 수 없이 제멋대로 뛰는 심장이다. 하지만 〈캐롤〉에서는 좀 다르다. 캐롤은 이성과 결혼한 유부녀이고 딸을 자신의 목숨보다 더 사랑하는 엄마다. 남편은 캐롤의 오랜 친구 에비(사라 폴슨 분)와의 관계를 의심하지만, 두 사람은 진한 우정 관계다. 남편에게 맞서 자신의 동성애 관계를 부인하지만, 딸의 양육권을 놓고 벌이는 전쟁 같은 이혼소송을 생각해서라도 동성애에 관심 둘 여력이 전혀 없건만, 운명은 저 밑바닥의 근본적 욕망을 일깨운다. 테레즈와 마주치고야 말고, 운명을 알아보고야 만 것이다.

〈캐롤〉 포스터 ⓒ CGV아트하우스

개봉 2016 등급 청소년 관람불가
장르 드라마 국가 영국/미국
감독 토드 헤인즈(Todd Haynes)
러닝타임 118분

테레즈 역시 남자친구가 있고, 있어왔는데, 어쩐지 늘 삐걱거린다. 애초 짝이 아닌 톱니를 맞추는 곤란함을 느낀다. 자신이 일하는 백화점 매장에 장갑을 놓고 간 캐롤, 장갑을 찾아주며 인연이 된 두 사람은 우의를 나누지만 어쩌지 못하는 끌림 역시 알고 있다. 누르면 누를수록 폭발하는 힘이 큰 법, 두 사람은 모든 걸 팽개치고 떠난다. 원래 하나였던 것처럼 딱 맞는 짝을 만나 흡족하고도 만족스러운 사랑을 나누는 두 사람. 테레즈는 캐롤을 통해 사람을, 세상을 그리고 사랑을 새로 배운다. 영원할 수 없는 불안한 도피를 멈춰세우는 건 역시 캐롤의 현실이다. 홀연히 돌아간 캐롤은 에비를 통해 테레즈를 살피게 했으나 이번엔 테레즈가 선을 긋고 돌아선다. 이대로 두 연인은 금지된 사랑을 끝내고 남들 눈에 보통으로 보이는, 자신에게는 더없이 건조한 사막의 삶으로 돌아갈까.

영화의 마지막 장면인 케이트 블란쳇과 루니 마라의 눈빛, 그 눈빛의 교감을 잊을 수 없다. 지금 어떤 이유로든, 꼭 동성애가 아니더라도

다시 한번의 용기
© CGV아트하우스

우리 사회가 금지한 사랑을 하는 사람들에게 묵언으로 전하는 깊은 울림이 고스란히 담겨 있다. 영화는 마지막 장면 하나만 좋아도 영원히 사랑스럽다.

❷❸ 사랑에 빠지는 아주 특별한 법칙

뻔한 소재가 명배우를 만났을 때

개봉 2004 등급 15세 관람가
장르 코미디/로맨스/멜로 국가 영국
감독 피터 호윗(Peter Howitt)
러닝타임 89분

줄리안 무어-피어스 브로스넌의 티키타카
아름다운 풍광 아일랜드가 세 번째 주연

"사람을 만날 시간이 없다고 말하는 여성의 80%가 외롭다."

〈사랑에 빠지는 아주 특별한 법칙〉 포스터
ⓒ 코리아픽처스

영화 〈사랑에 빠지는 아주 특별한 법칙〉의 주인공 오드리 우즈(줄리안 무어 분)가 절대 인정하지 않으려다 결국 인정하는 말이다.

평소엔 잘 지내다가도 크리스마스만 되면 짝이 없다는 게 외롭다 못해 서럽다. 남녀불문, 청춘일수록 더하다. 그렇다고 갑자기 크리스마스용 일회성 애인을 만들 수도 없잖은가. 서른다섯 살, 오래도록 싱글인 변호사 오드리가 어떻게 연애를 시작하게 되는지를 지켜보며 다가오는 크리스마스에는 커플로 보낼 방법을 생각해보는 건 어떨까. 게다가 영화는 보는 내내 웃음이 나는 로맨틱 코미디니 혼자 보는 것도 나쁘지 않다.

〈사랑에 빠지는 아주 특별한 법칙〉이 특별하게 새로운 영화는 아니다. 결혼과 이혼을 반복하는 엄마의 인생에 질려 연애에 담을 쌓고 성공에 목숨 거는 오드리가 있고, 그런 오드리의 마음을 흔들 남자가 있고, 그 남자도 예상하다시피 변호사다. 일밖에 모르는, 변론도 법전대로 하는 정석의 오드리가 일터 아니면 어디서 남자를 만나겠는가.

변호사 다니엘 레퍼티(피어스 브로스넌 분)는 미남이지만 옷을 털털하게 입고 재판 시작 전엔 입 벌리고 잠까지 자는 약간 나사 빠진 모습이지만, 재판에 진 적 없는 무패의 전사다. 관찰력도 좋아서 사랑 대신 당분에 빠진 오드리 입가에 묻은 스노볼 과자 부스러기를 떼주고, 슬렁슬렁 사는 줄 알았더니 어느새 책도 내고 TV에도 출연하고 동에 번쩍 서에 번쩍 홍길동이다. 그러니 승부욕 강한 오드리를 자극하고도 남는다.

주인공만이 아니다. 두 사람이 가까워지는 계기로 일하자고 만나 사적인 자리로 이어지는, 그것도 아주 특별한 술을 마시는 자리로 삼는 것이나 경계심을 늦추는 축제에서 마을 전통주를 마시며 예상치 못한 선택을 하게 하는 것 등 로맨스영화의 익숙한 문법이 등장한다. 한쪽이 일방적으로 좋아하는 것 같았지만 끝에 가보면 다른 쪽이 더 좋아하게 돼 있거나 사소한 오해나 배신의 감정이 위기를 만드는 것도 같다. 주로 줄기차게 사랑을 표현하던 쪽이 위기를 만들고 내내 콧대를 세우던 쪽이 이해와 용서로 마음을 열면 위기가 해결된다.

그런데, 그래서 나쁘냐고? 결코 그렇지 않다. 좋아하는 노래를 또 듣고, 맛있게 먹었던 걸 또 찾듯이 익숙함은 영화를 편히 즐기게 한다. 머리 아플 것도 없고 그저 하하 호호 즐기면 된다. 그뿐이 아니다. 〈사랑에 빠지는 아주 특별한 법칙〉의 미덕은 바로 배우들에 있다.

〈디 아워스〉, 〈파 프롬 헤븐〉, 〈눈먼 자들의 도시〉, 〈클로이〉, 〈싱글맨〉 등의 작품을 통해 연기파 배우로 각인되면서 묵직한 무게감을 주는 줄리안 무어. 신경질적이거나 숨을 멎게 하는 연기도 좋지만 가끔은 이

콜롬보 형사 스타일의 변호사, 다니엘 레퍼티 역의 피어스 브로스넌
ⓒ 코리아픽처스

변호엔 프로-사랑엔 젬병, 오드리 우즈 역의 줄리안 무어
ⓒ 코리아픽처스

렇게 구멍이 숭숭 나 있는 역할, 모든 게 완벽할 것 같은 모범생이 사랑에 어수룩할 때 더욱 사랑스럽다. 바로 그 사랑스러움이 원칙론자인 오드리가 얼토당토않게 연애 전에 결혼부터 하는 일탈을 자연스럽게 만든다. 배우 개인에게도 중간중간 반듯한 각을 흐트러뜨리는 연기는 필요하다. 그래야 그다음의 진지한 연기가 배로 훌륭해 보이고, 보는 우리도 숨 고르기가 된다.

왓챠의 많은 관람평이 줄리안 무어에게 쏠려 있고, 심지어는 '줄리안 무어가 든 핸드백'이라고 표현되기도 한 피어스 브로스넌의 연기 얘기를 해볼까. 개인적으로, 힘줘서 하는 연기 이상으로 힘 뺀 연기도 어렵

대자연이 이어주는 사랑, 지키는 건 사람의 힘 ⓒ 코리아픽처스

다고 생각한다. 브로스넌은 이 영화에서 누가 가장 빛나야 하는가를 명확히 알고, 자신 또는 다니엘을 내세우기보다 무어, 오드리를 받치는 역할을 기꺼이 했다. 힘을 빼도 멋있고, 영화의 균형을 맞춰 완성도를 높였으니 얼마나 잘한 연기인가. 사실, 피어스 브로스넌은 이 영화에 총제작자로 참여했다. 영화가 우선인 또 하나의 배경이다.

영화 〈사랑에 빠지는 아주 특별한 법칙〉의 미덕이 하나 더 있다. 오드리와 다니엘이 각각 변호하는 이혼 예비커플 록스타 쏜(마이클 쉰 분)과 패션디자이너 세레나(파커 포시 분)가 서로 이것만은 포기할 수 없다며 싸우는 성 '카슬론 클리헤'가 있는 곳, 아일랜드다.

영화 속에서나마 자연 그 자체인 아일랜드의 풍광을 만나고, '바위성'이라는 뜻의 아름다운 성을 구경하고, 사람의 마음을 흥분과 설렘으로 채우는 전통축제에 참여해보는 일. 사양하기엔 너무 매혹적이다. 현실에선 언제 가볼 수 있을지 요원함이 클수록 거부할 수 없는 영화의 세 번째 주연이다. 아일랜드에 전해져 내려오는 200년 전의 전설, 아일랜드판 로미오와 줄리엣은 영화를 통해 확인하자.

㉔ 멀홀랜드 드라이브

21세기 위대한 영화 1위

개봉 2001 등급 청소년 관람불가
장르 미스터리/스릴러 국가 프랑스/미국
감독 데이비드 린치(David Lynch)
러닝타임 147분

왕가위 감독의 〈화양연화〉를 2위로 만든 명작
데이비드 린치의 꿈속 혹은 현실 할리우드
각자 파악한 줄거리 맞춰보는 재미 톡톡

영국 공영방송 BBC가 2016년 8월 남극대륙을 제외한 전 세계의 신문, 잡지, 온라인 등에서 활동하는 36개국 영화평론가 177명이 참가한 설문조사를 바탕으로 '21세기 가장 위대한 영화 100선'을 선정해 발표했다.

〈멀홀랜드 드라이브〉 포스터 ⓒ 감자

한국 영화는 〈올드보이〉(감독 박찬욱, 30위)와 〈봄 여름 가을 겨울 그리고 봄〉(감독 김기덕, 66위) 단 두 편이 100위 안에 이름을 올린 가운데 왕가위 감독의 〈화양연화〉, 폴 토마스 앤더슨 감독의 〈데어 윌 비 블러드〉, 미야자키 하야오 감독의 애니메이션 〈센과 치히로의 행방불명〉, 리처드 링클레이터 감독의 〈보이후드〉 순으로 2~5위를 차지했다. 6~10위는 미셸 공드리 감독의 〈이터널 선샤인〉, 테렌스 맬릭 감독의 〈트리 오브 라이프〉, 에드워드 양 감독의 〈하나 그리고 둘〉, 카린 에크버그 감독의 〈어떤 이혼〉, 에단&조엘 코엔 감독의 〈노인을 위한 나라는 없다〉가 영광을 누렸다.

1위는 데이비드 린치 감독의 〈멀홀랜드 드라이브〉였다. 2~10위에 자신이 좋아하는 영화를 발견하기 쉬웠을 텐데, 되레 1위는 낯설 수 있다. 컬트영화의 대가가 연출한 작품인데다 영화를 보고 나도 명쾌하게 모든 장면을 해석하기 쉽지 않기에 2001년 국내 개봉 당시 13,000명만이 관람했다. 그렇다고 '평론가들이 뽑아서 1위겠지' 하며 제쳐둘 영화도 아니다.

이렇게도 저렇게도 해석 가능한 잘 짜인 퍼즐 맞추기를 좋아하는 사람이어도 좋고, 극장을 나오고 나서도 뭔가 나를 잡아당기는 여운이 큰 영화를 좋아하는 사람이어도 좋고, 꿈 얘기 나누기를 좋아하는 사람이어도 좋고, 꿈을 현실에 등댄 또 다른 세계이며 그것을 통해 나와 우리를 읽어낼 수 있다고 생각하는 사람이어도 좋다. 한 번 보면 빠져들 수밖에 없는 매혹적인 미덕을 지닌 영화를 놓치기란 아깝다. 한국 관객이 좋아하고 어떤 배역을 맡아도 매력적으로 소화하는 나오미 왓츠만 믿고 따라가도 영화는 즐겁다. 로라 해링이라는 육감적 배우와 나오미 왓츠의 합은 상상 이상으로 짜릿하다. 독특하게 아름다운 영상과 귓가를 감아드는 음악, 뛰어난 스타일리스트 데이비드 린치가 보여주는 형식미 역시 즐겨볼 만하다.

〈멀홀랜드 드라이브〉는 설명이 필요 없는 영화다. 두 가지 의미에서인데, 먼저 진정 백문이 불여일견인 영화이므로 직접 보는 게 낫다. 설명하려 애쓰면 추상적 단어의 열거이기 일쑤여서 실제로 보면 흥미로운 영화인데 자칫 난해하고 지루한 영화로 오해하기 십상이다. 두 번째는 말 그대로 설명이 필요 없는, 존재 그 자체로 명화다. 직접 보면 아는데 뭐라 말로 설명하기 어려운 매력의 영화랄까. 그래서 이 영화는 파헤치기보다 그저 필자가 해석한 줄거리를 얘기하려 한다. 맞거나 틀릴 수 있고, 당신과 생각이 같거나 다를 수도 있지만, 해석의 자유가 열려 있는 영화이니 무방하다. 사실, 〈멀홀랜드 드라이브〉에 관한 모든 것을 낱낱이 분석할 재주도 부족하다. 자, 이제 현실 할리우드 그리고 우리네 인생의 진실이 보이는 데이비드 린치의 꿈속으로 들어가볼까.

미국 LA 산타모니카로 향하는 구불구불 언덕진 길의 이름, 멀홀랜드 드라이브. 이 길을 따라가다 보면 할리우드가 보인다. 영화는 깊은 밤, 멀홀랜드 드라이브를 오르는 차의 내부에서 밖을 바라보는 전경으로 시작한다. 차에는 사내 둘과 여자가 타고 있다. 배우로 보이는 여자를 강제 하차시키며 권총으로 위협하는 사내들, 때마침 교통사고가 발생하고 여자는 구사일생 목숨을 건진다. 산길을 가로질러 웨스트할리우드 주택가 한 빌라 마당에 숨어든 여자는 행운의 연속으로 혼자 사는 노년의 여자가 여행을 떠나는 틈을 타 집안으로 숨는다. 집주인의 조카 베티가 배우의 꿈을 안고 도착한다. 베티는 여자를 발견하지만 고모의 지인이라고 생각한다. 이내 불청객임을 알게 되지만, 기억상실증에 걸렸음을 알고 고모 이웃의 만류에도 함께 지낸다. 자신이 누구인지 모르는 여자, 겨우 '리타'라는 이름을 기억해낸 길 잃은 여자를 위해 베티는 마치 형사라도 된 듯 리타에게 도움을 준다. 리타의 핸드백에는 거액의 돈과

실렌시오 극장 ⓒ 감자

파란 열쇠만이 들어 있다.

영화는 리타의 정체 찾기로 이어진다. 하나 더 떠오른 이름 '다이앤'이라는 단서 하나를 붙들고 추적을 이어간다. 끝내 다이앤의 주소를 찾게 되는데, 집 밖에는 잠복근무 중인 형사 둘이 있고 집 안에는 얼굴 형상을 알아보기 힘든 시신만이 놓여 있다. 경악하는 리타의 입을 틀어막아 집을 나서는 베티. 자신의 정체를 알려줄 유일한 희망의 죽음 앞에 절망하는 리타, 사고 후 모든 걸 의존해온 베티에게 자신의 몸을 맡기고 두 사람은 뜨거운 사랑을 나눈다. 새벽 2시, 자다 말고 하나의 장소가 생각났다는 리타, 베티에게는 뭔지 모를 주저하는 마음이 보이는데. 자신이 보살펴온 아가새의 청은 무엇이든 들어주겠다는 듯 베티는 리타와 함께 그곳으로 향하는데, 실렌시오 극장이다.

실렌시오는 '침묵'이라는 뜻의 스페인어다. 마치 변사처럼 사회를 보는 남자는 이 극장에는 밴드가 없고 오케스트라가 없고 모든 음악과 소리는 녹음된 것이라고 안내한다. 그의 말조차 립싱크다. 색소폰 연주자가 연주를 멈춰도 음악이 흐른다. 이어진 공연, '아메리카의 눈물'이라는 이름의 가수가 로이 오비슨의 〈Crying〉(크라잉, 울음)을 부르는데 립싱크인 줄 알면서도 리타와 베티는 감동의 눈물을 흘린다. 특히 베티가 하염없이 눈물을 흘리는데, 무엇인가 생각난 듯 가방을 열어보니 파란 상자가 들어 있다. 집으로 돌아온 두 사람, 파란 상자를 꺼내놓는 베티. 부지불식간의 찰나, 베티가 보이지 않는다. 베티의 이름을 부르던 리타는 뭔가 떠오른 듯 베티의 제안으로 소지품을 숨겨두었던 상자에서 파란 열쇠를 꺼낸다. 열쇠로 상자를 여는 순간 리타는 쓰러진다.

주마간산식으로 띄엄띄엄 이어지는 이야기에서 베티는 '다이앤 셀윈'이라는 이름을 쓰고, 리타는 '카밀라 로즈'다. 두 사람 다 배우이고 연인인데, 카밀라가 배우로서 앞서가고 다이앤에게 배역을 따주는 식으로 돕는다. 카밀라가 '아담 케셔'라는 감독의 눈에 들어 성공을 위해 다이앤을 배신한다. 멀홀랜드 드라이브를 통해 도착한 파티장, 카밀라와 다이앤의 위상엔 큰 차이가 보인다. 배신감에 치를 떨던 다이앤은 한 남자에게 청부살인을 의뢰하며 거액의 돈을 건네고, 남자는 일이 끝나면 반드시 열쇠를 찾으라는 말을 남긴다. 홀로 남은 다이앤은 후회와 회한과 절망에 빠져 괴로워하다가 자신을 책망하듯 덮쳐드는 노부부의 환각에 쫓겨 머리에 권총을 갖다 댄다. 이어지는 총성, 영화의 카메라는 실렌시오 극장으로 돌아와 실렌시오, 침묵을 읊조리며 끝이 난다.

이제부터의 얘기는 줄거리보다 훨씬 더 자의적 해석이다. 리타가 쓰러질 때까지가 다이앤의 꿈, 이후 빠르게 전개된 이야기가 현실이다. 스타가 되고 싶었던 다이앤은 배우가 되고 연인을 얻긴 했지만, 연인에게 기생하는 초라한 신세다. 배신감에 연인을 죽이려 하는데, 평범한 청부살인이 아니라 자신이 원하는 꿈을 꾸게 해주는 서비스다. 열쇠는 크리스토퍼 놀란 감독의 영화 〈인셉션〉(2010)의 팽이처럼 꿈임을 잊지 않게 해주는, 그래서 현실로 돌아올 수 있게 하는 토템이다. 다이앤의 꿈속에서 기억을 잃은 리타가 지닌 돈과 열쇠는 현실에서는 다이앤이 건넨 돈과 받은 열쇠다.

꿈속에서는 현실과 거꾸로인 일들이 많다. 현실에선 카밀라가 다이

꿈과 현실, 작품과 해석,
그 사이 ⓒ 감자

앤을 돕지만, 꿈에서는 다이앤이 된 베티가 카밀라 격의 리타를 돕는다. 리타는 베티 없이는 아무것도 할 수 있는 게 없다. 꿈속 '베티'라는 이름은 현실의 다이앤이 청부살인을 의뢰하던 식당 윙키스의 웨이트리스 이름이다. 연인을 죽이는 다이앤이 꿈속에선 연인을 돕고, 현실에선 별 볼일 없는 단역배우가 촉망받는 연기파 신예로 둔갑하는 꿈은 마틴 스콜세지 감독의 영화 〈셔터 아일랜드〉(2010)에서 아내를 죽인 정신병자 앤드류가 연방보안관 테디로 자아를 바꿔치기한 것과 비슷한 맥락이다. 또 현실에서 아담은 잘나가는 감독이지만, 꿈에서는 아내가 바람을 피우고 여자 주인공 배역을 제작자 형제와 정체불명의 카우보이에게 압박당하고 이를 거부하자 파산에 직면하는 실패자로 나오는 것도 자신의 애인 카밀라를 뺏어간 다이앤의 꿈속 복수다. 꿈속에서 카밀라 로즈는 제작자를 등에 업고 아담 감독의 영화에 낙하산으로 떨어지는 배우이고, 감독이 카밀라를 넌덜머리 내는 것도 현실과 반대다. 꿈은 다이앤이 원하는 희망의 복합체니까.

영화에서 실렌시오 극장은 매우 중요한 장소다. 데이비드 린치 감독이 우리에게 영화의 특성, 인생의 본질을 말하는 곳이다. 우리는 영화가 허구임을 알고 보면서도 감동하고 웃고 울 듯이 실렌시오 공연 전체가 립싱크임을 알면서도 베티와 리타는 감동의 눈물을 흘린다. 전부 진짜라고 믿는 현실도 시간이 지나면 영화보다 흐릿한 기억의 파편으로 남을 뿐이고, 우리는 그 기억을 떠올리며 울고 웃는다. 무엇이 진짜이고 무엇이 가짜인가, 무엇인 현실이고 무엇이 허상인가. 감독은 우리에게 그 경계를 묻는다.

또한, 실렌시오 극장은 색즉시공, 공즉시색의 인생 본질을 깨닫고 뜨거운 눈물을 흘리는 꿈속의 베티를 넘어 현실의 다이앤이 꿈임을 깨닫는 '찰나'를 만든다. 깨달음으로 점차 꿈속 세계에서 현실의 세상으로 의식이 넘어가는 다이앤, 꿈이 깨는 순간 꿈속 베티는 순식간에 사라진다. 꿈에서 깬 베티는 깊은 회한 속에 스스로 생을 마감한다. 생명을 잃어가는 다이앤의 꿈속에서 리타는 베티를 찾는다. 그리고 원래는 베티가 기억해 상자를 열어 무사히 현실로 돌아가야 했던 열쇠를 리타가 찾아 상자를 연다. 리타가 돌아갈 현실은 주검이다. 이 모든 것을, 인간의 사랑과 배신, 기대와 절망을 모두 지켜보고 모두 담아내는 곳은 실렌시오 극장이다. 실렌시오 극장은 인간의 현실과 그에 등을 댄 꿈을 동시에 표현해내는 예술, 영화 그 자체이자 데이비드 린치 감독의 영화 〈멀홀랜드 드라이브〉에 다름 아니다.

지금 너무 많은 걸 알아버렸다고 생각하지 말라. 아무것도 알지 못한 것일 수도 있다. 이제 영화의 재생 버튼을 누르는 게 당신의 감상과 해석의 시작이다.

㉕ 베티블루 37.2

진정한 사랑에 관하여

개봉 1988 등급 청소년 관람불가
장르 로맨스/멜로/드라마 국가 프랑스
감독 장 자크 베넥스(Jean Jaques Beineix)
러닝타임 184분

장 자크 베넥스, 흑백을 물리고 컬러를 채운 거장
베아트리스 달을 스타로 만든 영화… 영욕의 시작
시간의 흐름 속, 볼 때마다 다른 게 보이는 명작

매년 1월 1일이 되면 무슨 영화를 보며 한 해를 시작할까 고심한다. 기왕이면 영상도, 배우들의 연기도, 주제의식마저 아름다운 영화를 보고 싶다.

〈베티블루 37.2〉 포스터 ⓒ (주)디스테이션

국내 포털사이트에 소개된 영화 6건, 짧은 필모그래피에도 세계적 명성을 얻고 있는 장 자크 베넥스. 1960년을 전후하여 발생하고 정점을 이뤄 프랑스 영화계를 변화시킨 '새로운 물결', 누벨바그의 영향으로 누아르풍으로 어둑해진 화면에 베넥스는 화려한 색감과 감각적 스타일을 드리웠다. 주로 자연광을 차단하고 인공광 아래 실내촬영을 했고 원색을 활용한 화려한 색채, 팝아트 느낌이 나는 편집이나 이미지는 관객의 눈을 사로잡았다. '누벨 이마주'의 등장, 장 자크 베넥스를 비롯해 레오 카락스, 뤽 베송이 함께 또 하나의 새로운 흐름을 만들었다.

〈베티블루 37.2〉를 택한 건 약대생이었다가 1958년 5월 혁명에 참여한 계기로 감독이 되어 명작을 만든 장 자크 베넥스 때문만은 아니다. 이 영화는 배우 베아트리스 달을 세계적 스타로 만들었다. 베아트리스 달은 영화의 타이틀롤 베티를 맡아 순수하고 섹시한 매력부터 통제 불가능한 광기에 찬 모습까지 넓은 스펙트럼을 완벽하게 연기했다. 이토록 독특한 아우라와 치명적 관능미를 지닌 배우를 다시 보기란 쉽지 않을 정도다.

그야말로 인생작인데, 산이 높으면 계곡이 깊은 법. 명연기를 펼쳤음에도 영화계는 계속해서 그의 과감한 노출을 재활용하려 했다. 넷플릭스에서 볼 수 있는 프랑스 드라마 〈연예인 매니저로 살아남기〉 시즌 3의 5편 '베아트리스 달의 관능'에 이러한 고충이 잘 드러나 있다. 우리에겐 명작이 남았지만, 달에겐 노출 트라우마가 남았다.

184분의 시간이 순식간에 흐를 만큼 깊은 몰입도를 가능케 하는 〈베티블루 37.2〉. 형언하기 어려운 매력에 시간의 흐름 속에 여러 차례 본 영화인데, 볼 때마다 개인적으로 놀라는 건 두 가지다. 마치 처음 보는 것처럼, 뒤를 모르는 것처럼 보게 하는 힘이 있다. 또 그때마다 영화에서 가장 크게 보이는 인물 또는 그 내면이 다르다는 것이다.

베티와 조르그의 행복한 나날 ⓒ (주)디스테이션

어려서 처음 봤을 때는 베티와 베아트리스 달만 보였다. 베티는 왜 자신을 저토록 사랑해주는 조르그(장 위그 앙글라드 분)가 있음에도 불안한 걸까 안타까웠다. 베티가 언제 폭발할지 몰라 조마조마 긴장하며 봤다. 그러면서도 당당히 행동하고 금력이나 권위에 굴하지 않고 감정 표현에 솔직한 모습이 멋져 보이기도 했다. 또 저 배우는 어떻게 저런 과감한 연기를 할 수 있을까. 첫 장면부터 베티와 조르그의 정사로 시작하는 화면 앞에 놀라움을 금치 못했다.

어른이 되어 다시 보니 조르그, 장 위그 앙글라드의 포용력과 세심한 연기가 보였다. 세상에 저런 남자가 있을까 싶을 정도의 완벽한 사랑이 여기에 있었었다. 스무 살과 서른 살로 열 살 차이가 나서 그러는 것인지, 작가 지망생의 섬세한 감성과 공감 능력이 있어서 그런지 단정할 수 없지만 조르그는 베티의 불안을 이해했고 어떠한 극단의 상황에서도 감쌌다. 자신이 무시당할 때는 답답할 만큼 잘도 참던 조르그가 베티를 향한 몰이해의 태도와 말에는 작은 것도 넘기지 않고 격렬히 대처했다. 베티가 채식을 하면 몰래 정육점에 가서 슬라이스 햄을 먹을지언정 호응했다.

대책 없이 남프랑스 휴양지의 방갈로를 불태우고 베티의 친구 리사(콘스엘르 드 하빌런드 분)가 운영하는 파리의 호텔로 더부살이 갔을 때, 셋이 함께 잘 지내보자며 침대에 누워 있던 두 연인이 리사를 불렀다. 리사가 "나도?" 하며 침대 위로 몸을 던졌을 때 리사도 베티 쪽으로 몸을 기울였지만, 조르그는 반가움을 표하면서도 리사와의 접촉을 의식적으로 피했다. 배우 앙글란드의 매너이기도 했겠지만, 너무나 조르그다운 행동이었다. 그런 작은 부분까지 장 위그 앙글라드는 베티만을 바라보는 조르그가 되어 있었다.

나이 들어 지난해에 다시 보니 베티의 친구 리사, 리사의 연인 에디(제라르드 다몬 분), 그리고 네 사람의 어울림과 서로 돕는 인생이 보였다. 나이 들어 만나서도 친구가 되고, 마음을 나누며 가족 같은 관계가 되는 모습이 보기에 좋았다. 베티와 조르그가 에디 부모의 집에서 피아노를 팔며 살게 됐을 때, 친구와 멀어진 베티의 우울감은 커졌지만 조르그는 식료품 가게 주인과 친구가 되고 그 아내의 고민을 들어주고 정육점 아주머니나 경찰, 환경미화원과도 대화를 나누며 뿌리를 내렸다. 지구라는 별과 사람의 생에 정착하지 못하는 '부초' 같은 베티의 우울감은 깊어가고, 그 곁에는 어떻게든 베티가 날아가지 않게 붙들고 있는 '돌멩이' 같은 조르그가 있었다.

그리고 올해, 한 살 더 먹고 보니, 다시 베티가 보였다. 왜 이게 이제야 보였을까, 스스로 한심하게 느껴졌다. 베티는 조르그의 작가로서의 자질을 보았다. 작가가 될 사람이 배관공으로, 방갈로 잡역부로 온갖 수모를 당하며 사는 걸 도저히 참을 수 없었다. 베티는 조르그가 현실에 주저앉는 걸 막기 위해 그녀니까 할 수 있는 실행, 둘의 보금자리였던 방갈로에 불을 놓는다. 입이 떡 벌어지는 결단에 화내기보다는 베티를 따라 떠나줄 조르그인 줄 알았던 거다. 조르그 내면에도 '벗어나야 한다'는 생각의 싹이 이미 자라고 있었을 터.

리사의 호텔에 도착해 베티가 가장 먼저 한 일은 타자기를 사서 습작 노트들에 손글씨로 쓰인 소설을 타이핑하는 것. 타이핑 원고로 완성된 소설을 파리 시내 출판사들에 우편으로 보내고는 설렘을 안고 출간하겠다는 소식을 기다린다. 계속되는 출판 거절에 베티의 희망은 조금씩 절망을 향해 걷고. 조르그의 감동적인 스무 살 축하, 사랑하는 사람의 아기를 잉태하는 꿈으로 희망을 길어 올리려 하지만 꿈이 깨지는 순간 희망은 역력히 절망이 된다.

조르그의 말처럼 베티에게 세상은 너무 갑갑해서 우울감이 커가는 곳일 뿐인가. 드넓은 세상이 갑갑하면 어디로 가야 하는가. 베티는 자신의 내면에 갇힌다. 조르그는 은행을 털어서라도 전기(轉機)를 마련해보려 하지만, 돈으로 해결될 일이 아니다. 조르그는 이제 자신의 목숨처럼 사랑하는 베티를 위해 글을 쓰기 시작한다. 일상의 수모를 견디는 조르그를 향해 "당신이 이러면 내가 어떻게 당신을 사랑하느냐"며 자존감을 일깨웠던 베티. 조르그의 타고난 작가성을 알아보고 자기만의 방식으로

현실은 기억 속으로, 꿈은 현실로… ⓒ (주)디스테이션

작가의 길로 이끌었던 베티의 바람대로 조르그는 다시 펜을 잡고, 우리가 보는 이 영화 〈베티블루 37.2〉 이야기를 쓴 것이다.

내가 사랑하는 사람의 꿈을 이뤄주는 일, 연인이 주저할 때 그 길로 몰아주고 끌어주는 일, 작가로서의 꿈과 눈앞에 현실 사이의 먼 거리를 좁혀주는 일, 내가 아니라 너를 더 소중히 여기는 마음, 너무나 위대한 사랑 아닐까. 너무 아프지만 슬퍼서 더욱 아름다운 이야기, 너무 파격적이지만 그래서 사랑의 모습과 더욱 닮은 〈베티블루 37.2〉. 올해가 가기 전에 봐도 좋고, 미루었다 새해 1월 1일에 만나도 좋다.

㉖ 벌새

또 다른 1월 1일의 선택

개봉 2019 등급 15세 관람가
장르 드라마 국가 한국 감독 김보라
러닝타임 139분

새해 첫날의 다짐, 좀 더 나은 사람이 되고픈 우리
김보라 감독, '누구를 잃었는가'로 그날의 의미 조명

〈벌새〉 포스터 © (주)엣나인필름

한 해가 시작되고 상순의 열흘이 지나면, 중순의 첫날이다. 상순이 훌쩍 갔듯 중순, 하순이 가면 새해 첫 달 1월이 과거가 된다. 그렇게 한 달, 또 한 달이 가고 우리는 또 거짓말처럼 금세 한 해의 마지막 날을 오늘로 맞을 것이다. 세상에 시간만큼 성실한 존재도 없어서 정말이지 쉼 없이, 게으름 한 번 피우지 않고 '따박따박' 시간은 흐른다.

그래서 더욱 새해 첫날을 어떻게 보내느냐는 중요하고, 1월 1일을 보낼 방법은 다양하지만 만날 사람도 없고 갈 데도 없을 때면 OTT로 좋은 영화를 보는 것도 꽤 괜찮은 선택이다. 사실 모든 날이 똑같이 소중한 오늘이지만, 사람은 더 잘살기 위해 시간을 나눠 월을 만들고 날을 만들고 시를 만들었기에 '새해 첫 영화를 무엇으로 하는가' 앞에서는 왠지 엄숙해진다. 어쩐지 새해 첫날 무슨 영화를 보느냐가 올 한 해 삶의 태도에 영향을 미칠 것 같은 느낌이랄까.

자막이 없는 한국 영화였으면 하고, 화려한 대작은 꺼려질 때 〈벌새〉는 안성맞춤이다. 어쩐지 내가 조금은 나은 어른이 될 것 같고, 어쩐지 영화와 주인공의 감성에 공감하는 것만으로도 조금은 더 좋은 세상을 만드는 데 일조하는 느낌이 든다.

영화 〈벌새〉에는 장점들이 있다. 장편 데뷔작이라고는 믿어지지 않는 김보라 감독의 탄탄한 연출력, 감정을 만들거나 쏟아내지 않고 발견하고 쌓아가는 인내와 조절의 미를 맛볼 수 있다. 연기를 너무 잘해서 동안을 지닌 성인 연기자가 열네 살 은희를 연기한 게 아닐까 싶어 나이를 찾아봤는데, 아직도 10대인(만 20세 전인) 박지후 배우가 주연이다. 또 한 명의 주연 또한 우물과도 같은 연기력으로 매번 큰 만족감을 주는, 매력적인 목소리와 발성을 지닌 김새벽 배우가 맡았다. 은희 아버지 역의 정인기를 위시해 조연들의 연기도 매끄러워서 내러티브로의 몰입에 다리를 놓는다.

영화는 학교에서의 학업과 교우관계, 가정에서의 존재감과 가족관계, 무엇 하나 녹록한 게 없는 중학생 은희의 갑갑한 현실과 내면을 비추며 흐른다. 내 아이도 저런 중학생 시절을 보냈으려나, 나도 저런 부모였으려나, 걱정과 반성의 감정이 보태지니 심장이 조여든다. 어찌나 이야기 포인트를 잘 잡았는지, 얼마나 많은 취재를 한 것인지 늘 세상 사

중학생 은희의 어둡고 메마른 나날, 거기에 더하여…
ⓒ (주)엣나인필름

람들의 삶에 깊은 통찰을 해온 것인지 김보라 감독이 펼쳐 보이는 에피소드들은 생생하게 현실적이어서 단박에 은희가 처한 상황과 심정이 전달돼 온다.

김보라 감독은 누구에게나 있을법한 보편적 순간들을 마치 처음 보는 것처럼 발견해낸 에피소드들을 그냥 나열하지 않는다. 정교하지만 자연스럽게 배치했다. 마치 은희의 막막한 세계 안에 서서 한 부분 한 부분 손전등을 비춰 우리에게 보여주는 느낌이다. 눈치 없이 LED 등을 확 켜서 은희의 세계를 소멸시키고, 우리를 멀건 대낮에 서 있게 하지 않는다.

어둡고 메마른, 혼돈의 소용돌이가 휘몰아쳐 길이 보이지 않는 은희의 세계에 짝꿍 친구 지숙(박서윤 분), 남자친구 지완(정윤서 분), 은희를 좋아하는 후배 유리(설혜인 분)가 잠깐씩 빛이 되었다가 빛의 밝기에 비례해 더 큰 어둠을 드리우기도 하며 시간이 흐른다. 겨우 열네 살이 감당하기엔 버거워 보이는, 답이 보이지 않는 밤길, 그래도 열네 살이니까 밤이 아니라 동이 트기 전 어둑한 새벽길이길 바라며 지켜볼 뿐이다. 더 큰 아픔은 없기를 바라며….

그때, 숨통이 트이는 순간이 온다. 서예교습소에서 진행되는 한문 수업, 김영지 선생님(김새벽 분)의 등장이다. 결코 밝은 기운을 내뿜는 것도 아니고 담배를 피우는 모습부터 한자 어구 풀이로 던지는 질문까지 고정된 선생님 이미지와는 다른 모습이지만, 은희는 소위 '꼰대' 같지 않고 길지 않은 말이어도 진심의 염려를 건네는 선생님을 따르고 좋아한다. 막막하고 갑갑하던 은희의 세계가 세상을 향해 조금 열리고, 틈새로 보인 하늘엔 '영지 샘'이 태양으로 떠 있다. 너무 멀고 뜨거워 손끝에 잡히지 않지만 은희의 세계엔 따스한 볕이 스며들고 은희는 웃는다.

영화가 여기서 끝났어도 좋은 영화로 기억에 남았을 것이다. 김보라 감독은 자신의 그랜드 디자인(장기간에 걸쳐 수행될 대규모 계획), 하고 싶

인생, 현실과 공상
사이에서의 줄타기
ⓒ 롯데엔터테인먼트

서로 달라서 끌어당기는,
N극과 S극
ⓒ 롯데엔터테인먼트

목을 축여봤기에 앞으로의 목마름이 더욱 고통스러울까. 두 사람은 정말 다시 만날 수 있을까.

〈아노말리사〉는 애니메이션이지만 청소년 관람불가 영화다. 성기 노출이 있어서만도 아니고 하룻밤의 정사가 있어서만도 아니다. 〈존 말코비치 되기〉, 〈이터널 선샤인〉의 각본을 쓴 찰리 카우프만이 각본을 쓰고 연출한 만큼 인생과 사랑의 본질에 깊이 들어간다. 어른이 되어 직접 온몸으로 체감하지 않고는 알 수 없는 인생의 고독과 갈증이 고스란히 담겨 있어서 청소년에겐 적당치 않다. 드라마 〈커뮤니티〉에서 스톱모션 애니메이션 에피소드를 연출한 듀크 존슨이 공동 연출한 덕에 〈아노말리사〉는 실사가 아니라 애니메이션이어서 가능한 수위까지 카메라를 들이민다. 어른을 위한 애니메이션이라기보다는 어른의 세상으로 깊숙이 들어간 애니메이션이다.

영화를 보노라면 한동안 어리둥절할 것이다. 남자도 여자도 남자가 목소리 연기를 한다. 그것도 한 사람(배우 톰 누난)의 목소리다. 오로지 마이클과 리사에게는 고유의 목소리가 있다. 마이클은 영화 〈해리포터〉 시리즈의 루핀 교수 데이빗 듈리스가 맡았고, 리사는 연기파 배우 제니퍼 제이슨 리가 연기했다. 운명의 상대 외에는 모두 같은 소리, 엄밀히 말하면 내 심장까지 닿지 않는 목소리들임을 이런 방식으로 표현한 게 아닐까. 답은 여러분 각자에게 있다.

영화 〈아노말리사〉를 보며 스스로 얼마나 편협한가를 새삼 절감했다. 마이클의 목소리로, 그를 중심으로 전개되는 이야기를 보며 초반에는 남자의 계속된 일탈 시도가 이기적으로 보였다. 하지만 이내 남자가 아닌 어른으로 살아가는 인간의 고독이 보였고 공감이 시작됐다. 세상의 흔하고 뻔한 틀로 마이클의 말과 행동을 재단한 것에 미안함이 밀려왔다. 그것은 마이클의 이야기도, 남자의 이야기도 아니었다. 척박한 세상살이에 마음 한 조각 기댈 곳 쉽지 않은 우리의 이야기다. 제72회 베니스국제영화제에서 심사위원대상을 받은 이유가 있다.

㉘ 사랑을 카피하다

압바스 키아로스타미

개봉 2011 등급 15세 관람가
장르 미스터리/로맨스/멜로
국가 프랑스/이탈리아/이란
감독 압바스 키아로스타미(Abbas Kiarostami)
러닝타임 106분

〈내 친구의 집은 어디인가〉 영화와 다큐의 경계
〈사랑을 카피하다〉 가짜와 진짜의 경계를 묻다
인생을 카피하는 영화에 담긴 진짜 인생과 예술

이란 태생의 감독 압바스 키아로스타미는 영화와 다큐멘터리의 경계에 선 작품들을 주로 선보였다. 삶이 예술이 되는 영화를 만드는 키아로스타미 감독 덕에 낯선 곳 이란이 가까워졌다. 그렇다고 언제나 이란을 배경으로 한 것도 아니다. 세계적 명성을 얻은 뒤에는 유럽 각국, 미국, 일본 등지에서 영화가 만들어졌다.

〈사랑을 카피하다〉 포스터 ⓒ (주)마운틴픽쳐스

그 가운데 이탈리아를 배경으로 한 〈사랑을 카피하다〉를 무척 좋아한다. 일반적인 극영화 역시 잘 만든다는 것, 줄리엣 비노쉬 같은 세계적 배우와의 협업도 멋지게 해낸다는 것이 확인되는 영화다. 기존의 틀에서 벗어난다는 것이 얼마나 어려운 일인가. 하지만 압바스 키아로스타미는 해냈다.

〈사랑을 카피하다〉를 좋아하는 가장 큰 이유는 진짜와 가짜의 경계를 줄곧 묻는 감독의 질문이 기존 영화들에서는 주로 형식에 의해 던져

원본과 복제, 인생과 영화의 차이. 어쩐지 잘 어울리는 두 사람, 부부 행세하다 부부 될까.

졌다면, 이 영화에서는 줄거리와 주제 전면의 내용에 의해 선명히 드러나고 있다는 점이다. 별세 6년 전, 노장의 감독은 일생의 질문을 친절하게 풀어준다. 그것도 비범한 압바스 키아로스타미답게 독특한 멜로로.

남자 주인공 제임스 밀러(윌리엄 쉬멜 분)는 작가다. 최근 《기막힌 복제품》이라는 책을 냈고, 홀로 아이를 키우며 골동품이나 복제품을 파는 여자 주인공 엘르(줄리엣 비노쉬 분)는 책에 매료됐다. 복제품도 경지에 이르면 진짜에 버금가는 가치를 지닌다는 주제에 깊이 공감하고 있고, 자신의 평소 생각과 같은 생각을 펴낸 작가를 좋아한다. 밀러와 엘르는 신작 강연 차 들른 투스카니에서 만난다. 엘르가 강연에 갔고, 투스카니 시골 지역을 안내하겠노라며 1일 관광가이드를 제안한다.

이곳저곳을 함께 둘러보던 엘르는 밀러에게 마음에 들 거라며 박물관에 걸려 있는 하나의 그림 앞으로 데려간다. '투스카니의 모나리자'라 불리는 초상화 〈무제 플림니아〉다. '오리지널 카피', '리얼 카피'라고 소개하며, 밀러의 책 《기막힌 복제품》이 주장하는 바를 함축적으로 보여주는 작품이라고 설명한다. 엘르와 해설사의 말을 종합해보면 18세기 나폴리인이 그린 위작이라는 사실이 겨우 50년 전인 20세기에 들어와서야 밝혀졌지만, 200년 동안 로마 시대 진품으로 여겨온 프레스코화다. 박물관 측은 진품만큼 뛰어난 이 작품을 소장하기로 결정했다. 위작이지만 원본만큼 아름답다는 평가를 받는 이 작품을 박물관 측은 마치 레오나르도 다빈치의 〈모니리자〉를 관리하듯 세심하게 보존하고 있다.

다 아는 얘기면서도 해설사의 말에 흥분과 공감을 표하는 엘르와 달리 밀러는 시큰둥하다. 밀러의 반응에 실망한 엘르는 "집필 전에 그림을 봤으면 좋았겠다고 말해주면 안 되느냐"고 말하고, 밀러는 "그 말을 못 한 건 미안하다. 하지만 그런 예는 끝도 없이 많다"고 대꾸한다. 이어 "〈무제 플림니아〉의 원본이라는 그림 역시 사실은 실제 모델의 아름다움을 모방한 것 아니냐. 그 모델이 진정한 원본"이라고 힘주어 말한다. "〈모나리자〉도 마찬가지여서 그 미소가 모델의 표정인지 작가의 의도인지 알 수 없는 것"이라고 덧붙인다. 결국, 자신이 안내한 그림에 대한 호응을 찾을 수 없는 역설에 이번엔 엘르가 시큰둥하고 밀러는 지루한 얘기는 그만하고 커피를 마시러 가자고 제안한다.

찻집에 들어간 두 사람. 엘르는 다른 얘기를 하자며, 신간 강연회에서 아이가 배고프다고 투정해서 피렌체에서 있었던 일을 말할 때 듣지 못하고 자리를 떴다며 무슨 내용이었는지 물었다. 책을 쓰게 된 동기가 된 5년 전의 목격담이었고 어느 모자에 관한 것이었는데, 놀랍게도 엘르 모자였다. 5년 전 엄마는 시뇨리아광장에 선 다비드상에 대해 불어로 설명했고, 아이는 마치 진품을 보는 듯한 경이로움으로 다비드상을 올려다봤다. 잘 들리지 않았지만 진품이 아니라는 말을 하지 않는 엄마의 모습, 진품인 줄 알고 경탄하는 아들의 모습에서 밀러는 책 《기막힌 복제품》을 착상했다. 경제적으로 어려웠던 시절, 아이와 단둘이 이탈리아로 이주해온 때가 생각나선지 얘기를 듣는 엘르의 눈가가 촉촉해졌다. 엘르가 질문을 건넨 뒤 "아, 질문 잘못했다"고 말한 것이나 "모르는 척하지 마요"라고 말한 것을 보면, 엘르는 책의 시작이 자신과 아들이었음을 알고 있었던 것 같다. 밀러 역시 알고 있었고, 그래서 토스카니 동

촬영장에서 환하게 웃고 있는
압바스 키아로스타미 감독.
사람은 가고 작품이 남았다.
ⓒ (주)마운틴픽쳐스

행이 이루어졌다고 생각한다.

그때 벨이 울리고 밀러가 전화를 받으러 나간 사이 찻집 주인이 밀러의 커피가 식었다고 걱정하자 엘르는 “매번 저래요”라고 답한다. 이 말을 주인 할머니가 “좋은 남편 같아요”라고 받으면서 엘르와 밀러는 ‘말’ 속에서 부부가 된다. 눈가를 적셨던 눈물이 또르르 떨어지고 엘르는 얼른 훔친다. 프랑스인 엘르와 영국인 밀러는 영어로 대화했고, 이탈리아인 주인은 대화 내용을 몰랐기 때문에 부부로 생각했고, 엘르가 부인하지 않으면서 밀러를 놓고 두 사람의 대화가 이어진다. “자기와 자기 일밖에 모르는 사람이다”, “그게 낫다”, “외로우려고 결혼한 게 아니다. 내 삶을 남편과 나누고 싶다”, “남자가 다른 여자보다는 일에 몰두하는 게 낫다”, “여자들도 일한다. 다만 조절해서 가족을 돌본다”, “여자는 조절이 되지만, 남자는 몰두밖에 못 한다”. 엘르가 자신의 전남편 얘기를 하는 것인지 일반적 결혼생활에 관해 얘기하는 것인지 알 수 없는 가운데, 밀러는 말 속에서 15년 차 이기적 남편이 되어간다. 할머니는 “그래도 일요일에 아내를 커피숍에 데려온 것만으로도 존경스럽다. 서운함은 묻어두고 내색하지 말라”고 말한다.

부부놀이는 엘르와 주인의 말로 끝나지 않고 엘르와 밀러의 역할극으로 발전한다. 주인 할머니가 부부로 안다는 말에 밀러는 "사실 우리는 잘 어울린다"며 동조하더니, "부인과 아들이 이탈리아에 사는데 이탈리아어를 못 하는 게 이상하다"는 말에 "우리는 각자의 삶을 산다. 각자 편한 언어를 쓴다"고 말한다. '설명 잘했지?' 하는 밀러의 태도. 이때 엘르의 전화벨이 울리고 서둘러 나가는데 어딘가 화가 난 표정이다. 마치 남편의 냉정한 말에 상처라도 받은 듯. 아들과 전화하며 엘르는 화를 내는데 아들을 향한 것인지, 혼자 좋은 사람인 척하며 그런 아이를 두둔하는 밀러인지, 아이 아빠인지 분노의 대상이 겹쳐 보인다. 두 사람은 가족과 분리된 남편의 삶을 화제로 언쟁을 이어간다. 엘르는 "아빠 닮아서 속만 썩인다니까!"라고 말하면서 전화기를 밀러의 얼굴에 들이민다. 마치 그 아빠가 밀러인 양. 길가에 앉은 사람들은 부부싸움을 하는 두 사람을 구경하듯 쳐다본다.

두 사람이 그렇게 싸우고 화해하는 사이에 날이 저물어간다. 영락없는 부부의 모습이다. 처음엔 가짜 부부 행세였는데, 이것도 하다 보니 기막힌 복제 부부가 되어 진짜 부부처럼 보인다. 세상의 아내 대표, 남편 대표가 된 듯한 역할극이지만 화를 토해내고 서로를 이해하고 보듬으며 카타르시스 효과를 발휘한다. 상처에 약이 발라지는 느낌이다. 묘한 건 전남편과의 마음의 화해가 아니라 앞에 있는 제임스와의 교감과 함께 호감이 커간다는 것. 어쩐지 새로운 사랑이 움트는 것만 같다. 정말 더 묘한 건 영화를 보면서 자꾸 상상하는 나다. 어쩌면 제임스가 남편이 아닐까, 지금 쏟아내는 얘기가 사실은 당사자를 향한 건 아닐까. 제임스는 남편 대리가 아니라 당사자로서 엘르의 호소를 듣고 해명하고 분노하는 게 아닐까 싶을 정도로 상황에 깊이 몰입한다. 과연 엘르와 제임스, 제임스와 엘르의 진실은 무엇일까. 이야기는 기막힌 방향으로 전개된다. 계속 생각하게 만드는 영화의 매력을 직접 느껴보길 추천한다.

〈사랑을 카피하다〉를 좋아하는 이유를 보태고 싶다. 줄리엣 비노쉬는 어릴 적 뚜렷한 의식을 가지고 좋아한 첫 번째 외국 배우인데, 그의 표현법이 마음에 들어서 좋아했다. 푸른 눈도 촉촉해 보이는 입술도 아름다운데, 이상하게도 중성적으로 느껴졌다. 〈사랑을 카피하다〉에서의 줄리엣 비노쉬는 흔히 말하는 여성미가 물씬 풍긴다. 줄리엣이 이토록 매혹적이었던가. 그 안에서 새로운 종류의 아름다움을 꺼낸 압바스 키아로스타미 감독에게 감사한다. 성악가인 윌리엄 쉬멜을 영화의 세계로 끌어들인 것도 감사한다. 까탈스럽고 이기적이면서도 어딘가 따뜻해 보이는, 침묵할 땐 멋있고 폭발할 땐 귀여운 오묘한 배우의 영화 출연작이 너무 적어서 아쉬울 따름이다. 주연작은 이 작품 하나여서 자꾸 보게 되는지도 모르겠다.

이 모든 시작과 끝에 압바스 키아로스타미가 있다. 현실의 기막힌 복제품인 영화, 이쯤 되면 현실에 버금가는 가치를 지닌다고 말하는 감독. 삶이 예술이 되는 순간, 영화를 위한 최고의 변호다.

㉙ 소울

어른이 울고 나오는 애니메이션

개봉 2020 등급 전체 관람가
장르 애니메이션/판타지 국가 미국
감독 피트 닥터(Pete Docter),
켐프 파워스(Kemp Powers)
러닝타임 107분

칸으로 간 애니메이션… 영상도 음악도 압권
제이미 폭스, 멘토 '조 가드너' 목소리 연기
할리우드식 해피엔딩 없는 결말이 주는 의미

〈소울〉 포스터 ⓒ 월트디즈니컴퍼니코리아

〈아노말리사〉에 이어 한 번 더 애니메이션이다. 2020년 5월, 애니메이션으로는 드물게 제73회 칸국제영화제 '경쟁 부문'에 초청된 바 있는 수작이다. 그래서 더 소개하고 싶다.

애니메이션이니까, 하고 초등생 보여주러 극장 갔다간 아이는 이해하기 어려울 수 있다. 어려운 수학, 과학, 경제가 나와서가 아니다. 인생 좀 살아본 사람에게 공감이 큰 영화다. 나는 어떻게 태어나 지구에 왔고, 지금 잘살고 있는 건지 상상의 나래도 펼쳐보고 되짚어 생각해본 적 있는 사람이라면 누구나 〈소울〉(Soul, 영혼)에 공명할 것이다.

메시지만 좋다면 굳이 추천하지 않는다. 책을 통해서도 인생에 관한 생각의 깊이와 넓이를 확장할 수 있다. 학교에서 비정규직 교사로 밴드 수업을 지도하면서 재즈 뮤지션을 꿈꾸는 조 가드너가 주인공이다 보니 음악은 또 얼마나 좋은지, 잠시 눈을 감고 노래 없는 재즈 연주에

키 큰 제리들, 중앙엔 '22', 조 가드너, 테리(왼쪽부터) ⓒ 월트디즈니컴퍼니코리아

흠뻑 빠질 수 있다. 피아노와 색소폰, 콘트라베이스와 드럼이 어우러진 연주가 기가 막힌다. 조 가드너의 피아노 독주, 도로테아 윌리엄스의 색소폰 연주는 말할 것도 없다. 우리를 추억으로, 인생으로, 무아지경의 세상으로 안내하는 〈소울〉의 음악은 세계 각국의 영화제에서 음악상 후보에 오르고, 제46회 LA 비평가협회상과 제33회 시카고 비평가협회상에서 음악상을 수상했다.

영상도 너무 아름답다. 이 영화가 실사가 아니라 왜 애니메이션이어야 했는지 영화를 보면 알 것이다. 제리들이 아기 영혼을 돌보는 태어나기 전 세상, 죽은 이후 끝이 보이지 않는 계단을 통해 '머나먼 저세상'으로 향하는 과정, 영혼의 세상과 육체의 세상 사이 사막과도 같은 중간계를 세트 촬영이나 컴퓨터그래픽으로 근사하게 실사영화로 완성할 수도 있었겠지만 애니메이션 〈소울〉보다 아름답기는 어렵지 싶다. 조 가드너의 영혼 친구이자 또 한 명의 주인공 '22'를 비롯해 너무나 앙증맞은 태어날 영혼들, 그들이 세상에 갈 준비를 마칠 때까지 도와주고 기다리는 제리들(여러 명인데 이름이 모두 '제리'), '머나먼 저세상'으로 가는 영혼의 숫자를 세는 테리 등 영혼의 존재들은 지금과 같은 모습으로 애니메이션으로 표현된 게 '진리'다. 특히나 선으로 표현된 제리와 테리는 매우 신선한 외형의 캐릭터인데, 애니메이션이 제격이다.

이렇게 죽을 순 없어! 사실 세상 그 누구든, 몇 살이든 살면서 무엇을 누렸든 죽는 순간엔 아쉬움이 클 터. 조 가드너 역시 그랬다. 꿈을 향해 걷기만 했지 도달하지 못한 것도 아쉬운데, 하필 꿈이 드디어 이루어져 색소폰 명연주자 도로테아 윌리엄스의 오디션에 합격해 첫 무대를 앞둔 날, 그만 맨홀에 빠지고 말았다. '머나먼 저세상'으로 가는 계단, 조는 이대로 계단을 밟아 떠날 순 없다. 어디에 있는지 모를 내 육체를 찾아 어떻게 해서든 내 영혼을 되돌려 넣고 싶다. 도망치고 내달리다가 태어날 영혼이 있는 세상에 불시착하게 되고, 마음씨 좋고 멀리 보는 제리들의 도움으로 당장 계단으로 되돌려지지 않고 '22'의 멘토가 된다.

'22'는 수천 년간 지구로 가 태어나지 못했다. 가슴에 있는 7개의 칸 중 6개는 성격이고 하나는 '불꽃'인데, 그것이 다 채워져야 태어날 수 있는데 '불꽃'이 영 채워지질 않고 있다. 아르키메데스부터 카를 융, 테레사 수녀와 링컨, 무함마드 알리와 마리 앙투아네트 등이 멘토로 붙여졌지만 '22' 가슴의 '불꽃'을 채우지 못했다. 매사 삐딱한 '반골' 기질의 영혼, 겉으론 '난 태어나고 싶지 않아!'라고 거부하지만, 속으론 '내가 태어날 자격이 있을까' 자신 없기도 하다. 유명 석학과 위인들도 피워내지 못한 '22의 불꽃', 과연 조 가드너가 해낼 수 있을까. 제리들이 조를 '22'의 멘토로 붙인 건 정말 착각과 실수였을까, 멀리 보는 그들다운 '신의 한 수'였을까.

일단 조와 '22'가 의기투합할 지점은 명확하다. 우선 '22'의 불꽃까지 가슴의 7칸을 완성한다. 지구에 가는 통행증과도 같은 가슴의 표가 완성되면 태어나고 싶지 않은 조는 그걸 떼서 조에게 준다. 조는 지구에 가고 지구행 티켓을 잃어버린 '22'는 태어나지 않아도 되는 명분이 생긴

할리우드적 해피엔딩은 없다. '무엇'이 아니라 '어떻게'를 말하는 〈소울〉 ⓒ 월트디즈니컴퍼니코리아

다. 둘의 협업은 우여곡절 끝에 티켓 완성까지 이뤄진다, 그런데 조만 지구에 오는 게 아니라 '22'도 같이 오게 되고, 둘의 영혼은 '제자리가 아닌' 곳에 들어간다. 뒤바뀐 영혼이 빚어내는 에피소드들이 꽤 재미있다. 뜻하지 않게 지구에 온 '22'는 무엇을 보고 느꼈을까. 조는 과연 도로테아 밴드의 첫 무대에 설 수 있을까.

피트 닥터 감독은 그렇게 우리에게 두 가지 '소원'을 이식하는 데 성공한다. 조가 다시 살아나 도로테아와 연주하게 되기를, '22'가 기나긴 방황을 끝내고 지구에 태어나기를! 그렇게 우리에게 목적과 의미를 주입해놓고는 뒤통수를 한방 세게 제대로 친다. 삶은 목적과 의미가 중요한 게 아니란다. 제리 중 한 제리가 "멘토들이란…" 하며 혀를 끌끌 찬다. 순간 멍해진다. 왜냐하면, 우리 역시 일상에서 목적을 세우고, 목적을 향해 가고, 목적으로 가는 길에서 벗어나진 않았는지 중간 점검하며 살려고 하고, 그렇게 사는 것이 의미 있다고 생각한다. 적어도 나를 덜 게으르게 한다고 여기며 부지런히 살고 있다. 그런데 아니란다.

적잖이 충격이다. 이제까지 봐왔던 영화들이, 해피엔딩을 보여주는

31 미술관 옆 동물원

심은하 옆 이성재
이제 이런 영화는 없다!

개봉 1998 등급 15세 관람가
장르 로맨스/멜로 국가 한국
감독 이정향 러닝타임 108분

미술관 여자와 동물원 남자의 우발적 동거
서로의 다름을 존중하는 '사랑에 관한 탐구'

영화 〈봄날은 간다〉(2001)의 "라면 먹을래요?" 이후 여자가 남자를 자신의 집에 들인다는 것의 의미는 영화 속에서, 또 그를 보는 관객의 해석에서 '관계의 진전', '사랑의 시작'으로 고정된 경향이 있다.

〈미술관 옆 동물원〉 포스터 ⓒ 시네마서비스

무려 18년 뒤, 드라마 〈로맨스는 별책부록〉에서 차은호(이종석 분)와 강단이(이나영 분)가 한집에 살게 된 상황을 시청자가 '관계의 변화'로 해석하지 않도록 작가와 연출자가 무던히 애쓴 이유다. 아무리 로맨스는 별책부록이라지만 처음부터 김을 빼고 시작하면 안 되니까, 남자가 여자를 자기 집에 들이는 상황의 자연스러움을 위해 필연적 설정과 불가피 상황을 겹겹이 준비했다.

강단이는 차은호의 생명을 구한 은인이고 은호를 친동생처럼 여기며, 차은호는 단이가 이혼한 줄 모르는 상태에서 찜질방을 전전하는 게 안타까워 동거를 제안한다. 경제적 곤경에 처한 유부녀이고 은인인 사람에게 허튼짓하는 건 절정의 배은망덕이라는 전제 아래 은호의 매너를 얹어 로맨스 탄생과 전혀 상관없는 동거인 양 꽁냥꽁냥 한집살이를 시작했다.

지금 보면 "이게 말이 돼?" 할 수 있지만, 2001년 이전 1998년 감성으로는 말이 되는, 여자가 남자를 본인 집에 들이는 설정이 영화 〈미술관 옆 동물원〉에서는 이렇게 펼쳐진다.

춘희(심은하 분)가 사는 집에 침대며 책상, 집전화를 두고 급히 이사간 다혜(송선미 분), 아직 다혜의 집인 줄 알고 늘 그랬듯이 병장 말년휴가를 애인과 보내려 찾아온 철수(이성재 분). 휴대전화가 없던 시절, 다혜의 전화를 받아야 한다며 정확히는 '나를 잊어 달라'는 다혜의 마음을 얼마 안 되는 휴가 내에 돌려야 한다며 떠나지 않는 철수. 추적추적 비 오는 밤, 고물차 안에서 잠을 청하는 철수가 가엾고 애인에게 차인 게 안쓰러워 "너, 나 여자로 안 보인댔지?"로 선을 그으며 집안으로 들이는 춘희.

1998년의 현실은 달랐을지 모르지만 적어도 영화에서는 "너, 나 여자로 안 보인댔지?"로 불안을 달래며 자신의 공간을 내주는 춘희가 있었고, 아직 단념할 수 없는 다혜를 두고 다른 여자에게 허튼짓하지 않는 철수가 있었으며, 넓지 않은 집을 반으로 나눠 '선을 넘지 않는' 두 사람이 있었다. 순수했다. 영화를 보는 우리도 한 뼘은 더 순수해졌다.

춘희는 결혼식 비디오를 찍는 기사이고, 표밭 다지기 일환으로 잘 알지도 못하면서 주례를 서는 지역구 국회의원의 보좌관 설인공(안성기 분)을 짝사랑한다. 결혼식에서 종종 마주치기만 하고 말 한번 제대로 못 건 채 제자리를 맴도는 사랑 중이다. 철수는 자신도 아는 선배와 결혼을 예정하고 있다는 다혜에 대한 배신감인지 미련인지 딱 짚어 말하긴 어렵지만 어떤 감정이 남아 있다. 이렇게는 끝낼 수 없어서 일단 만나기는 해야 한다는 일념에 사로잡혀 있다.

철수와 춘희,
배우 이성재와 심은하
© 시네마서비스

두 사람이 다른 곳을 보고 있다는 전제는 춘희와 철수의 경계를 허문다. 거리두기를 끝낸 두 사람은 남매처럼, 오랜 친구처럼 같이 장도 보고 산책도 하고 옷도 골라주고 이 닦아라, 세수해라 서로의 연애에 오지랖도 부린다. 두 사람이 다른 이를 좋아한다는 것만 빼면 서로 달라서 더 합이 잘 맞는, 안정감 있게 안착한 연인의 동거다. 끈끈하지 않아서, 질척하지 않아서 더 좋은 연애.

춘희는 밤마다 두꺼운 스프링 노트에 연필로 무언가 끄적이는데 영화 시나리오 공모전에 낼 글이다. 안 그래도 털털하게 입고 수수하게 화장하고 긴 머리 뽀글 퍼머를 해도 예쁘고 대충 묶어도 예쁜 심은하가 독수리타법으로 키보드를 두드리는데 말할 수 없이 귀엽게 반짝인다. 춘희의 순수함은 심은하라는 배우를 잊을 수 없게 하는 데 큰몫을 했다. 비디오 촬영이 없는 날이면 밤새 글을 쓰고 아침부터 잠을 자는 춘희. 타자에 능한 철수는 잠자는 춘희 대신 시나리오를 입력해주는데, 사랑 물정 모르고 꿈을 꾸는 춘희에게 자꾸 짜증이 난다. 짜증일까 질투일까.

사실 철수는 다혜에게 차인 특수상황에 더해 '너를 여자로 여기지 않는다'는 것을 입증하듯 투덜거리고 언성 높여 말하는 것을 빼면, 완벽한 '이상형'이다. 지저분한 춘희와 달리 깔끔해서 집 안 청소도 잘하고 장 보는 요령도 주부급이고 요리도 잘하고, 춘희가 인공을 만나는 결혼식 지각을 막기 위해 버스도 세워줄 줄 아는 행동력도 있다. 무엇보다 사랑에 대해 뭘 좀 안다. 요즘 젊은이들에게 이성재는 〈공공의 적〉, 〈홀리데이〉로 강한 캐릭터일 수 있겠으나, 1990년대에 청춘을 보낸 이들에겐 훈훈한 매력의 '로맨티스트'다. 드라마 〈거짓말〉에 설레었고, 영화 〈자귀모〉와 〈하루〉로 따뜻했고, 그래서 드라마 〈맨도롱 또똣〉에서 펼친 중년의 사랑에 공감했다.

영화 〈미술관 옆 동물원〉은 사랑은 무엇이냐고, 너무 다른 남자와 여자의 사랑은 어느 지점에서 만나야 하느냐고 우리에게 묻는다. 제목부터 주제의식을 선명히 드러낸다. 사랑의 감성과 정신적 가치를 중시하는 미술관, 사랑의 본능과 체온을 나누는 육체적 교감을 앞세우는 동물원. 춘희와 철수의 사랑으로 보이기도 하고 완벽히 적용될 순 없지만, 일반적으로 여성과 남성을 대표하는 상징으로도 읽힌다. 그래도 다행인 건 미술관과 동물원이 멀리 있지 않고 바로 '옆'에 있다.

'미술관 옆 동물원'은 글쓰기와 타이핑의 역할 분담을 버리고 춘희와 철수가 함께 쓰게 된 시나리오의 제목이기도 하다. 미술관에는 다혜가 있고, 그 옆 동물원에는 인공이 있다. 여자 주인공 다혜는 다혜를 잘

사랑은 풍덩 빠지는 게 아니라 스며드는 것
ⓒ 시네마서비스

아는 철수가 그리고, 남자 주인공 인공은 인공을 자신과 비슷하다고 여기는 춘희가 그린다. 남녀를 바꿔 투영하니 또 하나의 재미있는 '사랑에 관한 탐구'가 이뤄진다. 미술관에서 일하는 다혜는 동물원에서 일하는 인공에게 자꾸만 다가서고, 인공은 묵묵히 제자리에 있다. "지구는 다른 별들의 천국이래요"라고 시적으로 말하는 다혜에게 "지구는 별이 아닙니다, 행성이죠. 스스로 빛을 못 내니까요"라고 답하는 인공. 남녀의 또 다른 차이, 문과와 이과로 흔히 대별되는 모습이 보인다.

그렇게 영원히 평행일 것 같던 춘희와 철수, 시나리오 속 다혜와 인공 사이에도 '진전'이 이뤄진다. 두 커플은 미술관과 동물원의 갈림길에서 만난다. 내 것, 내 감정만 내세우지 않고 상대의 입장, 상대의 선호를 먼저 생각하며 거리를 좁히고 차이를 줄인다. 흔한 얘기지만 뻔하지 않게 오밀조밀 상상하고 기획하여 완성한 사랑에 관한 탐구 보고서, 〈미술관 옆 동물원〉.

순수는 사라지고 자극이 성행하는 시대, 작은 영화는 살아남기 어렵고 대작 영화에 투자가 몰리는 상황에서 제2의 이정향 감독이 쓴 청순 낭만의 시나리오가 관객을 만날 확률은 얼마나 될까. 순수 멜로를 보고 자란 덕은 나이 들수록 체감된다. 다행인 건 다양한 OTT에 감성이 맑아지는 올드 멜로들이 숱하게 많다는 것이다. 예쁜 척하지 않고 캐릭터와 작품에 몰두해서 더 아름다운 심은하도 실컷 볼 수 있다.

32 죽여주는 여자

〈미나리〉보다 '죽여주는 여자' 아름다운 배우 윤여정

개봉 2016 등급 청소년 관람불가
장르 드라마 국가 한국 감독 이재용
러닝타임 111분

'죽여주는 여자'의 복합적 의미 '감동적'
도전적 배우 윤여정이 있어 가능했던 영화
아시아 최초 아카데미 주연상에 손색없을 명연

영화 〈죽여주는 여자〉의 예고편만 봤을 때 깜짝 놀랐다. 홍상수, 임상수 '두 상수' 감독과 함께 칸국제영화제 레드카펫을 밟았던 배우가 일명 '박카스 아줌마'를 연기하다니! 캐릭터에 한계를 두지 않는 윤여정, 역시 배우구나 생각했다.

〈죽여주는 여자〉 포스터 ⓒ CGV아트하우스

그래도 이재용 감독인데 뭔가 있겠지, 제목 '죽여주는 여자'가 1차원적 의미는 아니겠지 예상했다. 그런 기대 속에 영화를 보고 또 놀랐다. 머리로만 생각했던 중년의 매춘 여성 역할 그 이상의 파격적 장면들이 있었다. 소영 씨는 먹고살기 위해 오늘도 덤덤히 노인들이 모이는 공원에도 가고, 남들은 여가생활로 찾는 산을 생계를 위해 오른다. 그 정도에서, 직업을 가늠케 하는 정도에서 그치겠거니 생각했다. 스타 배우 윤여정 아닌가. 하지만 예상은 보기 좋게 빗나갔다. 영화에는 꽤 구체적으로 '죽여주는' 소영 씨에 관한 소문과 기술이 사실적으로 표현됐다. 여자는 나이 들어도 여자인데, 더군다나 윤여정은 영화 포스터만 봐도 확인되듯 나이를 잊게 하는 젊음과 매력을 지녔는데, 이러한 설정을 수용하고 현실적으로 연기한 윤여정이라는 배우가 대단해 보였다.

예상치 못하게 눈물이 나왔다. 영화 〈죽여주는 여자〉는 사람을 여러 번 울리는, 심장을 두드리는 작품인데, 예상치 못한 순간에 만난 첫 번째 눈물이었다. 실제로 젊은 시절 매춘부였거나 지금 이 순간 노인을 상대로 음료 하나 건네며 말을 걸어 몸을 매개로 살아가는 중년이 아니라 해도 소영 씨는 척박한 오늘을 가진 것 없이 온몸을 다해 열심히 살아가는 사람들에게 큰 위로를 안겼다. "무슨 일을 하면 어떠니? 괜찮아, 먹고산다는 게 그리 쉬운 일 아닌데 잘해내고 있어." 소영 씨가 하루하루 힘겹게 살아가는 우리의 등을 토닥이는 것만 같았다. 녹록지 않은 소영 씨의 밥벌이를 배우 윤여정이 '이런 게 인생이다', 덤덤히 연기한 게 형언할 수 없는 공감과 감동을 자아냈다.

영화가 이 설정 하나로 끝났어도 박수할 마음의 준비를 이미 하고 있었다. 그런데 소영 씨는 오갈 데 없는 아이를 집으로 데려와 먹이고 보살폈다. 혼자 먹을 때보다 반찬 하나라도 더 해서 먹였고, 갑작스레 엄

세상의 '윗목'을 따뜻하게 데우는 소영 씨
ⓒ CGV아트하우스

마와 떨어져 낯선 집에 사는 아이의 마음을 헤아려 살폈다. 법으로 따지자면 경찰서에 데려다주고 아동보호시설에 가게 해야 맞는 것이겠지만, 영화 안에서는 소영 씨의 허름한 집과 따뜻한 밥 그리고 보듬는 눈길이 아이를 위한 해답으로 느껴졌다. 소영 씨는 아이를 데리고 생활전선에 나섰고, 잠시 모텔 주인에게 아이를 맡기면서도 자신과 아이가 먹을 밥을 벌었다. 자신이 겪는 불편을 작게 여기고 삶의 본질을 본능적으로 우선하기에 가능한 선택이다.

복지국가를 향해 성큼성큼 나아가고 있지만 아직은 그 효용이 닿지 않는 사회관계망의 '윗목'에 '아랫목'의 온기를 전하는 소영 씨의 선택은 아이 돌봄에서 그치지 않았다. 이재용 감독은 또 하나의 〈죽여주는 여자〉 이야기를 꺼냈다. 스포일러라 상세히 말할 수 없지만 '고독'이라는, '성'이라는 것도 노인 문제의 큰 줄기인데 좀 더 본질적 맥락에서 노인들이 겪는 절박한 고민에 카메라를 들이댔다. 여러 가지 원인과 배경 속에 삶의 연장선에서 스스로 매듭을 선택하고 싶은 이들의 고통이 전해져왔고, 그 해결책으로 소영 씨를 찾고 고민을 거듭한 끝에 그 부탁을 받아들이는 소영 씨까지 모두가 남의 일처럼 느껴지지 않았다.

영화가 두 번째 〈죽여주는 여자〉를 향해 달려왔다면, 박수를 거두고 싶었을 것이다. 하지만 이재용 감독과 배우 윤여정은 두 가지 의미의 죽여주는 여자와 아이 돌보는 소영 씨까지 고루 가치를 두어 연출하고 연기했다. 그 외에도 자디잔 에피소드와 표현을 통해 어떤 훌륭한 직업과 재력의 누구보다 나잇값 하는 '어른'의 모습, 주변을 살피는 따뜻한 인간미를 지닌 '사람'을 보여줌으로써 소영 씨가 인생 허투루 살지 않았음을 확인시켰고 어떻게 사는 게 인간다운 것인가에 대한 질문을 우리에게 던진다.

윤여정이 '죽여주는 배우'라는 건 영화 〈충녀〉(1972) 이후 익히 알고 있다고 생각했는데, 〈죽여주는 여자〉를 보며 배우 윤여정의 존재 이

'죽여주는 배우' 아름다운 윤여정 ⓒ CGV아트하우스

유를 다시금 보았다. 과연 소영 씨를 어떤 배우가 이토록 차지게, 이토록 인상적으로, 이토록 아름답게 연기할 수 있을까.

배우 윤여정은 참 놀랍다. 〈죽여주는 여자〉로 끝이 아니다. 〈윤식당〉, 〈윤스테이〉 같은 예능만 계속한다 해도 대단한 배우임을 잊지 않았을 것이다. 그러나 나그네는 길에서 쉬지 않듯, 인생이라는 길을 배우로 살아가고 있는 윤여정은 70대에 다시 한번 '나는 배우다'를 절감케 했다. 영화 〈미나리〉•를 통해서다. 배우 스티븐 연(제이콥 역)과 한예리(모니카 역)의 호흡도 좋지만, 외할머니 순자 씨(윤여정 분)와 그녀를 "할머니 같지 않은 할머니"(윤여정은 정말 그렇다)라 말하는 손자 데이빗(앨런 김 분)의 어울림이 눈길을 붙든다. 통념의 할머니 모습이 아니라 연륜을 통해 인생에서 무엇이 중한지 알고 말하고 반응하는 순자 씨는 너무나 귀엽고 사랑스럽고 따뜻하다.

데이빗에 투영된 정이삭 감독의 실화로 볼 때, 감독을 키운 건 8할

• 감독 정이삭, 제작 플랜비엔터테인먼트, 수입·배급 판씨네마(주)

이 외할머니가 아니었을까 싶게 손자의 마음과 몸을 단단하고 건강하게 키워주었고 많은 영감을 심어주었다. 그런 할머니를 배우 윤여정이 실감 나게 연기했고, 감동과 공감의 박수 속에 북미 각지 영화제에서 28개의 여우조연상 트로피를 수여했으며, 2021년 제93회 아카데미 시상식에서 '한국 배우 최초'로 오스카 트로피를 거머쥐었다. 봉준호 감독이 한때 '로컬(미국 지역만의) 시상식'이라고 유머러스하게 표현했던 아카데미, 세상 제일의 영화 시상식은 아니지만 2020년 〈기생충〉으로 작품상, 각본상, 감독상, 국제영화상 4관왕을 받고 보니 배우상이 아쉬웠는데 윤여정이 1년 만에 해냈다.

배우 윤여정의 성공은 남다른 의미가 있다. 영화 〈화녀〉와 〈충녀〉 등으로 스타였던 그는 배우 생활을 중단하고 떠났던 미국에서 돌아와 드라마 〈전원일기〉의 빨래터 아낙부터 다시 시작해 73세에 세계 정상에 올랐다. 백인의 '그들만의 리그'가 좀 더 빨리 열렸다면, 지난 2023년 3월 영화 〈에브리씽 에브리웨어 올 앳 원스〉의 양자경이 여우주연상을 받기 6년 전, 〈죽여주는 여자〉의 윤여정이 아시아 최초 아카데미 주연상의 주인공이 못 됐으리라는 법도 없다.

상은 상이고. 영화 〈미나리〉 이후 윤여정은 OTT 애플TV+ 드라마 〈파친코〉 등을 통해 왕성한 활동을 보이며 세월을 비껴가는 아름다운 외모, 독특한 음색과 어조, 과장하지 않지만 깊이 있는 연기, 일상 같은 연기에 담아내는 현실감에 더해 솔직한 화법의 인터뷰까지 화제가 되며 세계를 사로잡고 있다. 정말, '죽여주는 여자' 배우다.

33 이삭줍는 사람들과 나

일상에서 예술을 '줍는' 아녜스 바르다의 그 작품

제작 2000 등급 12세 관람가
장르 다큐멘터리 국가 프랑스
감독 아녜스 바르다(Agnes Varda)
러닝타임 81분

버려진 이삭에서 인생을 줍는 사람들
버려진 것들에서 예술을 줍는 바르다
70대 어른이 담담히 들려주는 세상사

일상을 영화로, 인생을 예술로 만드는 감독들을 좋아한다. 아녜스 바르다도 그런 감독이다. 1960년을 전후해 시작된 프랑스 영화의 '새 물결' 누벨바그 기수 중 한 사람이었고 클로드 샤브롤, 프랑수아 트뤼포, 장 뤽 고다르, 에릭 로메르, 자크 리베트, 루이 말, 앙리 조르주 클루조, 르네 클레망, 자크 타티 등처럼 영화 주제와 형식에 변화를 꾀하고 더욱 개인화된 작법을 보였다.

〈이삭줍는 사람들과 나〉 포스터. 바늘 없는 시계를 주워 집안에 놓은 아녜스 바르다가 뒤로 보인다. ⓒ (주)영화사안다미로

촬영기사로 시작해 1954년 영화감독으로 데뷔했고, 사진작가나 설치예술가로도 세상과 사람에 관한 관심을 지속해서 드러냈으며, 2000년을 전후로 해서 디지털카메라 하나를 가볍게 들고 나가 다큐멘터리를 찍었다. 2015년 제68회 칸국제영화제에서 우디 앨런(2002), 클린트 이스트우드(2009), 베르나르도 베르톨루치(2011) 감독에 이어 네 번째

로 '명예 황금종려상'을 수상했다.

그렇다고 〈이삭줍는 사람들과 나〉를 소개하는 이유가 화려한 경력을 지닌 거장의 영화여서만은 아니다. 평생을 영화인으로, 예술가로 산 아네스 바르다의 작품들 가운데 특히나 70세 이후 따뜻하면서도 독립성 강한 품성의 예술인 눈으로 담아낸 다큐멘터리 영화들, 우리가 세상을 살아가면서 무엇이 중요한지 어떻게 살아야 하는지에 대해 조용하게 질문을 던지는 영화들을 좋아해서다. 젊은 작가나 감독도 우리에게 아주 중요한 인생 메시지를 전하지만, 개인적으로 삶을 충분히 겪은 어른이 담담히 들려주는 얘기를 좋아한다.

영화 〈이삭줍는 사람들과 나〉는 마치 자동기술법처럼 단어와 장면과 생각의 연상작용을 따라 촬영이 이어지고 이야기가 흐른다. 영화는 사전을 보여주며 시작한다. "이삭줍기, 추수 후에 이삭 줍는 일. 그 사람들을 이삭 줍는 사람들이라 한다. 예전에는 여자만 하던 일로 사전마다 으레 화가 밀레의 〈이삭 줍는 여인들〉이 실려 있다"는 감독의 내레이션과 함께. 이삭은 추수 과정에서 떨어진 곡물이나 과일, 채소 따위다. 그 다음 장면은 프랑스 파리 오르세미술관에서 그림 〈이삭 줍는 여인들〉의 원화와 함께 그림을 관람하는 사람들을 보여준다. 그리고 다시 바르다의 카메라는 들판으로 나가 사람들의 추억 속 이삭줍기에 관한 역사와 일화를 듣는다. 그다음엔 랩 음악과 함께 오늘날, 들판이 아닌 파장한 장터나 쓰레기통을 뒤지는 사람들이 나온다.

이런 식으로 장소를 이동하며 새로운 사람들을 만나는 바르다의 카메라는 끝없이 움직이면서 화가 쥘 브레통의 〈들판에서, 저녁〉과 에드몽 에두앙의 그림 〈상보두앙의 이삭 줍는 사람들〉을 우리에게로 데려오기도 하고, 추수 후 사과와 포도가 달린 밭을 이웃에게 열어주거나 강풍 후 양식장 곁의 굴 채취를 허락하는 선한 주인들을 소개하기도 하고, 썩어 문드러질지언정 '줍기'를 금하는 주인들의 밭도 보여주고, 규격에 맞

자본주의 사회에서
감자가 버려지는 이유
ⓒ (주)영화사안다미로

지 않아 버려지는 어마어마한 양의 감자와 그것들을 줍는 사람들을 따라가 그들의 이력을 듣기도 한다.

생물학 석사까지 따고도 멀쩡한데 버려지는 채소와 빵을 주워 먹고 쉼터에서 살며 문맹의 이웃에게 글을 가르치는 사람, 구직 상태에서 취업을 기다리며 무료급식센터를 돕기 위해 버려지는 감자를 줍는 남자, 쉼터에서 살고 있으니 무료급식을 위해 줍는 게 당연하다며 함께 나선 미혼모를 만날 수 있다. 직업도 있고 사회보장증도 있지만, 쓰레기통을 뒤져 유통기한은 지났으나 식용기간이 남은 음식물로 8년째 식사를 해결하고 있다는 청년은 과소비와 음식물 쓰레기가 부르는 자연환경 파괴에 대해 목소리를 높인다. 폐기물들을 주워 예술작품으로 만들어 버려진 물건에 '두 번째 삶'을 주는 사람들도 등장한다. 감독 역시 촬영하다가 길거리에서 주워온 물건들로 집안을 근사하게 꾸민다.

굳이 영화의 주제를 생각지 않아도 바르다의 카메라에 나를 실어 세상을 두루 보는 것만으로도 〈이삭줍는 사람들과 나〉는 너무나 재미있다. 일부러 생각지 않았는데 저절로 여러 가지 삶에 관한 질문을 받고 답을 생각하는 나를 발견한다. 고급 와인을 위해 제대로 익지 못한 포도나 상급이 아닌 포도가 버려지는 일, 레스토랑의 품격에 걸맞게 유통기한이 하루라도 지났거나 얼마 남지 않은 음식들을 버리는 일은 소비자 관점에서 생각하면 반길 일이 된 지 오래다.

적정한 공급과 유통을 통해 적정한 가격을 형성하기 위해 남은 물량을 폐기 처분하는 이들을 탓할 근거는 자본주의 경제에 없다. 문제는 그 자체에 있지 않다. 누군가에게는 버려진 채소와 과일, 제품이 오늘을 굶지 않아도 되는 충분한 식재료가 될 수 있다는 것, 과잉과 결핍이 공존하는 데 가슴 아파하면서도 버려지는 현실이 안타까운 것이다.

오랜 시간 비바람과 따가운 햇볕 속에 채소로서 과일로서 위용을 갖춰도 인간의 필요에 의해 생산했으면서 또 다른 필요에 의해 용도폐기하는 인간의 이기심. 곡식과 육류, 채소와 과일, 하물며 가공제품을 기왕 인간의 배를 채우기 위해 기르고 만들었다면 그 존재 의의는 다하도록 해야 한다는 것에 생각이 미친다. 자연스럽게 나는 과하게 사서 부주의하게 버리고 있는 건 아닌지, 지구 다른 곳의 누군가는 배를 곯을 때 나는 멀쩡하게 먹을 만한 것을 버리고 있는 건 아닌지 생각하게 한다.

영화의 원제는 〈이삭줍는 사람들과 이삭줍는 여자〉이다. '이삭줍는 여자'는 이삭줍기가 여성 전담이었던 못난 과거를 상기시킨다기보다는 바르다 자신을 말하는 것으로 읽힌다. 아네스 바르다가 촬영 대상인 사람들과 똑같이 밭에서 이삭을 줍고 쓰레기통과 장바닥을 뒤지진 않지만, 편집된 영상과 그 내용을 보면 촬영 방식 자체가 이삭을 줍는 행위라고 할 만하다. 먼저 세상이 알곡만 챙기고 거둘 때, 바르다 감독은 바닥에 떨어져 버려지기 십상인 사회 구성원들을 카메라에 담는다. 그들의 얘기를 세상에 전한다. 또, 촬영 역시 버릴 데 없이, 폐기물이 최대한 생기지 않게 검소하고 알뜰하게 딱 필요한 만큼만 찍는다. 흔히 말하는 세상의 낙오자나 소외된 사람이 버려지지 않게 세상의 중심으로 불러내고, 하물며 디지털 방식으로 촬영하기에 지우고 버리기 쉬움에도 기왕에 태어나고 만들어진 것은 함부로 제외되지 않도록 미리 마음을 써서

버려진 것에서 '사랑'을 줍다.
© (주)영화사안다미로

찍은 게 보인다. 감동을 주는 작업방식이고 존경심이 절로 인다.

영화 내용으로 감동을 주는 감독은 꽤 있지만, 작업에 임하는 태도와 방식으로 존경을 사는 감독은 많지 않고, 있다 해도 작품에서 확인되는 감독은 드물다. 그런 귀한 감독이 지금은 세상에 없다. 2019년, 향년 90으로 생을 마감했다. 영화 〈이삭줍는 사람들과 나〉에서 아네스 바르다는 자신의 손을 수차례 보여준다. 그중 한 번엔 세어가는 머리카락과 손을 비추며 "내 머리와 손이 끝이 가까워졌음을 일깨운다"고 말한다. 그리고 정말 끝을 맞이했다.

사람 아네스 바르다는 갔을지 모르지만, 감독 아네스 바르다는 영원하다. 우리가 잊지 않고 그의 작품을 계속해서 보고 생각을 나누어 가진다면 말이다. 아네스 바르다는 버려지지 않았다. 많은 이가 '아네스 바르다 줍기'를 하고 있다. 우리에게도 각자 용도 폐기되지 않는 방법, 세상으로부터 버려지지 않는 방법이 있다. 고민해볼 일이다. 그전에 타인과 타자부터 쉽게 폐기하지 않는 건 어떨까.

34 씨받이

〈씨받이〉는 야하지 않다 필녀-옥녀의 슬픈 역사

개봉 1987 등급 청소년 관람불가
장르 드라마 국가 한국 감독 임권택
러닝타임 94분

임권택 감독, 대리모-남아선호 근원 탐색
죽은 자가 우대받던 시대, 산 자들의 희생
배우 김형자, 고(故) 강수연 '모녀 씨받이' 열연

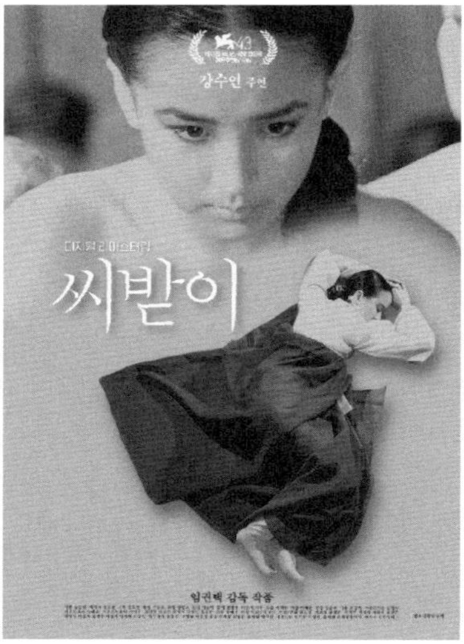

〈씨받이〉 포스터 © NAVER 영화 포토

1980년대 국민 우민화 정책의 하나로 섹스·스포츠·스크린의 영어 앞 글자를 딴 3S 정책이 횡행했다. 흔히 독재정권이 대중의 관심을 정치 외로 돌리기 위해 쓰는 방법이다. 당시 섹스와 스크린이 만난 지점에서 '에로영화'라 불리는 소위 '벗는 영화'들이 다수 만들어지고 개봉했다. 그 가운데는 선정적 포스터를 앞세우고 영화에 다소 노출 장면이 포함돼 있기는 하는 소설을 원작으로 한 문예적 영화도 있고, 사회적 메시지가 강한 작품도 있었다.

임권택 감독의 〈씨받이〉 역시 시대 분위기와 맞물려 작품 속에는 있지도 않은 주연배우 강수연의 농염한 자태들이 포스터로 제작되고 길거리에서 나눠주는 홍보카드(뒷면은 지하철 노선도, 앞면은 영화 사진)에 쓰이면서, TV나 신문 등 매체에서 짤막하게 소개될 때도 일부 신체 노출 장면이 과장되게 선정적으로 포장되어 대중의 뇌리에는 일명 '야한 영화'로 인상이 굳어졌다.

하지만 실제로 영화를 보면, 심각한 신체 노출도 적나라한 성교 장면도 없다. 그것에 초점이 맞춰져 있지도 않다. 영화는 후손이 없는 양반가에서 쥐도 새도 모르게 씨받이(대리모)를 들여 대를 잇는 이야기를 소재로 한다. 임권택 감독의 눈과 마음이라 할 카메라는 주인공 옥녀(강수연 분)와 그의 엄마 필녀(김형자 분)의 아픔, 대를 이어 씨받이가 되며 겪는 고통과 모성을 깊이 비춘다. 임권택 감독의 주제의식은 여기서 멈추지 않는다. 씨받이가 필요했던 이유의 근원에 대해 사회적으로 고찰한다. 그 시대적 근원이 무엇인지 영화 이야기를 풀어가면서 가닿아볼까.

조선 시대를 배경으로 한 영화는 한 여인이 옷을 벗는 것으로 시작한다. 전혀 매혹적으로 벗지 않는다. 이유는 곧 드러난다. 나이 스물여덟, 결혼한 지 12년이 되었고 온갖 방도를 써보았건만 수태하지 못한 종가 맏며느리 윤 씨(방희 분)가 임신을 위해, 그것도 아들을 낳는 데 도움이 된다는 처방을 수행하기 위한 탈의였기 때문이다. 합방 전에 200~300번 배꼽에 쑥뜸을 떠야 한다는 지엄한 시할머니의 명, 문중의 기대 속에 윤 씨 부인은 괴로워하지만 거부하지 못한다.

장면은 거창한 문중 제사 의식으로 이어진다. 수십 명의 문중 남자들이 다 함께 제를 올리고 끝으로 여인들이 절을 올린다. 영화 〈씨받이〉에서는 남자들이 모이면 공자를 섬기고 유학을 공부한 유생으로서 무엇이 인간의 도리이고 무엇이 가장 중요한가를 계속해서 얘기한다. 인간이 죽으면 혼이 어디로 가는가에 대해 담론하기도 한다.

간추리면, 사람이 죽었을 때 지붕 위에 올라가 입었던 상의를 흔들며 이름을 세 번 부르는 것은 육신을 두고 떠나는 혼을 다시 불러들이는 것이고, 따라서 초상·소상·대상을 지내는 동안엔 영혼이 집에 머무는 것이고, 그렇게 되면 육신은 묘에 있되 영혼은 후손 곁에 있는 것이고,

4대조를 모셔 제를 지내니 후손 4대가 가도록 영혼이 문중에 머무는 것이고, 4대가 지나면 5대조 이상 조상의 영혼은 묘로 돌아가 육신과 하나 되는 것이다. 그러하니, 4대 동안 곁에 머무는 조상께 계속해서 제를 올리는 것이 당연하고, 5대조 이상은 묘에 계시니 선산에서의 제 또한 소홀히 할 수 없다는 결론이다. 임권택 감독은 이에 대해 영화 도입부에 '죽은 자가 산 자보다 우대받던 시대'라고 명시했다.

살아있는 사람보다 죽은 사람이 우대받는 시대에서, 제를 올리는 주체가 남자인 사회에서, 한 달에 세 번씩 제를 올리는 신가네 종가에서 종손인 신상규(이구순 분)에게 아들이 없다는 것은 얼마나 절체절명의 사건인가. 상규는 부모를 일찍 여의었다. 할머니(한은진 분)와 숙부 신치호(윤양하 분)는 애가 끓는다. 종손이던 신치호의 형은 자식이라고는 상규 하나를 두고 세상을 떠났는데, 그나마 대를 이어 제를 올릴 수 있는 아들이어서 천만다행인데, 그 종손인 상규에게 후손이 없다.

신치호는 상규의 할머니이자 자신의 어머니께 고한다. "제 아들을 형님댁에 양아들로 보내 종가의 대를 잇고자 해도 저 또한 아들이 하나라, 제 집의 제를 모실 아들이라 양자로 보낼 수도 없으니, 절손하며 종가가 문을 닫기 전에 씨받이를 들여 아들을 보아야 한다"는 내용이다. "씨받이는 천것 아니냐"는 어머니의 반응에 '양반의 씨'도 있다고 안심시킨다. 씨받이로 가서 딸을 낳으면 양반집에서 '(제사를 모시는 일에) 쓸모없다'며 내치니 적어도 아버지는 양반이라는 얘기다. 아내와 금슬 좋은 상규가 씨받이를 내켜하지 않자 숙부는 "인간이 대를 이어 조상께 제사함은 그 근본에 보답하려 함인데 어찌 이리 불효막심한고"라며 크게 꾸중한다.

사실 사람이 대를 잇는다는 것을 생각하면 엄마가 자식을 낳고, 그 가운데 딸이 또 자식을 낳고, 또 낳으면 대대손손 이어진다. 그런데 유학이 절대적 종교처럼 유교로 자리 잡고 이를 추앙하는 유림이 조선사회의 주축인 상황에서, 인간의 도리-효-제사가 한 몸인 세상에서, 대를 잇는다는 것은 세대 재생산과는 완전히 다른 의미를 지닌다. 제를 올릴 수 있는 남자가 있어야 부모에 대한 효를 다하고 조상에 대한 보답을 아는 인간의 도리를 다하는 것이라는 사회적 함의 아래, 남자는 쓸모 있는 존재라는 인식이 굳어지고 '남아선호사상'으로 뿌리내렸다.

그러한 세상에서는 후손이 없는 것보다 아들을 낳지 못하는 것이 칠거지악에 드는 죄인 것이고, 그 죄는 아기씨를 가지고 있는 상규에게는 묻지 않고 아기집을 지닌 윤 씨에게로 몰린다. 아직 기회가 있는 스물여덟의 나이가 중요한 것이 아니라 12년 동안 수태하지 못한 게 윤 씨 부인의 죄다. 해서, 윤 씨 부인은 씨받이 들이는 일에 반대할 수 없고, 되레 나서서 돕다 못해 남편과 옥녀의 합방을 방문 밖에서 눈물과 함께 지켜야 하고, 옥녀의 임신과 출산에 맞춰 거짓 임부와 산모 노릇을 해야 한다.

윤 씨 부인만 힘든가. 엄마 필녀와 딸 옥녀 얘기를 해보자. 얼굴 곱고 심성 고운 필녀는 가난이 힘겨워 씨받이가 되었다. 혼자 잘살자는 일이었으랴, 온 가족을 위한 희생이었을 것이다. 아들을 낳았고, 삼칠일(21일) 만에 그 집을 떠나야 했다. 모든 걸 잊고 아들 낳아 주고받은 '허우채'

대를 이은 씨받이.
옥녀의 엄마 필녀 역의 배우 김형자
ⓒ DAUM 영화 포토

로 먹고살면 되지, 쉽게 말할 수 있을까. 열 달 배 속에서 키워 죽을힘 다해 낳은 내 아이를 볼 수 없는 고통, 먼발치서라도 얼굴 한 번 보면 살겠는 열망을 무엇에 비교하랴. 참았다. 6년을 참았다. 죽도록 보고 싶어 찾아가 골목 한켠에서 한 번 품에 안아본 대가는 평생 허리가 부러지는 고통을 남긴 곤장, 그리고 고향인 충북 보은 땅에서 쫓겨나는 일이었다. 씨받이들이 모여 산다는 깊은 산골 옥문골로 와 또다시 씨받이가 되어 딸을 낳았다. 딸이라 내주지 않고 딸과 함께 옥문골에서 살았다.

딸 낳았다는 소문에 씨받이 일을 주는 이도 없어 나물죽 끓여 먹고 소나무 껍질 벗겨 피죽 끓여 먹으며 사는데, 그래도 씩씩한 딸 덕에 웃으며 살고 있는데, 옥문골 촌장댁에서 옥녀를 부른다. 무슨 일이 있어도, 입에 풀칠만 해도 '가슴에 꽝 꽝 대못 박힌, 여전히 생생하게 쑤시는 상처 남긴' 씨받이 일을 내 딸에게만은 시키지 않으려고 아픈 허리 부여잡고 화전 갈며 살아왔는데, 옥녀가 의뢰인(신치호)에게 간택이 된 것이다. 아들 낳는 '유자상', 아들 못 낳는 '무자상' 기준에서 옥녀는 딱 유자상이란다. "논 10마지기면 팔자 고치는 일"이라며 "엄마 허리 아픈데 이제 누가 나물 캐고 소나무 껍질 벗기고 송아지 꼴 주냐"며 희망과 걱정을 안고 옥녀는 떠난다.

사람 일은 장담할 수 없는 법. 두렵고 무서웠지만 열일곱 옥녀는 첫사랑을 한다. 군자로서 께름칙했던 상규지만 예의와 법도를 내려놓은 옥녀에게 욕망과 애정을 느낀다. 불같은 사랑은 잉태로 이어지고, 옥녀는 엄마 필녀를 '산(産) 구완'으로 청한다. 엄마 필녀는 옥녀와 상규의 선을 넘은 관계에 기겁한다. 집 떠날 때 분명히 "풀포기 하나, 돌멩이 하나에도 정 주지 말라" 당부했건만 상규에게 깊은 정을 주고 있지 않은가. 영원하지 못할 관계임을 익히 알고, 그 정이 아이에게로 이어질 것을 알기에 딸이 받을 상처가 미리 아픈 것이다.

자식 이기는 부모 없다고 필녀는 수시로 찾아드는 상규의 신발을 감추다 발각되기에 이르고, 아픈 허리에 다시금 곤장을 맞는다. 그들 기준에 귀한 종손, 그들 기준에 천한 상것이기는 하나 아들일지 모르는 아기를 가진 임부 대신 필녀에게 벌을 내린 것이다. 어느덧 산달에 이르러 옥녀는 출산하게 되는데, 죽을 고비를 넘기며 아기를 낳는 옥녀의 모습에 상규도 눈물을 흘린다. 아기를 갖고 배 속에서 키우도록 누구 눈에 들켜 구설에 오를까 싶어 옥녀를 방안에 감금하다시피 했던 양반 그들인데, 옥녀를 아끼는 상규를 두고 볼 리 없다. 무엇보다 원하는 아들을 얻었잖은가. 몸조리할 새도 없이 출산 당일, 외딴 산촌에 붙은 논문서라며 죽은 듯 숨어 살라는 당부와 함께 방출한다.

〈씨받이〉 포스터. 씨받이 옥녀 역의 배우 강수연은 제43회 베니스국제영화제에서 여우주연상을 받았다. ⓒ DAUM 영화 포토

"논문서고 뭐고 다 필요 없으니 내 아이 내놓으라"는 옥녀의 울부짖음. 열일곱에 뭣 모르고 씨받이로 만나 첫사랑에 빠졌던 철없는 옥녀는 온데간데없고, 임신과 출산의 시간 속에서 어미가 된 모습이다. 올 때 그랬던 것처럼 보는 눈 없는 야밤에 가마를 바꿔 타며 쫓겨나는 옥녀 모녀. 옥녀가 집을 떠나기 전 필녀가 했던 말, "우리가 사람이냐. 사람 대우를 받아야 사람이지". 내 품에서 키우지 못할 아기를 낳는 일, 양반들에게 목숨보다 귀한 아들을 낳아주고도 쫓겨나는 딸. 딸의 마음을 그 누구보다 잘 알기에 달래고 쓰다듬는 엄마의 손길.

영화는 충격적으로 끝을 맺는다. 순한 필녀가 6년을 참았다면, 옥녀는 1년 만에 아들이 사는 그 마을로 돌아온다. 엄마보다 뜨거운 피를 지닌 옥녀는 제 모든 것을 걸고 자식에 대한 사랑, 연인을 향한 그리움을 하늘에 건다. 그 아픔이 전해와 눈물을 참기 힘든 결말이다.

지금은 시대가 많이 달라졌지만, 영화가 제작된 20세기 후반(1986년)만 해도 잔재가 여전했던 남아선호사상. 임권택 감독은 그 뿌리를 찾아 우리 눈앞에 선명히 보여줌으로써 그 뿌리를 흔들었다. '죽은 자가 우대받던 시대 ← 제사를 모시는 남자 ← 남아선호사상 ← 씨받이'. 임권택 감독은 여성을 사람으로 대하는 게 아니라 아기 낳는 도구처럼 취급하는 씨받이를 들여서까지 '아들'을 낳으려 했던 비뚤어진 열망의 근원을 '죽은 자가 우대받던 시대'에서 찾고 있다.

아들을 낳지 못해 제사를 모시지 못하면, 대를 이어 제를 올릴 수 없으면, 가문의 대가 끊기는 것이요 종가를 닫는 것이요 인간의 도리를 못 하는 것으로 생각했던 시대가 있었다. 2023년 오늘, 단 한 명이라도 그 어둠의 시대에 살고 있지 않기를 바란다.

이제는 고인이 된 배우 강수연의 앳된 모습과 열연, 배우 김형자의 담담해서 더 깊은 연기를 되새겨보는 즐거움도 영화 〈씨받이〉의 톡톡한 재미다.

❸❺ 고독한 영혼

20세기 할리우드 최고 배우의 '고독한 영혼'

제작 1950 등급 15세 관람가
장르 드라마/누아르/미스터리/로맨스/멜로
국가 미국 감독 니콜라스 레이(Nicholas Ray)
러닝타임 94분

'마초' 험프리 보가트 주연작
알리바이 없이 살인 용의자 된 작가
"그녀와 키스했을 때 나는 태어났다"

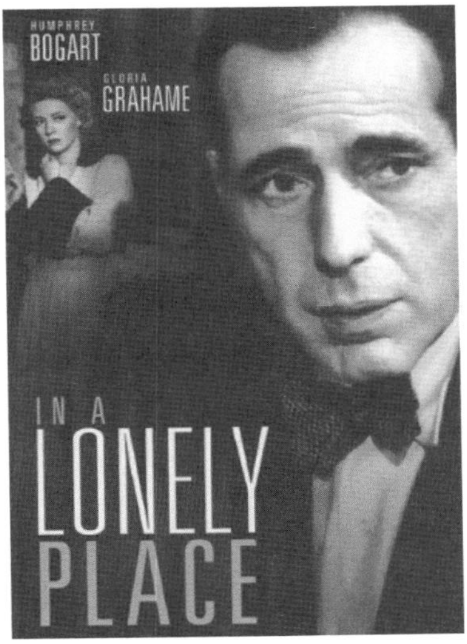

〈고독한 영혼〉 포스터 ⓒ NAVER 영화 포토

1999년, 한때는 지구가 멸망하리라고 예언됐던 연도다. 새로운 천년인 뉴밀레니엄(2001~3000)은 분명히 2001년에 시작됨에도 1년 뒤면 앞자리가 '2'로 바뀌어선지, 1999년은 세기말 기운이 역력했다. 컴퓨터가 2000년의 연도를 '00'으로 인식하면서 벌어질 Y2K 문제, 밀레니엄 버그에 관한 우려도 세기말 분위기를 고조시켰다.

뭔가 20세기를 정리하고 새로운 세기를 맞이해야 할 것 같았던 그때, 미국영화협회가 20세기 할리우드 최고의 배우 남녀 각 25인을 발표했다. 남자 배우 25인의 면면을 보면 캐리 그랜트, 그레고리 펙, 말론 브란도, 클라크 게이블, 프레드 아스테아, 찰리 채플린, 헨리 폰다, 개리 쿠퍼, 존 웨인, 진 켈리, 제임스 딘, 버트 랭카스터, 버스터 키튼, 로렌스 올리비에 등 대배우들이 포함됐다. 1980년대 이후 활약한 젊은 배우들이 없어 아쉬움을 낳기도 했지만, 21세기에도 이름을 빛낼 그들의 미래를 응원한 것으로 생각하고 싶다.

대망의 1위는 험프리 보가트였다. 온화한 신사의 대명사 캐리 그랜트가 2위인 것에 비춰보면 20세기 남자의 전형이라 할 만한, 마초이면서 미워할 수 없는 매력을 지닌 '나쁜 남자' 이미지에 적격인 데다 출중한 연기력 덕분이다.

영화 〈고독한 영혼〉에서 험프리 보가트가 연기한 잘나가는 할리우드 시나리오작가 딕슨 스틸을 봐도 그렇다. 딕슨에게는 친구가 없다. 말재간은 넘치나 재미는 없는 냉소적 유머로 다른 사람 마음을 상하게 하는 건 일상, 휴대전화도 없는 1950년인데 전화기가 울려도 받지 않기 일쑤, 화가 나면 분노를 조절하지 못하고 상대가 누구든 주먹이 앞선다. 유일하게 그의 곁에 있는 사람이 있으니 에이전트 멜(아트 스미스 분)이다. 20년간 딕슨의 괴팍한 성격에 맞추고 달래며 함께 일해왔다. 누구보다 분석적이고 글을 잘 쓰고, 속마음이 비열하지 않고 거짓과 속임, 무례에 흥분하는 정의감이 있다는 걸 알기 때문이다. 문제는 딕슨이 너무 똑똑해서 상대의 거짓과 속마음을 너무 금세 알아챈다는 것인데, 가는 곳마다 주먹다짐 일보 직전이다.

강렬하면서도 텅빈 고독을 지닌 험프리 보가트
ⓒ DAUM 영화 포토

그날도 멜은 유명 흥행감독이 물품보관소에 맡긴 소설책을 평가해 달라고 딕슨에게 재촉한다. 딕슨이 괜찮다고 하면, 시나리오 작업을 맡길 요량이다. 하지만 딕슨은 읽기가 싫다. 승강이가 벌어질 그때, 보관소 여자 직원 밀드레드 액킨슨(마샤 스트워트 분)이 몇 페이지 남지 않았으니 책을 마저 읽고 딕슨에게 주면 안 되겠냐며 부탁해온다. 순간 아이디어가 떠오른 딕슨은 밀드레드에게 자신의 집에 가서 책 얘기를 해달라고 한다. 유명 작가에게 책 이야기 들려준 경험을 함께 사는 고모에게 자랑할 생각에 들뜬 밀드레드, 남자친구와의 데이트 약속을 미루고 딕슨의 집으로 향한다.

집에 도착한 후 30분가량의 시간 동안 딕슨이 보이는 행동, 그에 반응하고 대처하는 밀드레드의 행동에 험프리 보가트의 지배적 이미지가 잘 활용된다. "난 원래 일은 집에서 한다"는 딕슨의 말에 따라 집으로 오긴 했지만, 여자는 코트조차 벗지 않고 자리에 앉지 않으며 경계를 늦추지 않는다. 딕슨은 일 외에는 관심 없다는 듯 말하면서도 잠옷 가운으로 갈아입는다. 신발을 벗어 던지고 재킷을 벗어 던지자… 밀드레드는 긴장한다.

딕슨은 "난 원래 일할 땐 편하게 입는다"고 말한다. 밀드레드가 그 말을 믿고 안심하기 무섭게 딕슨은 술을 권한다. 원래 술을 마시지 않는다는 여자지만, 이내 여자를 안심시키는 딕슨의 형언하기 힘든 화술과 무덤덤한 행동에 코트를 벗고 '레몬을 넣은 진저에일'을 청한다. 남자는 같은 공간을 벗어나 방으로 들어간다. 그러나 그뿐이다. 여기서도 들리니 소설의 스토리를 계속 얘기하라고 한다. 여자는 되레 조금이라도 방쪽으로 다가가 열심히 스토리를 전한다. 이야기가 끝나자 남자는 여자를 내쫓듯 집에 가라고 한다. 택시비를 넉넉하게 주기는 하되 택시를 불러주지도 승강장까지 데려다주지도 않는다. 그러곤 잠에 빠져든다.

뭔가 일을 벌일 듯, 여자를 유혹할 듯 조마조마 지켜보게 하는 건

배우 험프리 보가트,
마샤 스트워트, 글로리아
그레이험(왼쪽부터)
ⓒ DAUM 영화 포토

험프리 보가트가 지닌 마초 이미지 때문이다. 우려와 달리 여자를 그냥 보내고, 집 밖 배웅조차 하지 않는 비신사적 행동에서 도리어 안도와 인간적 매력을 느끼게 하는 것도 배우 험프리 보가트가 지닌 힘이다.

그런 '밀당'의 순간 뒤에 니콜라스 레이 감독은 살인사건이라는 충격파를 안긴다. 자정 즈음 왔다가 30분 만에 집을 떠난 밀드레드가 새벽 1~2시 사이에 죽임을 당했다. 제1 용의자로 몰리는 딕슨. 제2 용의자는 밀드레드의 애인 헨리 켄슬러(잭 레이놀즈 분). 헨리에겐 한밤중에 파이를 가져다줬다는 어머니, 코 고는 소리를 들었다는 아버지가 있지만 혼자 사는 딕슨은 곤경에 빠진다.

이때 얼마 전 이사 온, 마당 건너 한 울타리에 사는 로렐 그레이(글로리아 그레이험 분)가 목격자이자 딕슨의 알리바이가 되어준다. 함께 들어갔고, 여자 혼자 나왔다고 증언한다. 어떻게 그리 유심히 지켜보았느냐는 로츠너 경감(칼 벤톤 레이드 분)의 질문에 로렐은 "그의 얼굴이 좋아서"라고 답한다.

대담하고도 솔직한 로렐의 말에 딕슨은 살인사건 용의자로 조사받는 중임에도 한눈에 반한다. "어떻게 나 같은 얼굴을 보고 좋다고 하느냐"며 시니컬하게 말하면서도, 누군지도 모르면서 "나는 내 인생의 여자를 기다려왔다. 이제 만났다"며 무섭게 빠져드는 딕슨.

배우를 지망하지만, 소설과 시나리오 분석에 더 큰 재능을 보이는 로렐은 딕슨의 재능에 빠져든다. 역시나 험프리 보가트의 거친 매력이 있기에 고개가 끄덕여지는, 글로리아 그레이엄의 아름다우면서도 비밀스러운 묘한 깊이가 더해져 가능했던 '갑자기 시작된 사랑'이다.

불같은 사랑이 시작된 후 딕슨은 로렐이 좋다고 한 소설을 잠도 자지 않고 불같은 속도로 시나리오를 만들어나간다. 딕슨이 쓴 소설을 로렐 역시 밤새 타이핑한다. 주위의 걱정과 만류에도 더없이 행복해하는 두 연인. 정말이지 꿀 떨어지는 나날을 보낸다.

> *"그녀와 키스했을 때 나는 태어났다. 그녀가 떠났을 때 나는 죽었다. 그녀와 함께한 몇 주 동안 나는 산 것이다."*

딕슨이 시나리오의 어디엔가 넣고 싶어 한 문장이다. 글은 예언의 마력을 부린다. 자신에게는 너무나 잘하는 연인이지만, 몇몇 타인에겐 예고도 없이 폭력적인 딕슨의 괴팍함. 내게 오는 피해가 아니라고 눈감는 게 맞을까. 정말 내게 올 일이 없을까. 불안은 두려움을 부르고, 두려움은 믿음을 흔든다. 믿음이 불신이 되는 순간 두려움은 공포가 되고, 한 순간도 함께할 수 없는 끔찍한 타인이 된다.

나와 키스했을 때 그제야 세상에 사람으로 태어났다는 표현, 이보다 낭만적 고백이 있을까. 좋을 땐 첫 문장이 크게 들린다. 아니 세 번째 문장까지 들어도 "너 없으면 살 수 없다"는 표현에, 그것도 거친 마초남이 건네는 진심에 여자는 자꾸만 현실을 외면하고 자신에게 집중하는 그 남자만 바라봤을 것이다. 하지만 세상에서 섬이 되는 관계는 결코 아름다울 수도 없고, 오래가기도 어렵다.

모든 부메랑은 자신에게로 돌아온다. 딕슨이 던진 부메랑이 길 가던 사람을 해하고, 20년간 자신의 곁을 지켜준 친구이자 에이전시인 멜을 다치게 하고, '내 인생의 여자'를 아프게 하고 끝나는 일은 없다. 가장 큰 상처는 자신에게 남긴다.

돌이킬 수 없는 상처를 입은 딕슨, 달라질 수 있을까. 남도, 사랑하는 사람도, 자신도 해치지 않는 따뜻한 사람이 될 수 있을까. 아니면 운명의 사랑을 잃고 영원히 '고독한 영혼'으로 돌아갈까. 둘이어도 혼자여도 고독한 건 마찬가지라면 그래도 둘인 게 낫지 싶은데, 딕슨 스틸의 곁에는 자신의 그림자 외엔 보이지 않는다.

36 아비정전

장국영, 그를 보낸 지 20년

개봉 1990 등급 15세 관람가
장르 드라마/로맨스/멜로
국가 홍콩 감독 왕가위(Wong KarWai)
러닝타임 94분

첫 장면부터 마음을 뺏기는 영화
장국영, '마리아 엘레나' 맞춰 맘보춤
'다리 없는 새', 쉴 수 없는 슬픈 숙명

홍콩 감독 왕가위의 영화 6편이 '리마스터링'되면서 좀 더 밝은 화면과 또렷한 음질로 만나게 됐다. 〈중경삼림〉, 〈화양연화〉, 〈해피 투게더〉, 〈타락천사〉, 〈2046〉, 〈동사서독〉에 디지털 기술의 빛이 드리웠다.

〈아비정전〉 포스터 ⓒ NAVER 영화 포토

어떤 영화가 좋을지 고심하던 마음은 엉뚱한 곳으로 내달렸다, 〈아비정전〉을 향해. 아마도 만우절이 얼마 전에 지난 영향이 클 것이다. 잊을 수가 없다, 2003년 4월 1일. 배우 장국영이 사망했단다. 해마다 즐기는 만우절 농담이 지나치다고 생각했다. 진짜란다. 최고의 만우절 농담이길 바랐지만, 뉴스가 사실임을 확인해주고 있었다.

시대가 바뀌어 더 재미있는 일들이 많아지면서 깜찍한 거짓말로 주변 사람들을 깜짝 놀라게 하던 만우절이 빛을 잃었는지도 모르겠다. 개인적으로 2003년 4월 1일 이후 더는 만우절 농담을 즐기고 싶지 않다.

장국영의 투신 사망을 넘어서는, '믿고 싶지 않은 이야기'를 더는 만우절에 듣고 싶지 않으니까. 어떠한 이유로도 극단적 선택을 미화해서도 옹호해서도 안 된다. 남겨진 자가 할 수 있는 일이라곤 30년 전 영화를 다시 보는 것이고, 떠난 자는 우리의 그리움과 자신의 가치를 그곳에선 알지 못한다.

첫 장면부터 마음을 뺏긴다. 처음 본 영화처럼, 마치 아비(장국영 분)를 처음 본 것처럼. 수리진(장만옥)이 일하는 축구경기장 매점의 벽시계가 내는 초침 소리가 심장을 울린다. 한 발 두 발 아비가 내게 다가와 말을 걸 것만 같다. "사실 그쪽 이름을 알아요", "그냥 친해지고 싶어서 그래요". 그리고 마법처럼 수리진이 되어 아비의 손목시계를 그와 함께 지켜볼 것이다. 1960년 4월 16일 오후 3시가 3시 1분으로 바뀔 때까지의 1분을, 숨도 쉬지 못하고. 아비의 숨결이 스치는 수리진의 귓전, 닿을 듯 미끄러지는 서로의 콧날이 시선을 붙든다.

왕가위 감독은 여자의 마음을 사로잡는 장면을 얄미울 정도로 '매혹적으로' 연출할 줄 안다. 손님과 매점 직원으로 선을 긋고 밀어내는 수리진에게는 나비처럼 날아 벌처럼 쏘듯, 무심하게 병콜라만 반복해 사다가 부지불식간에 '1분'의 시간을 함께하는 방법으로 마음을 훔쳤다. 수리진은 순간인 줄 알았던 그 1분을 잊지 못하고, 그리워하고 오래도록 괴로워했다. 어느 배우가 했어도 설렐 장면이지만, 불세출의 장국영이 시간을 멈추니 보는 이의 심장마저 멈춘다.

순간과 순간의 연속으로만 사람과 관계 맺을 뿐 결혼 같은 지속적 미래를 생각지 않는 아비에게 상처받은 수리진이 떠난 뒤, 루루(유가령 분)를 단숨에 압도하는 아비의 방식은 혀를 내두를 정도다. 부자 어머니, 자신을 길러준 양어머니의 돈을 노리고 만나는 연하 애인을 찾아 나이트클럽 분장실에 간 아비. 어머니의 귀걸이를 훔친 녀석을 흠씬 패고 다시는 얼쩡거리지 말라고 엄포 놓을 때 곁에 여자가 있다.

아비가 놓고 간 귀걸이를 자신의 가방에 넣는 댄서, 다시 돌아와 귀걸이를 찾는 아비. 남자와 똑같은 꼴을 당할까 벌벌 떠는 루루에게서 귀걸이를 빼앗아가는 아비. 다시 돌아보며 귀걸이가 맘에 드느냐고 묻는다. 그렇다는 여자에게 귀걸이를 던지는데, 받아보니 한쪽뿐이다. 다른 쪽을 받고 싶다면, 집으로 가자는 아비. 애초 일부러 귀걸이를 흘리고 간 것이다. 다른 배우가 연기했다면 양아치 같은 행태에 루루가 따라나서는 데 동의할 수 없겠지만, 장국영이 하니 보는 이의 마음도 훔친다.

이처럼 아비의 연애는 시작은 달콤하지만, 과정은 일방적이고, 결말은 처참하다. 기억나지도 않는, 태어나자마자 버림받은 과거에 머물러 있는 그가 현재에 누구와 진정한 사랑을 나눌 수 있겠는가. 늘 등만 보이는 아비에게 지쳐 "다시는 오지 않겠다"며 떠난 수리진, 차가운 선언도 잠시 아비의 집을 맴돌지만 이미 그곳엔 루루가 있다. 루루는 자신이 수리진보다 강하고 영리하다고 생각하지만, 사랑하면 바보가 되는 법. 어떻게든 헤어지지 않기 위해 애를 쓰지만, 아비는 친어머니를 찾아 필리핀으로 떠나고, 루루는 그런 아비를 찾아 필리핀 차이나타운을 향한다.

수리진과 루루만이 아니다. 〈아비정전〉의 주인공들은 누구랄 것 없이 외롭고, 자신에게 얼굴을 보여주지 않는 사람의 등만 바라본다. 아비의 집 주변을 배회하던 수리진의 '괴로움에 잠들지 못하는 밤'을 달래주던 경찰(유덕화 분)은 반복되는 심야의 대화 속에 수리진을 마음에 담지만, 수리진의 눈은 아비를 향해 있고 경찰은 그런 수리진의 등만 바라본다. 수리진이 바라보는 아비는 이미 수리진에게 등을 돌린 상황, 수리진 역시 아비의 등만 바라본다.

아비를 만나러 갔다가 루루를 보고 한눈에 반해 밤이 새도록 문 앞을 뜨지 못한 친구(장학우 분)는 루루를 사랑하지만, 루루는 집착하듯 아비만 바라보니 친구는 루루의 등밖에 볼 수 없다. 등만 바라보면서도 루

눈물 젖은 눈가,
그리운 얼굴
ⓒ (주)디스테이션

루가 아비를 찾아 필리핀에 갈 여비를 마련해준다. 아비를 찾지 못하면 내게 돌아오라는 말과 함께. 루루는 자신에게 등을 보인 아비를 잊지 못해 그 등이라도 보려고 이국땅을 밟는다.

두 여자의 사랑을 받은 아비라고 행복하지 않다. 아비의 눈은 기억에 없는 생모를 찾아 헤맨다. 결국, 모든 걸 버리고 어머니를 찾아가지만 만나주지조차 않는다. 카메라는 친어머니에게 외면당한 아비의 등을 계속해서, 느리게 담는다. 아비는 얼굴조차 보여주지 않는 어머니라면 나도 얼굴을 보여주지 않겠다고 내레이션으로 말하지만, 어쩐지 보이지 않는 얼굴은 눈물범벅일 것 같고 어머니가 자신을 조금이라도 오래 보도록 느리게 걷는 것만 같다.

내일을 기대하지 않고 오늘, 지금 이 순간만 생각하며 '텅 빈' 가슴과 눈빛으로 살아온 아비. 시작점부터, 근본부터 바꿔보려고 쉽지 않은 여행을 떠나왔지만 모든 게 원점이다. 땅바닥에 널브러져 뒹굴 때 그를 구한 이가 있었으니 이제는 선원이 된 경찰이다. 이름 없는 남자는 자신을 알아채지 못하는 아비를 돕는다. 어찌 됐든 수리진과 관련된 인물이어서일까, 선한 사람이어서일까. 필리핀을 떠나려 위조여권을 구하러 나서는 아비. 상황은 어려워져 아비는 아무래도 홍콩으로 가기 어려울 것 같고, 착한 남자는 승선의 꿈을 이루지 못할 것 같다. 왕가위 감독은

'다리 없는 새'의 맘보춤 ⓒ (주)디스테이션

희망을 쉬이 허락지 않는다.

홍콩의 중국 반환이라는 사회적 배경을 표현한 은유를 차치하더라도 내일이 보이지 않는 청춘의 불안과 버림받은 자의 아픔, 사랑보다 깊은 이별의 상처를 덤덤히 담은 〈아비정전〉이 명작인 건 예전이나 지금이나 같다. 언제나 흐트러진 머리를 반듯이 빗어넘기고, 자비에 쿠거의 〈마리아 엘레나〉 음악에 맞춰 맘보춤을 추는 장국영이 더할 나위 없이 멋진 것도 같다. 동시에, 2003년 전과 후에 이 영화를 '똑같이' 볼 수 없는 것도 사실이다. 가장 느낌이 다르고, 가장 괴로운 건 여기다.

> *"옛날에 '다리 없는 새'가 살았다. 이 새는 나는 것 외에는 알지 못했다. 새는 날다가 지치면 바람에 몸을 맡기고 잠이 들었다. 이 새가 땅에 몸이 닿는 날은 생애 단 하루, 죽는 날이다."*

분명히 1990년대, 이 영화를 처음 볼 때는 이 내레이션이 처절하게 아름다웠다. 다리를 빼앗긴 시대를 살아가는 우리의 청춘을 위로했다.

지금은 장국영이라는 배우의 삶이 이토록 아팠는데 팬이라는 내가 너무 몰랐던 것이 마음 아프고, 결국 어디에서도 휴식을 얻지 못한 채 땅에 몸이 닿게 했다는 안타까움으로 치닫는다. 영화 초반 내레이션을 듣고 마음 한구석에 '다리 없는 새'를 안고 영화를 보다가 끝에서 결국 슬픔이 차 넘치고 만다.

"새가 한 마리 있었다, 죽을 때까지 날아다니던. 하지만 새는 그 어느 곳에도 가지 못했다. 처음부터 새는 죽어있었기 때문이다. 난 전에 그랬었지, 내가 정말 사랑한 여인이 누군지 평생 모를 거라고. 지금은 그녀가 그립군."

계속 날기만 했던 그 역시 어디에도 가지 못했을까. 적어도 지금은 아닐 것이다. 훨훨 날아갔을 것이고, 안식할 수 있는 다리도 생겼을 것이다. 자신과 자신의 삶을 사랑하지 못하면서 영화를 사랑하고 연기를 위해 모든 걸 했던 '바보' 배우 장국영이 없는 지금, 그가 그립다.

❸❼ 화녀

윤여정의 〈화녀〉 그리고 〈충녀〉… 김기영 감독의 페르소나였던 그때

개봉 1971 재개봉 2021
등급 청소년 관람불가
장르 스릴러/로맨스/멜로 국가 한국
감독 김기영 러닝타임 100분(재개봉)

김기영 감독, 11년 간격 〈하녀〉 리메이크
〈화녀〉 스핀오프 작품으로 〈충녀〉 선보여
윤여정 평소 표정 관찰해 캐릭터에 반영

〈화녀〉 포스터
ⓒ (주)다자인소프트·(주)콘텐츠존

김기영 감독의 영화 〈하녀〉(1960)는 11년 간격으로 다시 만들어졌다. 〈화녀〉(1971)와 〈화녀'82〉(1982)가 세상에 나왔고, 1990년대 '악녀'라는 제목으로 제작이 예고됐던 영화는 감독의 작고로 볼 수 없었다. 한 명의 감독이 같은 영화를 시대상 변화에 맞춰 스스로 리메이크하는 풍경은 흔치 않다.

'타이틀롤'이라 할 하녀(당시엔 '식모' 또는 '가정부'로 칭하던) 역은 이은심에서 윤여정으로, 나영희로 변화했다. 오뚝한 콧날에 묘한 아우라를 풍기는 미모는 기본, 연기력을 갖춘 배우들이 캐스팅됐다.

기둥 줄거리는 같다. 작곡 등 음악을 하는 남편이 집안에 들인 가정부 사이에 아이가 생긴다. 이를 알게 된 아내는 낙태를 감행하고, 한 지붕 아래 기묘한 관계의 동거가 시작된다. 경계하는 아내, 두 여자 사이의 남자, 복수를 도모하는 하녀를 통해 인간의 본능과 욕망의 민낯이 드러난다. 휘몰아치는 전개 속에서 긴장과 공포가 강도를 높여간다.

영화 〈화녀〉에서는 하녀 명자 역에 윤여정, 남편 동식 역에 남궁원, 아내 정숙 역에 전계현이 등장한다. 명자는 친구 경희(김주미혜 분)와 겁탈당할 뻔한 고향을 떠나 서울로 향한다. 31층 빌딩을 보며 '서울에서 살아남자'고 다짐한다. "31층? 떨어져 죽기 좋겠다"는 명자의 말에 깔깔대는 두 사람, 명자의 암울한 미래를 암시하는 듯하다.

직업소개소에 간 두 사람, 경희가 먼저 유흥주점 호스티스의 길을 선택한다. 그때 양계장을 운영하는 사모님 정숙이 들어선다. 집안일도 모자라 닭 뒤치다꺼리도 해야 한다는 정숙의 말에 일자리를 기다리는 아가씨들이 냉소를 퍼붓는다. 이때 자원하는 명자. 월급을 묻는 정숙에게, "우리 엄마가 월급 받지 말고 시집 잘 보내주라고 했다"며 그저 엄마에게 약속의 편지 한 통을 써달라고 한다.

새롭게 시작된 생활. 명자는 바지런히 집안일을 하고 정숙에게 양계 일도 배운다. 명자에게 맡기고 친정에 다녀온다는 정숙은 한 가지 특명을 내린다. 가수 지망생 혜옥(오영아 분)과 동식의 사이를 뜯어말리라는 것. 명자는 임무를 완수하지만, 그만 혜옥으로 착각한 동식에게 겁탈

영화 〈화녀〉의 주연배우 윤여정과 전계현(왼쪽부터)
ⓒ NAVER 영화 포토

당한다. 집으로 돌아온 아내 정숙은 "월급도 주지 않는 고마운 아이에게 이 무슨 짓이냐"며 남편을 탓하지만, 동식은 술을 탓한다. 강간과 남편의 외도에 대한 시대의식, 몹쓸 짓을 하고도 싹싹 빌기는커녕 적반하장으로 "당신 혼나야겠다"며 아내에게 당당한 남편의 모습이 지금의 시대상과 거리가 멀다.

급기야 정숙이 우려했던 대로 명자는 임신하고, "아주머니에게 폐를 끼칠 생각은 없다"며 "원하시는 대로 한 뒤 계속해서 식모 일을 하게만 해달라"는 명자를 보며 정숙은 안심한다. 막상 수술대에 누우니 아이에 대한 죄의식과 간절함에 마음을 바꾸지만 때는 이미 늦었다. 명자는 분함과 복수심에 정숙과 동식의 아이를 해하고, 동식 부부는 자신들의 죄가 드러날까 싫어 경찰에 신고하는 대신 명자의 요구대로 '첩' 대우를 하기로 한다.

시작할 때의 마음이 지속하기란 어렵다. 욕망을 바탕으로 한 사랑의 본질에 독점력이 있기도 하거니와 울며 겨자 먹기로 남편을 내주고 첩 행세를 하는 것이다 보니 갈등과 충돌은 필연이다. 중간에 선 남자 또한 자신의 잘못으로 집안이 풍비박산 나다 보니 심적 괴로움이 크다. 연이은 살인, 내 것을 지키려는 본능이 뒤얽히며 영화는 핏빛 공포에 휩싸인다. 누구도 승자가 없는 비극적 결말을 향해 속도감 있게 달려간다.

김기영 감독은 스토리 전달에 급급하지 않는다. 그러한 일이 벌어지게 된 배경과 폭발력을 키우는 인간의 욕망을 파고들어 적나라하게 펼쳐 보인다. 무서운 건 명자 손에 들린 검은 쥐가 아니라 인간의 이기적 욕심과 한계를 모르는 욕망이다.

김기영 감독의 아들 동원 씨는 후일 〈화녀〉에 등장하는 검은 쥐는 흰쥐에 색을 칠한 것이라고 전했다. 흰쥐 열댓 마리를 키우고 영화에 등장시키려 훈련도 시켰는데, 촬영이 끝난 후 뛰어난 번식력으로 엄청나게 불어나 잠자는 이불 속에 들어오기도 해서 골칫거리였다고 회상했다.

흰쥐는 이듬해 개봉한 영화 〈충녀〉에 등장한다. 동식의 딸(김주미 분)이 투명한 유리병 속에 두 마리를 키우기 시작하는데 걷잡을 수 없이 불어나고, 명자의 집에 침입한다. 심지어 침대에 누워 있는 명자에게 쏟아진다. 컴퓨터그래픽이 없던 시절, 온몸으로 쥐 세례를 감내해야 했을 배우 윤여정의 고충이 절감된다.

〈화녀〉의 고생만으로도 충분해 몇 차례나 〈충녀〉를 고사했건만 애초 윤여정을 모델로 집필된 시나리오이다 보니 설득 끝에 출연했고, 다시금 생고생한 것. "나는 고생하는 영화 싫다"면서도 뻔한 영화와 캐릭터를 피해 흔치 않은 작품을 택하는 안목, 작품만 좋으면 내 돈을 써가면서라도 영화를 완성해가는(역시나 〈미나리〉에서도) 예술인 윤여정이다.

〈충녀〉는 〈하녀〉의 리메이크작이 아니다. 〈화녀〉의 스핀오프(원작 영화나 드라마를 바탕으로 새롭게 파생되어나온 작품)로 볼 수 있겠는데, 등장인물이 똑같은 게 흥미롭다. 동식, 정숙, 명자의 삼각관계도 같고 배우도 동일하다. 동시에, 동식과 정숙의 자녀가 〈화녀〉로부터 1년 새 훌쩍 자라 성인이 된 것을 생각하면, 1960년 작 〈하녀〉로부터 11년이 흐른 뒤를 상정한 〈하녀〉의 스핀오프로도 읽힌다.

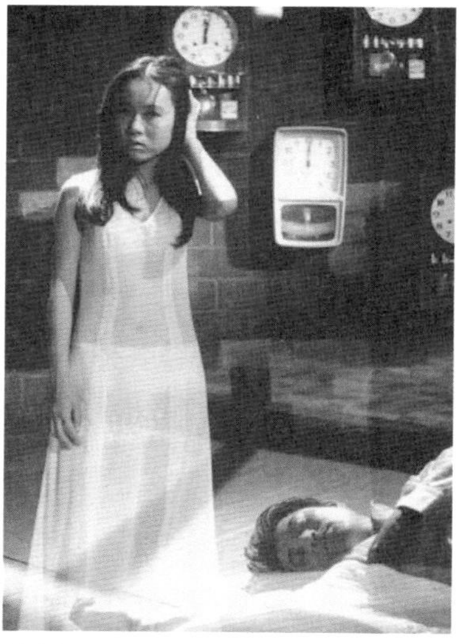
현실인 듯 꿈인 듯 서 있는 〈충녀〉의 명자. 김기영 감독의 영화에는 시계가 많이 등장하는데, 공포의 밀도를 높인다. ⓒ DAUM 영화 포토

〈하녀〉 리메이크 영화들과 〈충녀〉의 가장 큰 차이는 명자가 정숙의 집에 하녀로 들어온 적이 없다는 것이다. 명자는 가난한 집의 생계와 대학생 오빠의 등록금을 위해 어머니에게 떠밀리다시피 서울로 몸을 팔러 왔다. 남아선호사상의 끝을 보

여주는 어머니인데, 영화 안 내러티브에서는 비난의 대상이 아니다. 술집 여급을 시작하자마자 사장(박정자 분)과 또 다른 호스티스(사미자 분)의 주도 아래 동식에게 겁탈당하는 명자. 명자는 바로 동식에게 아내의 대우를 요구하고, 동식은 아내에게 상의한다.

지금으로서는 어리둥절한 반세기 전 상황이 펼쳐지는 가운데, 남편의 성불구를 고친다는 미명하에 아내 정숙은 아예 다른 집을 얻어 명자와 동식에게 살림을 차려준다. 반드시 자정까지는 집으로 돌려보내라는 조건을 달아 명자에게 생활비 조의 월급까지 제공한다. 허약한 몸으로 삯바느질하던 〈하녀〉 속 아내와 비교하면, 사회적 활동은 왕성해졌으나 가정 내 지위는 여전히 조선의 칠거지악에 묶여 있는 모습이다.

거주지도 다르고, 사모님과 하녀의 수직관계도 아니다 보니 정숙과 명자의 대결 양상은 〈하녀〉나 〈화녀〉와는 비할 수 없이 뜨겁고 험악하다. 한 남자를 두고 하루 24시간을 절반으로 나눠 12시간씩 점유하고 '자신의 시간'을 뺏기지 않으려 갖은 방법을 동원하는 모습은 그야말로 한 편의 풍자 코미디다. 김기영 감독은 우리를 '크크큭' 웃게 하다가 스릴러로 장르를 바꾼다. 그 격차가 커서 더욱 무섭다. 물질을 좇고 체면을 중시하는 인간의 추악한 욕망을 치정극으로 다루지 않고 스릴러 영화로 풀어낸다. 더할 나위 없이 시대를 앞서간, 현대적이고 세련된 연출 방식이다.

앞서 말했듯 정숙의 딸이 키우는 흰쥐들이 명자의 집으로 간다. 흰쥐의 전혀 다른 공간으로의 이동, 판타지(환상)다. 〈화녀〉에서 정숙이 낳은 신생아가 〈충녀〉의 명자 집에서 보인다. 이 또한 공포감 넘치는 환상이다. 긴장하지 않을 수 없고 무섭지 않을 수 없다. 김기영 감독을 서스펜스의 대가 히치콕 감독에 비유하는 이유는 〈충녀〉만 봐도 확인된다.

김기영 감독의 연출, 남궁원과 전계현을 비롯한 배우들의 호연, 모두 중요하지만 〈화녀〉와 〈충녀〉에서 바로 그 화녀와 충녀의 역할은 매

김기영 감독의 뮤즈,
배우 윤여정
ⓒ NAVER 영화 포토

우 크다. 그들은 온몸을 던져 긴장과 공포를 만드는 가해적 인물이자 가혹한 운명의 수레바퀴에 짓이겨지는 피해자다. 김기영 감독은 생전에 하녀 역의 여러 배우 가운데 특히나 윤여정 배우를 좋아했다고 전해진다. 독특한 분위기의 외모, 그로테스크한 목소리를 아꼈단다.

TV 안방극장에서 활약하던 배우 윤여정의 스크린 데뷔작 〈화녀〉를 앞두고, 김기영 감독이 출연 조건을 하나 걸었단다. 3개월 동안 자신과 만날 것. 윤여정 배우는 의아했지만 '영화는 처음'이라 수용했는데, 촬영이 시작되자 김기영 감독은 사전 미팅에서 보았던 표정과 말투를 요구하더란다. 배우의 연기 디렉션을 지독히도 면밀하게 준비하는 감독, 그게 무엇인지를 알아듣고 표현해내는 배우. 그 감독에 그 배우다.

그 덕에 우리는 윗니로 아랫입술을 깨무는 듯한 미소를 비롯해 윤여정이 지닌 자연스러운 매력과 독특한 표정을 영화에서 보게 됐다. '패셔니스타'다운 감각적이고 사랑스러운 의상, 젊은 날의 윤여정을 만나는 즐거움도 〈화녀〉와 〈충녀〉를 봐야 하는 이유 중 하나다.

❸❽ 시절인연

탕웨이, 시애틀에서 울고 뉴욕에서 웃다

개봉 2014 등급 12세 관람가
장르 로맨스/멜로 국가 중국/홍콩
감독 설효로(Xiao Lu Xue)
러닝타임 124분

탕웨이 판 〈시애틀의 잠 못 이루는 밤〉
〈만추〉, 〈시절인연〉 시애틀 배경 영화
3박자 두루 갖춰 밉상 연기도 매력적

〈시절인연〉 포스터 ⓒ (주)드림웨스트픽쳐스

미국 시애틀은 가을이 아름답기로 유명하단다. 중년들에게 시애틀은 〈시애틀의 잠 못 이루는 밤〉(감독 노라 에프론, 1993)으로 직결된다. 시애틀에서 혼자 아이 키우며 사는 잠 못 이루는 샘 아저씨(톰 행크스 분)와 라디오 사연 하나 듣고 그에게서 운명을 느낀 애니(맥 라이언 분), 그런 애니를 묵묵히 바라보는 월터(빌 풀만 분)의 사랑 이야기. 엇갈릴 듯 결국 이어지는 운명 하나면 최고의 설렘이었던 그때, 1990년대를 대표하는 로맨스 영화다.

영화 〈시애틀의 잠 못 이루는 밤〉을 무척이나 좋아한 감성 충만한 여자가 있다. 이름은 쟈쟈. 마음속으로 들어온 남자 하나에 인생을 걸고 아기도 가졌다. 짧은 영어, 시애틀 공항에서의 입국 심사를 영화 〈시애틀의 잠 못 이루는 밤〉 하나로 통과한 쟈쟈는 언뜻 보기에 철없는 명품족 같다. 혈혈단신 미국으로 원정 출산 온 상황에서도 "2배 줄게" "3배 면 돼?" "얼마든지 낼게"를 연발하며 안하무인 행세다.

영화 〈시절인연〉 얘기다. 탕웨이가 쟈쟈를 연기했는데, 배우의 '3력'을 모두 갖춘 덕에 밉상 연기도 예쁘다. '배우 3력'은 필자가 주장하는 바인데, 어떤 배우가 대중의 사랑을 받고 유지하는가에 대한 개인적 견해다. 연기력, 성적 긴장감 유지력, 인간적 매력이 배우를 스타로 만들고 스타성을 유지하게 한다고 생각한다.

배우로 살아남는 데 연기력은 기본이다. 배우는 이성에게든 동성에게든 성적 긴장감을 느끼게 하고, 일시적이 아니라 계속해서 유지할 수 있다면 인기를 얻는다. 반드시 잘생기고 예뻐야 하고 육감적 몸매이거나 근육질이어야 한다는 게 아니다. 끌림(attractive aura)을 느끼게 하는 힘을 말한다. 이보다 한 수 위가 인간적 매력이다. 이유를 모르겠는데 어쩐지 정이 가고, 그가 살아온 이력이 마음을 움직이고, 지지하고 응원해서 내가 지켜줘야 할 것 같은 느낌. 대중이 어떤 배우에게 이런 매력을 느낀다면, 그것이 지속하는 한 그는 스타다.

밉상 연기도 밉지 않은 탕웨이 ⓒ (주)드림웨스트픽쳐스

조금만 바꾸면 가수에게도 적용할 수 있다. 연기력을 가창력으로만 바꾸면 된다. 요즘 대세 중의 대세인 임영웅, 영탁, 장민호, 이찬원, 김호중을 생각해보면 우리가 그들을 좋아하고, 〈미스터트롯〉 시즌 1, 2가 끝났음에도 식을 줄 모르는 인기가 설명 가능하다. 가창력은 기본, 끌어당기는 힘이 대단하고, 인간적 매력이 엄청나다.

탕웨이로 다시 돌아와보자. 여행용 가방까지 명품으로 휘감고 세상에 자신만 중요하고 남들은 안중에도 없는 쟈쟈이건만 탕웨이가 연기하니 귀엽기 그지없다. 양조위와 열연한 〈색, 계〉(감독 이안, 2007), 현빈과 호흡을 맞춘 〈만추〉(감독 김태용, 2011)에서 한시도 경계를 늦추지 못하는 탕웨이의 어지러운 마음과 흔들리는 눈빛을 기억하는 우리로서는 맑고 밝은 탕웨이가 반갑다.

공교롭게 〈만추〉의 배경도 시애틀이어서 그때는 울었으니 이번엔 웃어라~ 응원하면서. 제멋대로인 쟈쟈에게 '인생 총량의 법칙'을 적용해 '이번엔 그래, 맘껏 밉상짓 해라' 너그러운 마음을 발동시키는데. 아뿔싸, 그 아름다운 시애틀이 탕웨이에겐 웃기 힘든 곳인가 보다. 〈만추〉에서도 애나는 2년 뒤 자신의 출소일에 만나기로 한 훈을 기다리지만, 그는 끝내 오지 않는다. 오지 못한 거지만, 애나는 이를 알 길이 없다.

〈시절인연〉에서도 내막을 알고 보니 아이 아빠는 유부남이었고, 아내를 의식해 애인인 쟈쟈를 아는 이 하나 없는 미국으로 내쫓다시피 보낸 거였다. 그의 사과는 수천만 원을 호가하는 에르메스 가방인지 크리스마스에 온다던 그는 오지 않고 가방만 도착한다.

인생은 불행만 연이어 오진 않는다. 견딜 만하고 살 만하게 행운이 곁들인다. 쟈쟈의 행운은 사실 시애틀 공항에 도착할 때부터 곁에 있었다. 프랭크라는 이름의 운전기사. 그는 미국에서 아이를 낳으려는 중국 여성들을 돌보는 산후조리원에 데려다주는 역할을 하는데, 쟈쟈가 예약해둔 곳이 단속에 걸려 폐쇄되자 거처를 마련해준다. 규모는 작을지 몰

탕웨이, 시애틀에서 웃다.
ⓒ (주)드림웨스트픽쳐스

라도 사람 사는 냄새가 나는 주택형 산후조리원이다.

프랭크는 싱글대디로, 중국에서는 의사였지만 미국에서는 운전기사를 하며 딸아이의 양육에 집중하고 있다. 숨겨둔 운명이 하나 있는데, 실은 쟈쟈와 프랭크가 중국에서 만난 적 있는 사람들이다. 영화를 보며 운명을 느껴보길 바란다. 프랭크는 오수파가 연기했는데, 이렇게 자상하고 따뜻한 남자 어디 없을까 싶을 만큼 조용하게 빛나는 캐릭터를 완성했다. 수염이 있을 때와 없을 때의 모습이 엄청난 반전이다. 알고 봐도 깜짝 놀랄 만한 변화이니 이 또한 영화를 통해 확인하길.

영화 〈시애틀의 잠 못 이루는 밤〉의 샘도 싱글대디인데, 뉴욕 엠파이어스테이트 빌딩의 전망대에서 애니와 운명적으로 조우한다. 시애틀에서 울고 뉴욕에서 해피엔딩을 맞는다. 〈시절인연〉은 영화 시작부터 〈시애틀의 잠 못 이루는 밤〉에 대한 사랑을 고백했고, 이는 엔딩 장면까지 이어진다. 〈만추〉에서 〈시절인연〉이 되도록 시애틀에서는 눈물의 기억이 더 많았던 탕웨이가 드디어 뉴욕에서 웃는다. 그것도 엠파이어스테이트 빌딩에서다.

재미있는 사실은 좋은 건 또 봐도 좋다. 애니와 샘의 만남에서 안절부절못해놓고 마치 처음인 것처럼 또 엇갈림을 걱정하는 나를 발견한다. 엠파이어스테이트 빌딩 전망대에서 쟈쟈와 프랭크, 프랭크와 쟈쟈가 다시 만나기까지엔 우여곡절이 깊다. 하지만 운명의 얄궂은 장난은 언젠간 끝나고 진정한 사랑을 향해 미소 짓는다. 그 미소를 맛보는 것만큼 가슴 벅차오르게 뿌듯한 일이 또 있을까, 내 일이 아닌데도 말이다.

외국영화의 한국어 제목을 짓는 일이 어려운 건 너무나 잘 알지만, 〈시절인연〉이라는 제목이 관객을 극장으로 불러들이는 데 효과적이지 않았던 것은 사실이다. 베이징에서 스쳤던 인연이 시애틀에서 이뤄졌다는 중국어 제목(北京遇上西雅圖), 내게 맞는 사람 혹은 운명의 남자를 찾는다는 영어 제목(Finding Mr. Right)에 훨씬 더 공감이 간다. 배우 정우성과 고원원 주연의 〈호우시절〉(감독 허진호, 2009)과 어쩐지 비슷한 제목임에도 관객의 마음을 확 끌어당기지 못해 아쉽다. 혹시나 제목 때문에 마음이 덜 움직였던 당신이라면, 탕웨이와 오수파를 믿고 선택해보자. 시애틀과 뉴욕으로의 여행만으로도 즐겁다.

39 나비효과

타임 루프로 만나는 애쉬튼 커처

개봉 2004 **등급** 청소년 관람불가
장르 스릴러/판타지 **국가** 미국
감독 에릭 브레스(Eric Bress), J. 마키에 그러버(J. Mackye Gruber)
러닝타임 113분

"인생은 B와 D 사이의 C"
되돌리고 싶은 인생의 순간

인생에서 되돌아가고 싶은 순간이 있는가. 가장 아름답고 행복했던 그때가 떠오른다면 당신은 행운아다. 인생을 거꾸로 되감아 '일시정지' 버튼을 누른 뒤 새로이 시작하고 싶은 그때가 생각나는 게 오히려 평범하다고 할 만큼 우리는 바꾸고 싶은 '선택의 순간'을 하나 이상 지니고 있다.

〈나비효과〉 포스터
© 메가박스(주)미디어플렉스

사는 게 버겁고 유난히 내게 더 가혹하다고 느낄 때 '어디서부터 잘못된 거지?' 되짚어보며, 꼬이기 시작한 인생 최악의 결정 혹은 실수를 찾아내서는 아쉬워한다. 그때 내가 다르게 선택했다면 지금 이렇게 살지 않을 텐데, 당시의 '잘못된 선택'에 대해 후회한다. 장 폴 사르트르가 말한, "인생은 B(birth, 출생)와 D(death, 사망) 사이의 C(choice, 선택)이며 나는 그 결정의 결과"라는 말이 살수록 와닿는다.

지금 우리가 하는 얘기를 가만히 들여다보면, 인생의 지우고 싶은 순간을 말하지 않는다. 그렇다. 인생의 어느 때로 돌아가 그 순간을 '삭제'할 수 없다는 것 정도는 우리도 안다. 그 순간만, 그 선택만 들어낼 수 없다고 생각하는 것! 땅을 치게 아쉬운 그 지점부터 다시 '재생' 버튼이 눌러지길 바라는 생각 안에 '나비효과'에 대한 공감과 동의가 담겨 있다.

되돌리고 싶은 선택의 지점으로 돌아가 그 연애를 시작하지 않고, 이 직업을 선택하지 않고, 그 물건을 훔치지 않고, 그 말을 뱉지 않고, 그 죄를 짓지 않았으면 그 뒤의 인생이 다르게 전개됐을 거라는 생각. 나비의 작은 날갯짓이 지구 반대편에 커다란 폭풍을 몰고 올 수 있다는 '나비효과', 작은 선택 하나가 파급에 파급을 거쳐 인생 전체를 뒤바꿀 수 있다는 생각. 어려운 카오스 이론, 혼돈 이론을 몰라도 우리는 이미 그렇게 생각하고 있다.

영화 〈나비효과〉는 우리는 상상이나 하고 말았던, 잘못된 선택의 지점으로 돌아가 다시 시작하기를 반복한다. 시간여행(타임 슬립)을 하되 특정 시간대를 반복하며 순환하는 타임 루프 영화다.

주인공 에반(성인 역 애쉬튼 커처 분)은 어려서부터 종종 졸도했고 깨어나면 무슨 일이 있었는지 전혀 알지 못했다. 엄마는 같은 증세로 정신병원에 있는 아빠의 병과 같은 것일지 몰라 걱정하며 정신과에 데려가서 검사를 진행한다. 별다른 이상은 없다. 의사는 매일 일기를 쓰라는 처방을 내린다.

'시간 여행자' 역의 애쉬튼 커처
ⓒ 메가박스(주)미디어플렉스

에반은 어린 시절 케일리(성인 역 에일리 스마트 분), 레니(성인 역 엘든 헨슨 분)와 친구인데 악동을 넘어 과도한 폭력성을 띠게 된 케일리의 오빠 토미(성인 역 윌리엄 리 스콧 분)의 주도 아래 씻을 수 없는 잘못을 저지르게 된다. 토미는 소년원으로 가고, 크나큰 자책의 상처를 입은 케일리와 레니의 마음은 병들지만, 이를 기억하지 못하는 에반은 '위험'을 감지한 엄마의 결단으로 그 마을을 떠나 우수한 심리학도 대학생으로 성장한다.

단 한 번의 졸도 없이 순조로이 이어지던 에반의 평탄한 일상에 기억의 파편이 날아든다. 어릴 적 일기를 꺼내 읽는 에반. 에반은 일기장이 시간을 이동하는 통로가 될 수 있음을 알게 되고 일기 속 과거로 돌아가 당시엔 몰랐던 '기억의 구멍'을 일부 메우게 된다. 진실 찾기에 나선 에반은 어릴 적 마을을 찾아가는데, 오랜만에 만난 케일리와 레니의 인생이 너무나 애처롭다. 안타까움을 넘어 비극적 사건이 발생한다. '문제의 지점'으로 돌아가 잘못을 바로잡아 친구들의 인생을 바꾸고 싶은 에반은 일기장을 통해 어린 에반의 시간 속으로 간다.

에반이 새로운 선택을 하자 그 뒤로부터 현재까지의 시간이 '빨리 감기'처럼 다시 흐른다. 에반과 케일리, 레니와 토미의 인생이 달라져 있다. 모두 만족할 수 있는 결과일까. 네 사람만 행복하면 되는 걸까. 웬만하면 이번에 바뀐 인생을 받아들이고 싶은데 때로는 이 시간여행을 시작한 목적이었던 사랑을 잃기도 하고, 때로는 팔다리를 잃기도 하고, 때로는 내 생명과도 같은 이의 생명이 위독해지기도 한다. 에반은 '돌아간 지점'이 잘못됐다고 생각하고, 네 번이나 새로운 선택을 한다. 영화는 그 네 번의 새로운 선택과 그 선택이 가져오는 큰 변화를 우리 앞에 펼치며 우리네 인생에 적용된 나비효과를 실감 나게 보여준다.

영화 〈나비효과〉의 장점은 그 실감에 있지 않다. 마치 내가 하는 것처럼 에반을 따라 거듭된 인생의 선택을 하는 동안 다가오는 깨달음이다. 관객 후기들을 읽어보면 거의 같은 생각에 도달하는데, 직접 마주하시길 바란다. 문득, 영화 〈꿈〉(감독 배창호)이 떠올랐다. 조신지몽(승려 조신

인생은 B(birth, 탄생)와 D(death, 죽음) 사이의 C(choice, 선택)
ⓒ 메가박스(주) 미디어플렉스

의 꿈) 설화를 영화로 옮긴 1990년 작이다. 조신(안성기 분)은 절을 찾은 아름다운 달례(황신혜 분)에게 마음을 빼앗긴다. 달례와 달아나 세속의 기쁨을 누리고자 하는데, 다다른 현실은 아내의 몸을 팔아 술을 사는 회한의 인생이다. 깨보니 너무나 다행히도 한낮의 꿈. 조신은 큰 깨달음을 얻고 정진한다.

〈나비효과〉의 엔딩은 〈꿈〉에 비하면 쓸쓸하기도 하고 잔인하기도 하다. 극장판, DVD, 블루레이, 감독판의 결말이 모두 다른데 개인적으로 쓸쓸한 극장판이 마음에 든다. 내게 소중한 무엇을 내려놓아야 또 다른 소중한 것을 지킬 수 있다. 하나의 선택을 하면 선택하지 않은 다른 것들을 감당해야 한다는 인생의 원리를 느낄 수 있다.

감독판 결말은 상상하고 싶지 않다. 나비가 없으면 날갯짓도 없다는 발상은 너무 잔인하다. 진짜 날갯짓이 없을까. 비슷한 선택으로 앞서 간 에반의 두 형이 있고도 에반이 있었듯 또 다른 에반의 존재가 가능하다. 그리고 엄마가 있다. 에반의 그릇된 선택으로 인해 크나큰 상처를 안게 된 엄마의 날갯짓이 자신과 에반, 주변 이들의 인생에 어떤 폭풍을 몰고 올지 두렵다. 누구도 존재의 시작을 스스로 선택할 수는 없다. 마지막도 스스로 결정해서는 안 된다. B와 D를 제외한, 그사이의 C에 마음을 쓰며 사는 게 인생이다.

그런 인생길에 소소한 바람을 하나 얹어본다면 밀라 쿠니스와 결혼해 두 아이의 아빠가 된 모습도 멋있고 세계적 벤처투자자로서의 애쉬튼 커처도 보기 좋지만, 〈나비효과〉 같은 그의 인생 영화로 스크린에서 다시 만나고 싶다. 공동 설립에 참여한 사운드벤처스가 전 세계를 대상으로 100만 달러(약 11억 원)를 내건 NFT 공모전을 실시한다는 뉴스보다 신작 소식을 기다린다. 나탈리 포트만과의 밀고 당김이 쫀득했던 〈친구와 연인 사이〉(감독 이반 라이트만, 2011), 애쉬튼 커처가 싱겁지 않은 배우임을 각인시킨 〈잡스〉(감독 조슈아 마이클 스턴, 2013), 그 이후를 보고 싶다. 2023년 2월 리즈 위더스푼과 주연한 〈유어 플레이스 오어 마인〉(감독 엘라인 브로쉬 멕켄나)이 공개됐지만, 케이트 윈슬렛과 주드 로, 카메론 디아즈와 잭 블랙이 공연한 2006년 영화 〈로맨틱 홀리데이〉(감독 낸시 마이어스)의 축소판 같은 느낌이어서 '다음'을 기다린다.

40 영웅본색

임영웅의 시작, '영웅본색'

개봉 1987 등급 15세 관람가
장르 액션/범죄 국가 홍콩
감독 오우삼(John Woo)
러닝타임 94분

홍콩에서 한국으로… '어떤' 나비효과
1986년 영화 〈영웅본색〉 시리즈 시작
1991년 영화팬, 아들 이름을 '영웅'으로
2020년대, 영웅이 이끄는 트로트 시대
37년 만에 봐도 '당년정'(그때의 정) 여전

〈영웅본색〉 포스터 ⓒ 조이앤시네마

국내 가요계는 트로트 전성시대다. 방탄소년단(BTS)과 블랙핑크가 세계적 인기를 얻고 있는 시기, 국내 또한 일색인 게 자연스러운 현상일 터인데 다른 양상이 펼쳐지고 있다. 그 중심에는 TV조선 〈미스터트롯〉이 배출한 트롯맨들이 있다. 경연이 끝난 지 3년이 훌쩍 넘었음에도 인기가 식을 줄 모르고, 개별 스타가수를 배출한 게 아니라 가요계 프레임을 바꿨다. 족히 20년 이상 지속해온 걸·보이그룹 중심의 인기 체제를 트로트를 축으로 다시 세웠다.

앞에서 영화 〈나비효과〉를 소개했다. 나비의 작은 날갯짓이 지구 반대편에 커다란 폭풍을 몰고 온다는 카오스 이론을 주인공 에반이 다시 쓰는 네 번의 인생 스토리를 통해 생생하게 보여주는 영화다. 2020년 시동을 건 '트로트 르네상스'를 가능하게 한 '나비의 날갯짓'은 무엇이었을까. 미국 텍사스주의 허리케인의 원인을 중국 베이징 나비의 날갯짓까지 역추적하듯 되짚어보면 수많은 변수가 관여하고 공헌했음이 주마등처럼 지나간다.

더 멀리 가지 않아도 한 세기 전의 김정구, 현인, 백설희, 신카나리아 시대로부터 트로트라는 장르에 묶이지 않아도 우리의 감성을 담은 노래를 불러 라이벌 구도 속에 불세출 스타로 남은 이미자, 패티김, 남진, 나훈아를 지나 주현미, 김연자처럼 일순간 남녀노소가 함께 따라부르는 히트곡을 내던 가수들과 '4대 천왕'이라 불린 현철, 송대관, 태진아, 설운도가 받던 인기를 한 몸으로 감당해낸 장윤정이라는 거물, 그 사이사이 강진, 진성, 김용임, 김혜연, 유지나, 박주희 등 TV에 얼굴 자주 비추지 않아도 혹은 출연한 적조차 없어도 전국의 행사 무대와 장터에서 온 국민과 호흡을 맞췄던 이들이 트로트를 일구고 지켜왔기에 오늘의 '트로트 시대'가 가능했다.

그러함에도 땅을 갈고 씨를 뿌리고 물을 주고 잡초를 뽑고 약을 치며 정성을 들인 농사가 열매를 맺기 위해서는 활짝 핀 꽃들에 화분을 옮겨줄 나비가 필요하다. 그 결정적 역할을 한 게 〈미스터트롯〉을 통해 세상에 널리 알려진 젊은 트로트 가수들이고, 그중에서도 톱7의 역할이 크다. 특히 임영웅, 영탁, 이찬원, 김호중, 정동원, 장민호, 김희재는 마치 혼자 또는 다 함께 시리즈를 이어가는 '어벤져스'처럼 개별 신곡을 발표하기도 하고 함께 여러 예능을 넘나들며 대한민국 가요계를 트로트로 물들이고 있다.

누구 하나 빠져도 안 되는 각자 개성이 다르고 매력이 다른 어벤져스 톱7이다. 그래도 인정할 수밖에 없는 것이 인기의 선봉에 서서 트로트 시대의 지속가능성을 키우는 역할을 톡톡히 하는 것은 '아이언맨' 임영웅이다. 1등으로 미디어의 조명 등 혜택도 많이 누리지만, 거센 바람을 가장 먼저 맞이하는 것도 그다. 1등의 무게, 진의 책임감은 만만치 않다.

영화 〈영웅본색〉의 히어로,
배우 주윤발
ⓒ 조이앤시네마

임영웅을 놓고 나비효과를 역추적해본다. 살아온 마디마디의 선택과 노력이 오늘의 가창력, 환한 미소, 어쩐지 정이 가고 지켜주고픈 매력을 만들었을 것이다. 옛날 어른들은 가수는 노래, 그것도 제목처럼 산다고들 말한다. 사람은 이름값을 한다고도 한다. 2020년 초 〈미스터트롯〉에서 임영웅을 처음 보았을 때, '영웅'이라는 이름에 깜짝 놀랐다. 본명이 영웅, 영웅이라는 이름으로 사는 동안 희망도 컸겠지만, 고충도 있었을 것이다. 독특한 이름, 그것도 비범한 'HERO'를 본명으로 평범하게 산다는 것의 고충이 엄마의 마음으로 느껴졌다.

2021년 새해 첫날, 임영웅의 큰아버지 임비호 씨는 《스포츠경향》과의 인터뷰에서 임영웅이라는 이름이 지어진 사연을 전했다. 지금은 고인이 되신 영웅의 아버지 임용호 씨와 그 형의 30년 전 대화가 복원됐다. 가감 없이 그대로 전하자면 이렇다.

"영웅이가 백일쯤 됐을 때일까요? 동생이 아기 이름을 지어왔어요. '영웅'이라데요. 내가 뭐라 했어요. 그렇지 않아도 군인 출신 아버지가 우리 이름을 '비호'며 '용호'로 지어놔서 놀림거리가 되기도 했는데, 이제 아기 이름까지 '영웅'이라 지어서 무슨 '무협지' 쓸 거냐 하면서요."

"그랬더니 용호가 형이 알아서 지어보라더군요. 근데 영웅이라는 이름에 나도 끌렸던지 아기를 향해 '영웅아' 하고 불렀더니 배시시 웃어요, 그 조그만 것이. 그래 이게 네 이름인가 보다 하고 '영웅'이로 하자고 했죠."

임영웅도 영웅의 탄생, 작명 스토리를 보탰다. 2021년 3월 10일 방송된 〈뽕숭아학당〉에서 임영웅은 아버지가 영화 〈영웅본색〉을 좋아해 자기 이름을 '영웅'으로 지었다고 전했다. '세상에 영화 제목에서 아이 이름을 따오다니!' 싶지만 당시를 회상해보면 이해가 갈법도 하다.

〈영웅본색〉은 1986년에 나온 1편의 범아시아적 인기에 힘입어 이듬해 2편, 1989년에 3편까지 내리 제작·개봉했다. 주윤발의 롱 트렌치코트와 입에 문 성냥개비는 신드롬을 일으켰다. 형제애와 우정, 그를 바탕으로 한 '의리'라는 뭇 남성의 로망을 대변했고 '어떻게 살 것인가'에 대한 정답을 본 듯 열광했다.

임영웅은 3편까지 모두 공개된 뒤 1991년에 태어났다. 아마도 임영웅의 선친께서는 영화 제목보다는 그 주제 의식에 공감하여 이름을 지으시지 않았을까 싶다. 그리고 그 이름이 나비의 날갯짓이 되어 임영웅은 평범을 넘어 비범하게 이름값하는 가수가 됐고, 2020년대를 '영웅시대'로 만들고 있다.

서론이 무척 길었는데, 대한민국을 '영웅시대'로 만들고 있는 임영웅의 활약을 보며 〈영웅본색〉을 다시 봐야겠다는 생각이 일었다. 디지털 리마스터링도 된 상황, 휴대전화 작은 화면으로 보고 싶지 않아 TV로 구매해 홀로 추억에 젖었다. 청춘에 봤던 영화를 나이 들어 다시 보면 무척 새로울 때가 많다. 내가 이 영화를 봤던가 싶을 만큼 변화된 가치관과 깊이 알게 된 인생의 맛으로 음미하니 처음 보는 영화처럼 다가온다. 신기하게도 〈영웅본색〉은 처음 봤던 느낌 그대로다.

마크, 아호, 아걸의 사투 ⓒ 조이앤시네마

〈영웅본색〉 1편(감독 오우삼)의 배우 이름은 적룡, 장국영, 주윤발 순으로 등장한다. 하지만 당시 필자의 눈엔 주윤발이 주인공으로 보였다.

분명히 아호(적룡 분)와 아걸(장국영 분) 형제의 이야기이고, 경찰이 된 동생을 위해 흑사회 큰형님의 자리를 포기하고 새롭게 살려는 형과 그런 형을 믿고 기다려주기는커녕 원망에 혈안이 되어 못 잡아먹어 안달인 동생이 주인공이다. 혈육이라는 이유로 아호의 1순위는 늘 아걸이건만, 마크(주윤발 분)는 아호에게 친형제 이상의 우애와 헌신을 보인다. 그러면서도 질투는커녕 아무것도 주장하지 않고 보답을 바라지도 않는다. 형제애를 넘어서는 우정과 의리를 마크가 보여준다.

37년 전에도, 지금도 주윤발이 연기한 마크에 이입시켜 영화를 보는 나를 발견한다. 멋진 트렌치코트와 성냥개비 덕만은 아니다. 다시 보니 그때 잘못 봤던 게 보이기도 했다. 마크를 멋있게만 기억했는데, 영화 중반까지 주윤발은 '깨방정'을 떨며 귀여운 연기를 한다. 아호를 위한 복수를 하고 조직에서 밀려나 쇠락해갈 때, 뭘 먹어도 분노를 표출해도 망가지는 외모에 신경 쓰지 않고 참으로 비루하게 표현한다. 매 맞고 총

맞고 쓰러져도 처절히 몸을 던진다. 이토록 열심히 했나, 괜히 관객 마음을 얻은 게 아니었다.

마크가 아걸에게 말한다. "형은 새 삶을 사는 용기를 가졌는데, 너는 왜 형을 용서할 용기가 없느냐. 형제란…." 어긋나기만 하는 형제를 하나로 만들어주고, 하던 말을 끝까지 못 하고 마크는 스러져간다. 그 위로 비감의 노래가 흐른다. 영화 초반 가사 없이 흘러나왔던 음악에 지나간 날에 대한 회한과 희망을 담은 가사를 더해 장국영이 부른다. 〈당년정〉, 그때의 정.

홍콩뿐 아니라 우리나라 가수들도 숱하게 불렀고, 류승룡, 이하늬, 진선규가 주연하고 신하균, 오정세가 조연한 영화 〈극한직업〉(감독 이병헌)의 마지막에 흘러나왔던 그 노래다. 〈영웅본색〉 1편을 명작으로 만들고, 그 시리즈를 계속 생각나게 하는 노래 〈당년정〉. 영화가 끝나도 노래는 계속 듣는다. '그때의 정'을 다시 느낄 수 있는 〈영웅본색〉과의 재회, 역시 후회는 없다.

가벼운 웃음소리, 따스함으로 날 감싸고
너는 내게, 인생의 즐거움을 알게 해주었지
가벼운 위로의 말, (나는) 길고 긴 길을 지나
결국, 맑고 아름다운 길에 들어섰네
환호성을 외치며 뛰어오던 (너), 아침 해가 금빛 화살을 쏘는 듯하고
내가 너와 만나며 지난날의 미소를 되찾네
다정하게 부르는 소리, 고개 들고 함께 하늘을 보니
모처럼, 푸른 하늘은 너를 축복하듯 아름답구나!
너를 안으니, 그때의 따스함이 다시 느껴지고
마음속의 어린 시절 희망찬 꿈은 아직 오염되지 않은 듯한데
오늘의 나, 너와 함께 어깨를 나란히 하며

그때의 정, 이제 더 새로워지는데

너를 보니 눈 속도 이미 따스함으로 가득 차고

마음속 지난날의 꿈은 아직 변하지 않은 듯한데

오늘의 나, 너와 함께 어깨를 나란히 하며

그때의 정, 더욱더 새로워지는데…

– 광둥어 버전 가사

41 타인의 취향

'타인의 취향'이 사랑과 인생을 바꿀까요

개봉 2001 등급 15세 관람가
장르 코미디/드라마 국가 프랑스
감독 아녜스 자우이(Agnes Jaoui)
러닝타임 112분

작가와 감독이 작품 안에 들어와 있는 영화의 매력
'취향'이 사랑할까 말까를 결정할 만큼 중요한가요?

앞에서 애쉬튼 커처 주연의 〈나비효과〉를 소개하면서 장 폴 사르트르의 말을 인용한 바 있다. "인생은 B(birth, 출생)와 D(death, 사망) 사이의 C(choice, 선택)이며 나는 그 결정의 결과다."

〈타인의 취향〉 포스터 ⓒ (주)백두대간

틀림없는 얘기다. 그렇다면 그 선택을 가르는 기준이랄까, 선택에 관여하는 변수에는 어떤 것들이 있을까. 지금 하고 싶은 하나를 머릿속에 떠올려보라. 내가 그것을 선택하기도 하고 선택하지 못하게 하는 '무엇'이 무엇인지. 경제력과 시간의 여유가 큰 영향을 미칠 것이고, 내가 처한 환경 또한 무시할 수 없을 것이다. 이러한 기본 요건들이 충족된다면, 내 의지만 있으면 선택할 수 있는 상황이라면 무엇이 큰 영향을 미칠까.

개인적으로, 세계관 그다음이 취향이라고 생각한다. 내가 살아가는 세상과 그 안의 사람들을 어떤 관점에서 바라보고 무엇이 중요하다고 생각해 어떻게 선택하고 행동할지의 문제는 철학의 영역이다. 인생관 혹은 세계관은 아주 작은 선택에도 보이지 않게 관여한다. 좀 더 눈에 보이게 내 인생의 사사건건에 개입하는 건 취향이다. 어떤 집이나 차를 살지, 소파는 어떤 것으로 할지, 벽지는 무슨 색으로 할지, 아니 사지 않고 바꾸지 않을지에도 각각에 대한 취향이 개입한다. 물건뿐만 아니라 어떤 사람과 교제를 시작할지 헤어질지, 결혼할지 말지의 선택에도 내 취향에 맞는가는 매우 중요한 문제다.

흔히 인생에 정답이 없다고도 하고, 이타적 세계관을 지닌 사람을 훌륭하다고 얘기하긴 해도 자기중심적 세계관을 지닌 사람을 심히 비난하지도 못한다. 그렇다면 취향에는 정답이 있을까. 뭘 살지 말지, 무엇을 할지 말지 "그건 내 맘이야"라는 말에는 정답을 향한 거부가 담겨 있다. 하지만 "걘 좀 취향이 별로야"라는 말에는 나와 취향이 맞지 않는다는 뜻을 넘어 수준이 낮다는 의미가 깔린 경우가 왕왕 있다. 반대로 "그 사람은 취향이 고상해"라는 말에는 상대의 취향에 대한 호평 또는 경외심이 담겨 있다. 상대의 취향을 두고 고급과 저급의 기준을 우리 나름대로 가지고 있다는 얘기다.

'취향'이라는 말에는 문화적 교양과 지적 면모가 상당히 내포돼 있다. 복권 당첨이든 다른 방법으로든 빠른 속도로 부자가 될 수는 있어도 하루아침에 문화적 소양이나 지식을 쌓을 순 없다. 말 그대로 돈은 가지면 되지만 취향은 쌓아야 내 것이 된다.

여기, 돈은 충분하나 취향은 없는 남자가 있다. 카스텔라는 꽤 유망한 공장의 사장이다. 인테리어업을 하는 아내 앙젤리끄는 집을 온통 분홍과 꽃무늬로 가득 채워놓았고, 동물을 사랑하며, 배우가 연기를 잘해도 조잡한 의상을 입힌 연극은 싫어한다. 남편 카스텔라로 말할 것 같으면 연극을 보러 간 적도 없고, 책을 읽지도 않고, 건강을 생각하라는 아

교집합 없는 취향, 평행선
ⓒ (주)백두대간

내의 잔소리에도 꿋꿋하게 식탐이 있다.

'왜 간다고 했을까?' 후회와 귀찮음을 안고 조카가 단역으로 나온다는 연극 〈베레니스〉를 아내와 보러 간 어느 날, 나가서 뭘 사 먹고 끝날 때쯤 들어올 궁리를 하던 카스텔라가 한순간 눈물을 흘린다. 〈베레니스〉는 1670년 세상에 나온 장 바티스트 라신의 정념 비극으로, 로마 장군 티투스와 유대 공주 베레니스가 주인공이다. 두 사람은 사랑하지만, 티투스가 장차 로마 황제로 임명되어 정치적 입지 속에서 다른 여인을 황후로 맞이해야 하는 상황에 놓이면서 원치 않는 이별을 하게 된다. "공주, 우린 이제 헤어져야 하오"라는 티투스의 이별 선언에 베레니스는 처절하게 울먹이며 토로한다.

"잔인한 사람, 내 심장을 찢는군요. 날 사랑하는 줄 알았는데. 이제 나 혼자만의 사랑이 됐군요. 이미 다 알고 있던 일 아닌가요. 날 사랑의 열병에 몰아넣고 당신이 말했죠. '불쌍한 공주, 뭘 기대하는 거요? 당신 마음을 다른 사람에게 주오.' 제 마음은 당신만을 원해요. 황제는 우리를 떼어놓으려 했죠. 그래도 우린 저항할 수 있어요. 그렇

게 했다면 훨씬 위로가 되었을 텐데. 내가 죽는다면 당신 아버지와 백성, 황제와 원로회 탓일 뿐, 당신 탓은 절대 아니에요."

티투스는 사랑을 버리고 황제의 지위를 택했다. 실연당한 여인의 대명사 베레니스의 통곡에 카스텔라도 운다. 연극 한 번 본 적 없는 카스텔라지만 명작의 애절함에, 베레니스의 비극적 사랑에, 베레니스를 연기하는 클라라의 명연에 몰입해 눈물짓는다. 평소 고급 취향임을 자부하는 아내가 "저 여자 웃긴다"며 옆에서 이죽거려도 클라라에게서 눈을 못 뗀다.

사실 클라라는 얼마 전 카스텔라의 영어 선생님으로 면접을 왔던 사람이다. 카스텔라는 홀로 연극을 보러 극장을 다시 찾는다. 하필 마지막 공연, 카스텔라는 분장실을 찾는다. 클라라의 연기에 찬사를 보내고픈 카스텔라, 그의 몇 마디 말의 마디마디를 끊으며 여러 사람이 클라라에게 호평과 인사를 전한다. 카스텔라는 겨우겨우 "굉장했다"는 말로 자신의 문장을 끝내지만, 돌아오는 클라라의 반응은 냉랭하다. 클라라와 그의 연기를 향한 카스텔라의 진심보다는 면접 때부터 느낀 '취향이 고급지지 않다'는 선입견과 "나는 연극을 본 적 없는데"라는 첫 구절을 크게 느낀 듯한 표정이다.

클라라에게 호감을 느낀 카스텔라는 연극과 미술 하는 클라라의 친구들에게 밥도 사고, 헨리크 입센의 《인형의 집》이 비극인지 희극인지 몰라 친구들에게 놀림을 당하면서도 꿋꿋이 클라라 주변을 서성인다. 당연히 영어 수업도 시작하고, 열심히 임한다. 카페에서 클라라에게 영어를 배울 때, 주세페 베르디의 오페라 〈리골레토〉 가운데 주인공 질다가 부르는 아리아 '그리운 이름이여'가 흐른다. 카스텔라는 허밍으로 음을 따라 부르고, 클라라는 "이 노래 알아요?" 하며 반색한다. 카스텔라는 시작 음이 비슷한 다른 노래로 이어간다. '역시나' 하며 실망한 표정의 클라라.

영화 〈타인의 취향〉은 우리에게 묻는다. '취향에 고급과 저급이 있나요?' '있다면, 그것이 사랑하느냐 마느냐를 결정할 만큼 중요한가요?' 진실로 취향이 고급과 저급으로 다른 이와는 사랑할 수 없다면, 사랑은 인생에서 가장 중요한 일인데 취향이 인생을 결정한다는 말이 된다.

이 시점에서 카스텔라(장 피에르 바크리 분)에 대한 오해를 좀 풀어야겠다. 카스텔라를 경호하는 프랑크(제랄드 랑벵 분)와 운전기사 브루노(알랭 샤바 분)의 말마따나 카스텔라는 '저질'의 인간이 아니다. 단지 취향이 없는, 혹은 발달 기회가 없었던 사람이다. 하지만 클라라(앤 알바로 분)의 연기를 통해 절절한 사랑에 공감했고, 연극에 매료됐고, 문화의 세계에 입문한다.

수면 위로 올라온 취향이 다시금 발현된 곳은 갤러리다. 미술 전시회에 간 카스텔라는 추상화 한 점을 사는데, 클라라의 친구가 그린 그림이어서가 아니라 그 그림이 마음에 들어서다. 카스텔라는 그림을 집에 건다. 고급 취향을 자처하는 인테리어 전문가인 앙젤리끄(브리짓 캐틸론 분)는 집에 어울리지 않는다며 못마땅해한다.

클라라는 카스텔라가 자신에게 잘 보이기 위해 그림을 사고, 공장

연인이자 동료, 장 피에르 바크리와 아네스 자우이(오른쪽부터)
ⓒ (주)백두대간

에도 벽화를 그리려 하며, 자신의 친구는 카스텔라의 '호의'를 이용해 돈을 벌려 한다고 생각한다. 앙젤리끄가 맘대로 그림을 떼버리자 카스텔라는 폭발한다. 진심을 담은 자작시로 건넨 고백을 거절했을 때도 상심만 했던 그가, 아내의 온갖 잔소리도 곧잘 넘겼던 그가 의사 표현을 또렷이 한다. 자신의 취향을 명확히 드러낸다.

(아내에게) *"미치겠군. 이 집에 내가 고른 물건 있어? 내가 좋아하는 거 하나쯤 놔두면 안 돼? 여기는 완전히 인형 가게 같아! 분홍색에 온통 새랑 꽃 그림은 이제 지겨워!"*

(클라라에게) *"잠깐, 무슨 말이죠? 당신에 대한 내 호의를 이용해요? 난 그림이 좋아서 샀는데 뭐가 문제죠? 그 일 때문에 왔어요? 내가 왜 그림을 샀다고 생각했죠? 당신을 기쁘게 해주려고? 근사하게 보이려고? 좋아서 샀다는 생각은 안 해봤어요? 날 그런 사람으로 봐요? 난 그 그림들이 좋아요. 믿을지 모르겠지만 당신 때문이 아니에요. 날 좋아할 수 없다고 이미 말했잖아요. 당신 얘기가 무슨 말인지는 알겠지만…."*

취향이 확고해진 카스텔라는 아내의 취향으로 휩싸인 집을 떠난다. 그리고 편견으로부터의 자유를 얘기하는 입센의 연극 〈헤다 가블레르〉를 보러 간다. 헤다를 연기하는 클라라는 카스텔라가 공연을 보러 왔는지 노심초사 기다린다. 커튼콜에서야 보이는 얼굴, 불안하던 클라라의 표정엔 환한 미소가 드리운다.

영화의 결말에 대해 표현이 서툴지라도 진심은 결국 취향을 넘어선다는 것인지, 같은 취향은 아니라 해도 적어도 각자의 취향이 생긴 두 사람의 사랑이 시작된다는 것인지, 예술을 사랑하는 것으로 취향이 같아진 두 사람의 사랑 이야기인지 확정하지 못하겠다. 각자의 취향대로 해석하는 게 정답일 듯하다.

다만 확실히 얘기할 수 있는 건 엔딩 스크롤이 오를 때 환하게 미소 지을 것이고, 미국식 코미디와는 다른 프랑스 코미디 영화의 색다른 재미에 빠져볼 만하다. 사실, 영화는 프랑크와 브루노 두 선후배 간의 이야기를 통해 삶을 대하는 긍정과 부정의 태도에 대해 생각할 거리를 던지고, 프랑크와 마니(아녜스 자우이 분)를 통해 남녀관계에 '옳다'는 기준이 얼마나 상대적인가와 선입견이 애정전선에 미치는 영향에 관해서도 탐구한다.

직접 확인해보면 더욱 재미있을 이 다층적이고 심층적인 영화의 시나리오를 카스텔라 역의 배우 장 피에르 바크리와 마니 역의 배우 아녜스(아그네스) 자우이가 함께 썼고, 아녜스 자우이가 연출했다. 두 사람은 오래도록 연인이고 그보다 오래인 25년간 동료였다. 작가로 시작해 배우까지 영역을 넓힌 장 피에르 바크리는 2021년 1월 18일, 향년 69세로 별세했다. 작가와 감독이 작품 안에 들어와 있는 영화, 영화 속 연극을 숨기고 있는 영화 〈타인의 취향〉이 당신의 취향에 꼭 맞기를!

42 디 아워스

나, 이 영화 왜 지금 봤지…

개봉 2003 등급 12세 관람가
장르 드라마 국가 영국/미국
감독 스티븐 달드리(Stephen Daldry)
러닝타임 114분

버지니아 울프의 《댈러웨이 부인》을 둘러싼 3인
그들이 각자 보낸 그 시간(디 아워스)의 공통점은?
베를린영화제 여우주연상 공동수상을 부른 연기

OTT 왓챠에 오른 영화 〈디 아워스〉에 '정연'이라는 분이 적은 소감이다. 간결하면서도 이 이상의 찬사가 있을까 싶은 살아있는 표현, "나 이 영화 왜 지금 봤지…"보다 나은 기사를 쓸 자신이 없지만 노력해 보려 한다. 그만한 가치가 있는 작품이다.

〈디 아워스〉 포스터 ⓒ 시네마서비스

〈디 아워스〉는 1999년 퓰리처상(소설 부문)을 받은 마이클 커닝햄의 동명 소설을 영화화했다. 1925년 발표된 버지니아 울프의 소설 《댈러웨이 부인》과 직간접적으로 연관되는 3명의 여성이 주인공이다. 6월의 붉은 꽃들과 초록 잎들 사이로 부서지는 햇살 아래, 세 여자의 단 하루 시간을 통해 인생을 통찰해낸다.

영화에는 세 가지 시점의 현재가 있고 각각의 주인공이 있다. 1923년 소설 《댈러웨이 부인》을 집필하는 버지니아 울프(니콜 키드먼 분), 1951년 소설 《댈러웨이 부인》을 읽고 흠뻑 빠져드는 미국 LA의 독자 로라 브라운(줄리안 무어 분), 소설의 내용이 현대에 현실로 옮겨진 듯 소설의 주인공 이름 클라리사를 그대로 지닌 2001년의 클라리사 본(메릴 스트립 분)이다.

세 여성은 마치 평행이론처럼 시대와 장소만 다를 뿐 죽음과도 같은 현실에서 질식할 것 같은 삶을 똑같이 살고 있다. 겉으로 보기엔 소설 속 댈러웨이 부인처럼 경제적으로나 사회적으로 부족함 없어 보이는 그들이지만, 세상에서 혼자인 것처럼 고독하다. 주변인들은 그들을 '정신이 이상한' 사람으로 취급하지만, 남들보다 예민하고 섬세하고 시대가 요구하는 것 이상의 지성을 갖춘 게 되레 일상의 평화를 방해한다.

게다가 그들은 성소수자다. 그것만으로도 세상의 '섬'일 수 있는데, 버지니아와 로라는 20세기 초·중반의 인물이다 보니 겉으로 드러내지 못하고 억누르며 살고 있다. 그래서 두 사람은 자신을 모르는 곳으로 떠나고 싶고, 그럴 수 없다면 죽음을 원할 정도로 절박하다. 하지만 쉽지 않다. 버지니아에게는 자신을 감금에 가깝게 보살피는 남편 레너드가 있고, 로라에게는 세 살 난 아들 리처드와 배 속의 딸이 있어 떠남을 포기하고 집으로 돌아온다.

2001년에는 클라리사보다 그의 옛 애인이자 절친 리처드가 오늘을 버리고 싶어 한다. 맞다, 1953년의 귀여운 꼬마, 로라의 아들 리처드가 클라리사가 돌보는 남자다. 리처드는 소설에서처럼 시인이다. 클라리사가 열아홉, 리처드가 스물일 때 둘은 함께였지만 각자 성 정체성을 깨닫고 다른 길로 갔다. 세월이 흘러 리처드가 병에 걸려 인생의 허무에 힘겨워할 때 클라리사가 간호를 자처한 것이다. 리처드의 옛 애인들은 유령이 되었는지 보이지 않는다.

현실 탈출을 꿈꾸는 버지니아, 로라, 리처드는 어떻게 됐을까. 어제는 돌아섰지만, 오늘은 아니다. 그들은 각자의 방법으로 떠남을 계획하고 실행한다. 그중 누가 더 행복했다고 말하기 어렵다. 모든 선택에는

작가 버지니아 울프 역의
배우 니콜 키드먼
ⓒ 시네마서비스

책임의 무게가 따른다. 때로 선택으로 얻은 기쁨보다 책임질 결과가 클 때도 있다. 모든 선택이 '굿 초이스'일 수는 없다. 때로 치명적 악수이기도 하다. 평행선처럼 서로 만나지 않을 것 같았는데, 1951년의 로라가 2001년에 등장한다. 죽음과도 같은 현실 대신 삶을 택했을 뿐인데, 잔인한 결과를 마주한다.

줄거리를 말하지 않고 있다. 기막히게 얽힌 줄거리가 있기도 하고, 순차적으로 전개되는 줄거리가 없기도 하다. 사건보다 인물의 내면을 '의식의 흐름'에 따라 펼쳐내 현대 소설의 새 장을 열었다고 평가되는 버지니아 울프의 《댈러웨이 부인》 그대로, 영화 〈디 아워스〉 역시 줄거리보다 그 시간들(디 아워스)을 살아간 인물들의 심리가 중요하다. 스티븐 달드리 감독은 소설의 '의식의 흐름' 기법을 조금의 어색함 없이 옮겨오면서도 종합예술인 영화로서의 매력을 더해 제60회 골든글로브 작품상을 받았다.

인물들의 고독, 자신을 가두는 세상으로부터의 도망을 효과적으로 표현하는 데 필립 글래스의 음악이 큰몫을 한다. '미니멀리즘의 대가'로 불리는 그답게 피아노 선율로 인물들의 언뜻 평화로워 보이는 잔잔한 일상, 도발하듯 탈출을 감행하는 긴장감, 그리고 다시 돌아온 현실을 그

마치 도플 갱어. 시대는 달라도 고통은 같다. 1923년 소설 《댈러웨이 부인》을 쓴 버지니아, 1951년에 사는 소설의 팬 로라, 소설 주인공의 이름으로 2001년을 사는 클라리사 ⓒ 시네마서비스

려낸다. 스스로 1974년에 "내게 있어 미니멀리즘은 끝났다"라고 선언한 만큼 결코 단조로운 음률도 아니다. 마치 파도와 같다. 저 멀리서 차곡차곡 밀려와 해변에 이르러 커다란 산을 만들었다가 스러지는 한 번의 움직임은 웅장하지만, 디테일은 조금씩 달라도 큰 줄기는 같게 반복된다. 한 발짝 떨어져서 보거나 계속해서 보면 끝없는 반복이 잔잔하게 느껴진다. 〈디 아워스〉는 제56회 영국 아카데미 시상식에서 안소니 아스퀴스상(음악상)을 받았다.

그리고 프레임 밖에 선 스티븐 달드리 감독의 연출 의도를 온몸으로 표현하고, 작곡가 필립 글래스의 오선 위에서 음표가 되어 춤춘 이들을 얘기하지 않을 수 없다. 니콜 키드먼, 줄리안 무어, 메릴 스트립, 에드 해리스(리처드 브라운 분)를 비롯해 호연을 펼친 배우들이다. 키드먼, 무어, 스트립은 제53회 베를린국제영화제에서 은곰상인 여자연기자상을 공동으로 받았다. 특히 실존 인물을 연기한 니콜 키드먼은 머리카락 색을 바꾸고 매부리코로 분장하여 버지니아 울프의 흑백 사진과 흡사한 외모로 변신했는데, 음색과 눈빛까지 바꾸니 '언제 나오는 건가' 못 알아볼 정도로 인상적인 연기를 펼쳤다. 골든글로브, 영국 아카데미에 이어 미국 아카데미까지 여우주연상을 독차지했다.

이슈가 터질 때마다 성별 대립이 벌어지는 요즘이다. 여자들의 반란으로 곡해하지 말고, 성소수자에 국한된 이야기로 국한하지 말고, 누구도 내 속을 몰라줘서 고독하고 정신 차려보니 인생 벼랑 끝에 선 평범한 인간의 삶을 들여다본다고 생각하면 좋겠다. 오늘, 친구보다 깊게 나의 내면으로 들어와 나의 '고통'에 손 얹어줄지 모른다. 2% 부족하다면, 필립 글래스가 〈디 아워스〉를 위해 준비한 'Escape!'(달아나!)를 들어보자. OST에는 13곡이 더 있다.

❹❸ 오리지날 씬

세계 최고 팜파탈과 옴파탈이 만났다

개봉 2001 등급 청소년 관람불가
장르 로맨스/멜로/스릴러 국가 프랑스/미국
감독 마이클 크리스토퍼(Michael Cristofer)
러닝타임 116분

'최강 섹시' 안젤리나 졸리-안토니오 반데라스
줄리아-루이스의 잘못은 단지 '사랑한 죄'

어느 배우의 얼굴을 안다고 할 때, 입술만 보여줘도 누구인지 알아볼 수 있을까. 매우 드물지만 가능한 배우가 있다. 안젤리나 졸리가 그렇다. 영화 〈오리지날 씬〉은 졸리의 움직이는 입술을 클로즈업한 채 그의 목소리로 시작한다.

〈오리지날 씬〉 포스터
ⓒ (주)시나브로엔터테인먼트

영화 〈내가 죽기를 바라는 자들〉•의 개봉에 즈음해 2021년 5월 한국 언론과 가진 화상 기자회견에서 "한국 영화에 출연하고 싶다"고 밝힌 안젤리나 졸리의 모습은 여전히 아름다웠다. 한국 영화에 대한 각별한 애정을 얘기하고 우리 배우 마동석을 재능 있는 동료이자 친절한 친구로 말해서 더욱 예뻐 보인 건 아니었다. 20년 세월을 비켜선 느낌은 '대체 불가능한' 육감적 매력에서 뿜어나왔다.

• 감독 테일러 쉐라던, 수입·배급 워너브라더스코리아(주), 2021

안젤리나 졸리가 '역대급' 팜파탈(치명적 매력의 여자)이라면, 안토니오 반데라스 역시 최강의 옴파탈(치명적 매력의 남자)이다. 두 배우의 이러한 매력은 다양한 작품에서 뭇 남성이 그녀를 향해 돌진하고, 뭇 여성의 마음을 빼앗는 모습으로 활용됐다. 누구의 마음이든 흔들 수 있고 누구의 마음이든 얻을 수 있는 두 사람이 만나면 어떤 일이 벌어질까. 영화 〈오리지날 씬〉은 그 결과를 보여준다.

쿠바에 사는 루이스 안토니오 바르가스(안토니오 반데라스 분)는 미국에서 오는 줄리아 러셀을 마중 간다. 얼굴 한 번 본 적 없는 아가씨가 새벽 6시에 배에서 내리면, 3시간 뒤인 오전 9시 결혼해야 하기 때문이다.

줄리아가 보내준 사진을 들고 하선하는 여인들의 얼굴을 살피는 루이스, "당신이 바르가스인가요?"라고 묻는 여인(안젤리나 졸리 분)의 모습은 눈이 부시게 아름답다. 사진 속 수수한 모습과는 딴판이다. "미안해요. 제 얼굴에 끌려서 다가오는 남자는 바라지 않았거든요."

루이스도 말한다. "저도 속인 게 있어요. 커피 수출회사 직원이라고 했는데, 사장입니다." 줄리아가 말한다. "돈 보고 달려드는 여자는 바라지 않으셨던 거군요."

알고 보니 절세 미녀, 알고 보니 재력가인 두 사람은 곧바로 결혼식

옴파탈 안토니오 반데라스
ⓒ (주)시나브로 엔터테인먼트

을 올린다. '이런 결혼도 가능해?' 어리둥절한 관객에게 영화는 한 발 늦춰 배경을 설명한다. 사실 두 사람이 만나는 건 처음이지만, 루이스가 볼티모어 신문에 신부를 구한다는 광고를 낸 것을 계기로 편지를 주고받았고, 결혼에 이르렀다. 식은 올렸지만 수줍음이 많으니 시간을 달라는 줄리아, 허락할 때까지는 다가서지 않겠다는 루이스. 줄리아는 자신을 배려하는 루이스에게 마음이 끌린다. "아내감은 진실하고 성실하고 아이 잘 낳으면 된다"던 루이스도 줄리아에게 한눈에 반해 무엇이든 해주려 한다.

"행복한 결혼이란 없다. 행복한 죽음이라는 말이 없듯이 행복과 결혼은 양립할 수 없는 단어"라고 주장하는 루이스의 동업자 알란 조단은 이런 말도 한다. "무언가를 계속 주고 싶다면 사랑이고, 계속 받기만 하고 싶다면 욕정이다." 그의 말에 대입해보면, 루이스의 마음은 '사랑'이다. 재력에 꽃미남 독신으로 자유로이 살던 루이스는 이제 줄리아만 바라본다. 그녀의 손짓을 기다린다. 사랑에 빠져버렸다.

드디어 줄리아가 다가섬을 허락한다. 완벽하게 하나 되는 두 사람, 줄리아를 아끼는 손길 하나에서도 배려가 느껴진다. "이렇게 행복한 적은 없었어!" 루이스는 줄리아와의 하루하루가 꿈만 같다.

팜파탈 안젤리나 졸리
ⓒ(주)시나브로
엔터테인먼트

'모든 것을 다 주고 싶은 아내!'인 건 맞는데, 정말로 전 재산을 훔쳐 달아났다. 그 와중에도 잃어버린 재산이 아니라 줄리아가 돌아오지 않을 것 같음에 눈물을 흘리는 루이스. 어떻게든 다시 만나겠다는 일념으로 사설탐정과 찾아 나서는데, 정작 줄리아를 찾은 건 탐정이 아니라 루이스다. 줄리아를 본 순간 또 한 번 무장해제, 그저 내 곁에 머물기만을 바란다.

그 꿈이 이뤄지기까지는 숱한 역경과 수난이 두 사람을 기다리고 있다. 줄리아가 숨기고 있는 과거 아니 끔찍한 오늘의 현실, 줄리아를 위해서라면 목숨도 거는 루이스가 과연 줄리아를 지옥의 땅에서 벗어나게 할 수 있을까. 줄리아에게 필요한 건 자신을 구원해줄 남자인가, 자신을 던져서라도 지키고 싶은 사랑인가.

말로 다 할 수 없는 고난을 겪는 두 사람을 보며, 그런 가운데서도 '함께 있기'만을 바라는 두 연인을 보며 제목의 의미를 생각한다. 그들은 어떤 오리지날 씬(Original Sin, 원죄)을 지었기에 이토록 가혹한 운명에 마주 서야 하는가. 사랑이다, 사랑한 죄. 당연히, 사랑이 죄라는 얘기는 아니다. 두 사람이, 처음에는 루이스가 나중에는 본명이 드러난 '보니 캐슬'이 겪어본 적 없는 처참하고 비루한 현실과 형벌과도 같은 상황에 스스로 걸어 들어가는 이유가 사랑이라는 것이다. 그러면서 두 사람은 행복해하며 이구동성으로 말한다.

"사랑은 피할 수 없는 것!"

어찌 보면 '사랑' 없이도 잘만 이루어질 것 같은 치명적 매력의 남녀가 도리어 사랑 하나에 인생을 걸고 목숨을 건다. 둘이 함께 있기 위해서라면 그 무엇이든 감수하려 하고 어떤 대가든 치르려 하는 모습에서 오롯이 드러난다, '사랑'이라는 것의 실체가. 진짜 사랑이다!

영화가 말하고자 하는 바가 더욱 또렷이 전달될 수 있는 이유는 바로 지구 최강의 마성의 매력을 지닌 안젤리나 졸리와 안토니오 반데라스가 함께했기 때문이다. 두 사람은 따로 있어도 그 섹시미를 감당하기 어려운데 함께 어우러지니 눈길을 붙들고 놓아주지 않는 그림, 구스타프 클림트의 〈연인〉(키스)처럼 아름답다.

44 그리스

뮤지컬영화의 지존, 존 트라볼타

제작 1978 등급 12세 관람가
장르 뮤지컬/로맨스/멜로 국가 미국
감독 랜들 클라이저(Randal Kleiser)
러닝타임 115분

복고풍 패션, 댄스, 뮤직… 추억의 대향연
스타 디바 올리비아 뉴튼 존의 스크린 나들이

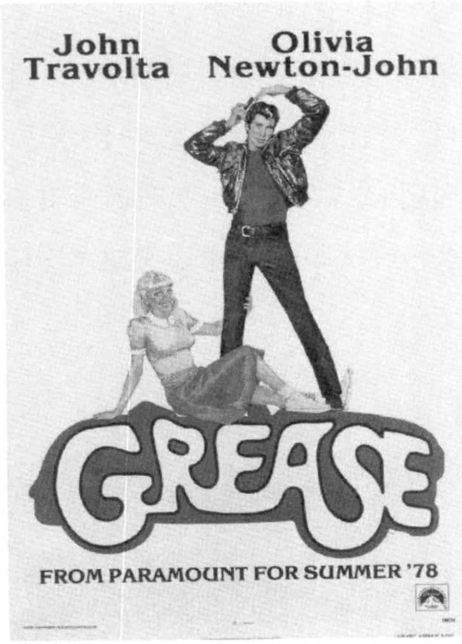

〈그리스〉 포스터 ⓒ DAUM 영화 포토

여름 휴가철이 되지 않았는데 마음이 먼저 휴가를 향해 달릴 때가 있다. "코끼리는 생각하지 마!" 하면 코끼리 생각을 더 하게 되듯, 지나간 여름날의 추억들을 자꾸만 떠올리는 나를 발견한다.

추억은 영화 속에서 곧잘 복고풍으로 재현된다. 2007년 작 미국 영화 〈헤어스프레이〉는 한껏 부풀린 머리에 원색 의상으로 1950년대를 스크린으로 소환했다. 스프레이 한 통은 뿌려야 고정될 것 같은 머리를 보는 것만으로도 '과거'가 시간 배경임을 알게 한다. 1990년대를 배경으로 한 〈삼진그룹 영어토익반〉(2020)만 봐도 스모키 화장에 넓은 금줄의 목걸이, 어깨가 과장된 의상이 등장한다. '에이, 1990년대에 저랬다고? 1970년대 아니야?' 싶지만, 그랬다. 그 시절의 패션을 옮겨온 건데 마치 한참 전의 것처럼 느껴진다.

뮤지컬영화 〈그리스〉 역시 복고풍 패션의 향연을 즐길 수 있다.

1978년 개봉한 영화를 2021년 오늘 보면 그 자체로 복고풍일 것 같지만, 그렇지 않다. 1978년 당시를 배경으로 만들어진 영화였다면 다분히 현재성이 느껴졌을 테지만, 20년 전인 1950년대 말을 배경으로 했기에 의상부터 헤어, 동작부터 말투, 노래와 춤에 복고적 느낌이 물씬하다. 과거를 추억할 때면, 당시의 유행 가운데 특징적이었던 것들을 뽑아 집약적으로 표현해내기에 훨씬 더 복고풍 일색으로 연출된다. 그래야 추억이 더 '향'처럼 번진다.

존 트라볼타는 〈그리스〉에서 리델고등학교 졸업반 대니 주코 역을 맡았다. 교내 클럽 '티버즈'의 리더 격으로 노래도 잘하고 춤도 기가 막히게 잘 춰 여자들에게 인기 많은 학생인데, 남자친구들에게 으스대느라 '문란'한 사생활을 과장하고 가장하는 측면이 있다. 대니는 당시 유행이던 가수 엘비스 프레슬리의 의상이며 헤어스타일을 연상시키는 패션을 고수한다. 특히 빗으로 머리를 종종 빗곤 하는데 정수리에서 이마 위

리델고등학교 '티버즈' 멤버들. CF에서 종종 패러디되던 그 장면 ⓒ DAUM 영화 포토

로 뻗은 머리칼들을 고정하자면 끈적한 머릿기름, 그리스(grease)가 필수로 보인다.

마치 마이클 잭슨의 〈문 워크〉를 앞으로 걷듯, 춤을 추듯 독특하게 걷는 모습처럼 언제나 멋지게 연출된 모습을 보이려 하지만 실제로 대니는 마음 착하고 의리 있는 고교생이다. 학교를 벗어나 여름방학 해변에서 만난 샌디 올슨(올리비아 뉴튼 존 분) 앞에선 특히나 감성적이고 순수한 청년이었다. 물론 방학이 끝나고 학교에서 만난 친구들에겐 '또 하나의 열애'였던 것처럼 카사노바 면모를 자랑했다. 그런데! 호주로 돌아간다던 샌디*가 전학을 오면서 일이 꼬이기 시작한다. 친구들 앞에서의 '사내' 이미지를 깰 수도 없고, 자신을 순한 양으로 아는 샌디를 놓칠 수도 없다.

샌디의 마음을 얻었다가 화나게 했다가 우왕좌왕하는 대니. 우정과 사랑 사이의 좌충우돌 성장기가 〈그리스〉의 기둥 줄거리다. 사실 줄거리가 중요한 영화가 아니다. 샌디에게 잘 보이기 위해 농구에서 야구, 씨름에서 달리기, 카레이싱까지 도전하고 기회만 되면 현란한 춤과 노래를 선보이는 대니를 통해 존 트라볼타의 활약이 이어지는 데 초점이 맞춰져 있다. 바로 1년 전 개봉한 영화 〈토요일 밤의 열기〉를 통해 입증된 '디스코 춤의 화신' 존 트라볼타의 재능과 스타성을 즐기는 영화다.

마치 몸이 일본 애니메이션 〈원피스〉의 주인공처럼 탄성 좋은 소재로 이뤄진 듯 존 트라볼타의 춤에선 탄력이 느껴지고, 땅이 아닌 방방이 위에서 뛰는 듯한 경쾌함이 다리의 움직임에 있다. 춤을 추다가 하늘로 획 튀어 오른다 해도 놀랄 일이 아닐 것처럼 다른 사람과는 다른 크기의 중력을 받는 듯 가벼워 보인다.

그뿐만이 아니다. 당시 남녀 이상형의 대명사로 꼽히던 존 트라볼

* 올리비아 뉴튼 존 역시 영국에서 태어나 호주에서 자랐다.

타와 올리비아 뉴튼 존이 한 영화에 출연했다. 배우로는 신인이라 해도 가수로서는 이미 1974년도에 발표한 〈I Honestly Love You〉(진실로 당신을 사랑해요), 1975년도 곡 〈Have You Never Been Mellow〉(느긋해본 적은 없니)를 빌보드 싱글차트 1위에 올린 스타 디바가 뮤지컬영화의 주인공으로 등장한 것이다.

마론인형처럼 예쁜 얼굴에 가녀린 몸매, 깨끗한 목소리에 빼어난 가창력. 샌디 역을 맡은 올리비아 뉴튼 존은 순정만화를 찢고 나온 주인공처럼 청초하게 아름답다. 끝에 가선 '얌전 소녀'의 이미지를 버리고 '걸크러시' 모습으로 등장하는데, 같은 사람이 맞나 싶을 정도로 반전 매력을 내뿜는다.

리델고등학교 졸업파티이자 TV로 중계되는 댄스경연대회에서 커플 댄스를 선보이는데 정말 아름답다. 만능 춤꾼 존 트라볼타가 리드하긴 하지만, 올리비아 뉴튼 존도 수준급 댄스 실력을 자랑한다. 두 사람뿐 아니라 배경으로 보이는 조·단역들의 춤솜씨가 대단하다.

20세기 청춘의 아이콘. 노래할 때 아름다운 올리비아 뉴튼 존, 춤출 때 멋진 존 트라볼타 ⓒ DAUM 영화 포토

뮤지컬영화인 만큼 노래를 빼놓을 수 없다. 어깨를 들썩이게 하는 노래들, 사랑을 고백하고 의심하고 아파하는 노래들, 다 함께 내일을 향해 나아가는 노래 등 다양하다. 1959년을 배경으로 한 1978년 영화이다 보니 남녀관계의 양상이 현재와 달라 못마땅할 수 있고, 줄거리가 중요한 영화가 아니다 보니 서사와 개연성을 중시하는 이들에겐 엉성해 보일 수 있는데, OST에 대해서는 이견이 있기 힘들 만큼 주옥같은 노래들이 많다.

존 트라볼타와 올리비아 뉴튼 존이 함께 부른 〈Summer Nights〉(여름밤), 〈You're The One That I Want〉(내가 원하는 건 당신뿐), 〈We Go Together〉(함께 가요)가 마음을 간지럽히고, 엘리자베스 테일러의 육감적인 미모를 연상케 하는 스톡카드 채닝의 〈Look At Me, I'm Sandra Dee〉(나를 봐, 내가 바로 샌드라 디)는 거친 힘이 느껴진다. 잠시 미용학교에 간 프렌치(디디 콘 분)에게 복귀를 권하는 틴 엔젤(프랭키 아발론 분)이 부르는 〈Beauty School Drop-Out〉(미용학교 중퇴해)은 즐겁다.

그래도 가장 명곡은 올리비아 뉴튼 존의 노래 〈Hopelessly Devoted To You〉(어찌할 바 모르게 네게 빠져 있어)다. 애초 영화 출연 당시부터 독창곡을 하나 넣을 것을 계약했지만, 촬영이 중반을 넘어서도록 올리비아 뉴튼 존을 위한 곡이 나오지 않았다고 한다. 이에 올리비아 뉴튼 존의 프로듀서 존 패러가 샌디가 부를 아리아를 위해 오랜 시간 가사에 공을 들여 운율까지 맞춰 쓰고 작곡했다. 해변에서 만났을 때와는 사뭇 다른 대니에 대한 혼란스러움과 멀어진 것 같은 마음에 관한 아쉬움, 그러나 포기할 수 없고 다시 돌아와주기를 바라는 마음이 담긴 애절한 노래다. 배우 하정우도 tvN 예능 〈곽씨네 LP바〉에서 인생 노래 5곡 가운데 하나로 소개한 바 있다.

문득 떠오른 사실! 존 트라볼타가 글 초반에 얘기한 〈헤어스프레이〉에도 나왔다. 주인공 트레이시(니키 브론스키 분)의 아빠가 아닌 엄마!

에드나 역할로. 남자 배우가 엄마로 분해도 어색하지 않을 만큼의 연기력을 지니기도 했지만, 뮤지컬영화엔 존 트라볼타가 제격이다. 〈토요일 밤의 열기〉, 〈그리스〉 외에도 V자 댄스를 비롯해 그의 아이디어로 탄생한 춤을 볼 수 있는 〈펄프 픽션〉이라는 명작 'B급 영화'가 존 트라볼타에게 제2의 전성기를 가져다주었다. 이 가운데 〈그리스〉를 가장 먼저 챙겨 볼 일이다.

45 복수는 나의 것

박찬욱·송강호·배두나·신하균 예술장인들의 초심

개봉 2002 등급 청소년 관람불가
장르 스릴러/범죄 국가 한국
감독 박찬욱 러닝타임 120분

가끔은 '완벽한 영화'가 필요해!
류승범·정재영·신정근 등 조·단역 찾는 재미 꿀맛

〈복수는 나의 것〉 포스터 © CJ ENM

일가를 이룬 이들의 시작을 보는 일은 재미도 쏠쏠하고 의미도 깊다. 위인전을 읽는 이유다. 영화 가운데 감독부터 배우까지 거장이 되고 최고가 된, 예술장인들의 초창기를 한꺼번에 볼 수 있는 작품은 그리 흔하지 않다. 후일 감독이 마스터가 되었다 해도 출연 배우들은 무명으로 끝났을 수도 있고, 그 반대의 경우도 마찬가지다.

그런 드문 기적이 일어난 영화가 바로 〈복수는 나의 것〉이다. 감독 박찬욱은 세계적 거장이 됐고, 송강호는 한국어 연기만 했음에도 세계 영화인들이 이름을 아는 배우가 됐고, 배두나는 일본을 시작으로 할리우드 영화와 드라마에 진출한 배우가 됐고, 신하균은 대한민국 최고의 표현력을 자랑하는 '연기 괴물'이 됐다. 2022년 5월, 제75회 칸국제영화제에서는 감독 박찬욱이 〈헤어질 결심〉으로 감독상을, 배우 송강호

이때부터 이미 명배우
ⓒ CJ ENM

가 〈브로커〉로 한국 배우 최초 남우주연상을 받는 광경이 펼쳐졌다.

그 밖에도 연기파 류승범과 정재영이 각각 뇌성마비 남자, 동진(송강호 분) 전처의 재혼남이라는 조·단역으로 힘을 보탰고, 차진 연기력의 이대연과 기주봉이 동진의 복수를 돕는 형사와 동진에게 해고된 노동자로 분했다. 신정근, 오광록, 김익태가 말 한마디 없이 조용히 미영(배두나 분)의 복수를 한다. 류(신하균 분) 누나 역의 임지은은 물론이고 류승완 감독, 이금희 아나운서 등 영화를 보다 보면 반가운 얼굴들이 끝없이 등장해 미소가 커진다.

어마어마한 내공의 예술장인들이 한 데서 만난 〈복수는 나의 것〉은 아이러니의 아이러니가 이어지는 비정한 드라마다.

시청각장애인 동생 류를 미술대학에 보내려고 몸 아끼지 않고 일하던 누나는 신장병을 얻어 목숨이 위태롭다. 그런 누나를 위해 신장을 주고 싶어도 혈액형이 달라 기증하지 못하는 동생은 장기밀매업자에게 자기 신장과 1,000만 원을 넘기지만, 알몸뚱이로 버려진다.

갖은 헛고생을 했는데 기증자가 나타난다. 기증자가 나타났는데 수술비가 없다. 유괴 범죄까지 저질러 수술비를 마련했는데, 수술받을 누나가 없다.

누나를 잃은 동생은 장기밀매업자에게 복수를 결심한다. 딸을 잃은 아버지는 유괴범에게 복수를 다짐한다. 자신들이 잘하는 일, 야구방망이 휘두르고 전기 기술을 써서 복수를 실행한다. 복수는 했는데 자신이 죽는다. 복수의 성공이 나의 파멸을 부른다.

감독 박찬욱은 누구에게도 '내 것'이기만 한 복수를 독점으로 허락하지 않는다. 아이러니가 물고 물리는 먹이사슬과도 같은 복수 파노라마의 참혹한 결말을 명징하게 보여준다.

박찬욱은 고약하다. 이 잔인한 사적 복수를 영화적으로 너무나 아름답게 그렸다. 연기, 미술, 음악이 좋은 건 물론이고 장면 장면의 미장센이 완벽하다. 아버지 동진이 딸이 흘러간 강에 와서 말할 수 없는 심정으로 담배를 태우다가 꽁초를 버리는데, 이 모습을 꽁초가 버려지는 물 아래서 카메라에 담았다. 보는 순간 압도당하고 본 후에 잊히지 않는 이 한 장면을 보는 것만으로도 만족감이 하늘로 솟구치게 예술적이다.

이 외에도 이루 다 설명하기 입 아프게 박찬욱 감독은 〈복수는 나의 것〉이 소설이 아니라 영화여야 하는 이유를 모든 요소가 완벽하게 종합된 영상으로 보여준다. 끝내준다. 함께한 배우와 스태프의 땀을 배신하지 않은 연출이다. 문득 궁금하다. 〈복수는 나의 것〉을 탄생시킨 모든

명배우의 초심

이들은 지금도 그때 그 일을 해냈던 초심과 행동력을 간직하고 있을까.

가끔은 흠잡기 힘든 영화를 볼 필요가 있다. 우리의 머리가 맑아지고 감성이 돋고 눈이 좋아진다. 요즘 흔히 보이는 대형 기획 영화들이 놓치고 있는 게 무엇인지, 왜 돈을 쏟아붓고도 엉성한 결과물로 마무리되는지 헤아려진다.

46 리틀 걸

미안하다, 사랑한다 샤샤

제작 2020 등급 12세 관람가
장르 다큐멘터리 국가 프랑스/덴마크
감독 세바스찬 리프쉬츠(Sebastien Lifshitz)
러닝타임 85분

극영화보다 더욱 극적인 실화 다큐
'섬' 샤샤에게 내 편이 있다는 행운

〈리틀 걸〉 포스터 ⓒ DAUM 영화 포토

세상이 사람을 여자와 남자로 나누고 있다는 걸 몇 살쯤 알았을까. 그로부터 얼마 후 그 가운데 여자임을 알았을까. 언제쯤 여자와 남자라는 단순한 구분 외에 여러 가지 성 정체성이 존재한다는 걸 알았을까. 그로부터 얼마 후 다양한 정체성을 인정했을까.

생물학적으로 타고난 성에 자연히 순응했던 것인지, 사회적으로 각인되고 키워진 것인지, 주체적으로 정체성을 인지했던 것인지 솔직히 확언하지 못하겠다. 인형 놀이를 여자만 하는 것도 아니고 꾸미고 가꾸는 걸 여자만 좋아하는 것도 아닌 요즘 세태에 비춰보면, 반백 년 전 스스로 여자라고 여겼던 근거들이 미약하기 짝이 없다.

다행이라고 해야 할지 모르겠지만, 지금에 와 돌아보면 생물학적 성과 골목이나 학교 문화에서 확인된 사회적 성이 다르지 않아서 성 정체성에 대한 고민 없이 유년기를 보낼 수 있었다. 그저 여자아이였고 여자로 살았다. 당시 고민이었다면, 남아선호사상의 잔재가 큰 문화에서 여자여서 억울한 일들이 종종 있었고 그러함에도 남자가 아니라 여자여서 좋다고 생각되는 지점들을 여자 친구와 나누며 즐거워했다.

그런데 만일 태어나기를 남자로 태어났는데 스스로 여자로 느낀다면, 아니 내가 여자인 것은 분명한데 말도 안 되게 남자의 몸으로 태어난 상황이라면, 그 아이의 절망은 얼마나 클까. 일곱 살 샤샤가 그러한 경우다. 경우, 확률, 얼마든지 일어날 수 있는 일이다.

샤샤는 영화 〈리틀 걸〉의 주인공이기는 하지만 꾸며낸 이야기 속 인물이 아니다. 다큐멘터리영화의 주인공, 실존 인물이며 프랑스인이다.

샤샤는 이미 세 살부터 자신이 다른 성의 몸에 갇혀 있다는 것을 알았다. 자기 몸의 성기가 싫었고, 장차 자신의 몸에 아기를 품을 수 없다는 것이 슬펐다.

"커서 여자가 될래요."

아무리 허황한 꿈도 격려해줘야 하는 게 엄마지만, 남자의 몸으로 태어나 여자가 되겠다는 자식에게 엄마는 솔직하게 답했다.

다큐멘터리영화
〈리틀 걸〉 주인공 샤샤
ⓒ DAUM 영화 포토

"아니, 그럴 수는 없는 일이야."

이다음에 크면, 어른이 되면 몸과 마음의 불일치를 해결할 수 있을 거라고 어린 마음에 혼자 믿고 스스로 달랬을 샤샤가 맞닥뜨린 첫 번째 절벽이었다.

엄마는 샤샤의 마음과 의지를 인정했고, 집에서만큼은 여자아이로 살게 했다. 문제가 생긴 시점은 초등학교에 입학하여 가정을 떠나 사회로 발을 내디딘 순간이다. 교장을 위시해 학교 선생님들은 서류상에 적힌 대로 남자아이로 등교하길 바라고, 샤샤는 여자이고 싶은 것도 아니고 여자일 때 편한 것도 아니고 여자인 건데 이를 받아들여주지 않는다.

그렇게 남자아이로 학교에 다니길 2년. 3학년 진급을 앞두고 샤샤의 엄마는 마음이 바쁘다. 더 이상 선생님과 다른 아이들 눈치 보며 전학 가고 싶지도 않고, 새 학년부터는 여자로서 학교에 다니게 하고 싶다. 학교는 정식 서류, 공신력 있는 전문가 의견을 요구한다.

엄마는 갖은 노력 끝에 샤샤와 파리의 아동심리 전문가, 특별히 성 정체성에 관련된 전문가를 만나러 간다. 의사는 샤샤 같은 경우를 '성불쾌감'이라고 표현한다. 자신의 생물학적 성에 대해 불편함과 불쾌감을 느끼고 받아들이지 못한다는 것이다. 다행히 의사는 샤샤를 여자로 대하는 것이 합당하다는 소견을 서류로 작성한다.

첫 번째 상담은 의도와 다르게 엄마를 위한 시간이 됐다. 엄마는 샤샤가 배 속에 있을 때 딸을 원했고 그것이 이러한 결과를 가져온 것인가 자책하곤 했는데, 의사는 아니라고 선을 긋는다. 엄마는 샤샤가 원하는 대로 치마를 입혀 키우고 딸로 대한 게 잘못된 선택이었는지 궁금해했는데, 의사는 한쪽 성을 강압적으로 강요한 것보다 나은 선택이었다고 격려한다.

첫 번째 상담은 필자 같은 못난 관객에게도 변곡점을 만들어준다.

솔직히 말하건대, 영화가 시작된 후 샤샤의 외모와 행동에 주의를 기울이고 있었다. '어쩜, 너무 예쁘게 생겼네. 아이고, 하는 행동이며 손짓이나 몸짓이 천생 여자네' 생각하면서도 '어린 샤샤가 잘못 느낀 거라면?'이라는 생각을 의식의 저 밑바닥에서 1%도 하지 않았다고 장담하진 못하겠다. 하지만! 첫 번째 상담에서 목격한 샤샤의 '눈물'. 참고 참다 눈과 입술이 'ㅅ' 자로 무너지며 울음을 터뜨리는 순간, 바로 믿었다. 샤샤는 여자구나!

당연히, 너무 예뻐서가 아니다. 내가 도둑이 아닌데 도둑으로 몰릴 때의 억울함과는 비교도 할 수 없는, 나는 진실로 여자인데 이 당연한 것을 증명해야 하는 삶을 짧다고 해도 평생 살아온 아이의 깊은 상처가 보였다. 샤샤는 약자였다. 자신의 성 정체성을 주장하는 게 아니라 드러낼 수 없어 감추고, 할 말을 삼키고 삼킬 수밖에 없는 사회적 약자였다. 저 가냘픈 꼬마가 사회적 약자로서 살아온 시간이 짐작되고도 남아 가슴이 답답했다.

샤샤는 첫 번째 상담에서 단 한마디도 하지 않았다. 누군가에게 자신에 대해 말해도 되는 기회와 권리가 자신에게 주어졌다고 생각하지 않는 게 보였다. 엄마가 곁에서 단지 '밀었다', '화장실' 같은 에둘러 점

신이 모든 곳에 있을 수 없어 엄마가 있다.
ⓒ DAUM 영화 포토

잖게 표현한 말들로 샤샤가 겪은 일을 언급했을 뿐인데, 참았던 눈물이 솟아나 흘렀다.

시간이 흐른 뒤 이뤄진 두 번째 상담에서 샤샤는 "친구가 한 명 생겼다"며 한층 밝아진 표정을 보였지만, 그사이 있었던 슬픈 사건들은 말하지 않았다. 의사가 발급해준 서류 덕분에 여자로 3학년을 다니게 된 뒤 이뤄진 세 번째 상담에서 샤샤는 정말이지 밝은 모습을 보였다. 얘기할 만한 일이 있었느냐는 의사 선생님의 질문에 샤샤는 있지만 하지 않겠다고 답했다. 늘 자신을 위해 싸우는 엄마의 마음을 헤아리는 샤샤이기에 "그럼 따로 얘기하겠느냐"고 해도 샤샤는 하지 않겠다고 했다. 발레 수업에서 있었던, 의사의 표현을 빌리자면 고발해 마땅한 폭력을 엄마가 대신 전하자 샤샤는 입술을 깨물며 울음을 참았다.

누구도 원망하지 않으려는, 그들마저 이해하려고 애쓰거나 용인하려는 어린 소녀의 태도가 눈물샘을 터뜨린다. 즐겁고 기쁜 일은 말하되 상처는 입에 담을 엄두도 못 내는 모습에서 우리 사회가 성소수자에게 얼마나 폭력적인지를 절감할 수 있다. 자신을 함부로 대하는 이들조차 미워하지도, 원망하지도 못하는 샤샤가 너무 안쓰러워 우리의 옹졸함을 사과하고 싶어진다. 세상의 수많은 '샤샤'들에게도 함께.

영화 〈리틀 걸〉은 다큐멘터리영화인데 마치 극영화처럼 느껴진다. 영화보다 더 드라마 같은 현실이 소재인데다 애잔한 사연에 대한 줌인과 줌아웃을 적절히 해낸 세바스찬 리프쉬츠 감독의 탁월한 연출력 덕분이다.

샤샤의 성 정체성을 인정하고 하지 않고를 떠나 영화를 보노라면 한 가지는 확실하게 느껴진다. 세상 그 누구도 내 편을 들어주지 않을 때, 맞서 싸울 힘이 없거나 자신이 없을 때 나를 위해 싸워주는 누군가가 있다는 것이 얼마나 큰 행운이고 행복인가. 샤샤에게는 엄마를 위시해 아빠, 언니, 오빠, 남동생이 있다. 새로 손잡아주는 의사 선생님, 친구,

이웃… 조금씩 마음을 여는 이들이 늘고 있다.

도저히 해결할 수 없을 것 같은 문제에 부딪힌다 한들, 어린 샤샤 앞에 놓인 가시밭길만 할까. 샤샤는 '당연히'(당연히 남자, 당연히 여자)가 폭력이 되는 삶을 살고 있다. 게다가 우리는 샤샤보다 나이도 많다. 샤샤도 포기하지 않고 헤쳐나가는데 우리도 힘을 내야 한다. 연약해 보이지만 부서지지 않는, 사랑스러운 샤샤가 살아갈 세상에 조금이라도 힘이 되는 우리이기를.

㊼ 관능의 법칙

〈겨우 서른〉 그 후 10년, 〈관능의 법칙〉

개봉 2013 등급 청소년 관람불가
장르 드라마/코미디 국가 한국
감독 권칠인 러닝타임 108분

중드 〈겨우 서른〉 세 친구의 중년 된 모습
그 7년 전 한국 영화 〈관능의 법칙〉에서 발견!

〈관능의 법칙〉 포스터 ⓒ 롯데엔터테인먼트

넷플릭스에서 볼 수 있는 중국 드라마 〈겨우 서른〉(三十而已, 2020)은 이제 막 서른 살을 맞이하는 세 여성의 일과 사랑을 그렸다. 한국 영화 〈관능의 법칙〉은 그로부터 10년 뒤쯤의 상황, 인생의 황금기 40대를 보내는 세 여성의 일과 사랑을 좀 더 농염하게 그렸다.

〈겨우 서른〉의 주인공들은 동갑내기다. 상하이 명품매장 '미실'에서 일하며 오늘보다 나은 내일을 꿈꾸는 왕만니(장수잉 분. '매기 지앙'이라는 이름으로도 활동. 한국에서는 '강소영'으로 불림), 모든 기준을 남편과 아이, 가정에 두고 '헬리콥터' 부인이자 엄마로 삶을 매니지먼트 하는 구자(통야오 분), 대형빌딩관리회사 사무직원으로 언제나 밝고 친절하고 귀엽고 사랑스럽지만 남편만 보면 서운함이 켜켜이 쌓인 먹구름이 드리우는 중샤오친(마오샤오퉁 분)이 각기 다른 매력과 '인생 숙제'로 시청자의 눈을

중국 드라마 〈겨우 서른〉 캐릭터컷. 시간으로는 〈겨우 서른〉 주인공들의 10년 뒤 모습이 〈관능의 법칙〉 같지만, 제작은 〈관능의 법칙〉이 7년 먼저다.
ⓒ 넷플릭스 홈페이지 화면 갈무리

붙든다.

〈관능의 법칙〉에서는 두 명의 친구 신혜와 미연, 한 명의 언니 해영이 주인공이다. 정신혜(엄정화 분)는 방송국 예능 PD. 오랜 세월 남자친구 이성욱(최무성 분)을 위해 프로그램 기획서를 대신 쓰고 영상편집 밤샘마저 대신해 국장 자리에 오르게 도왔건만, 남자는 20대 신입과 결혼한다. 결초보은도 모자랄 판에 배신도 이런 배신이 없는데, "하룻밤 실수가 잉태로 이어졌으니 어쩔 수 없다"는 성욱의 뻔뻔한 거짓말을 믿는다. 조카뻘 후배 황현승(이재윤 분)의 '직진' 구애로 교제를 시작하는데, 어느새 그의 기획서를 자신이 쓰고 있다. 일머리는 똑똑하지만 사랑에는 젬병. 일은 전국 최고로 잘하면서 "사랑은 하지만 비혼주의자"라는 량정센(마지위 분)의 거짓말을 믿는 만니를 연상시킨다. 세 사람 가운데 유일하게 미혼인 것도 같다.

조미연(문소리 분)은 구자처럼 모든 기준을 가정에 두는 인물로, 전업주부다. 아이는 유학 보냈고, 남편 이재호(이성민 분)와는 결혼할 때 약속한 '주 3회'를 관철하며 살고 있다. 인생에서 섹스가 중요한 만큼 하루의 반나절을 헬스클럽에서 보내 온몸에 군살이라고는 찾아볼 수 없고 잔근육이 발달한 미끈한 몸매의 소유자다. '완벽한 아내' 구자의 기에 눌려 어깨가 움츠러든 남편 쉬환산(리쩡펑 분)처럼 미연의 남편 재호도 '고개 숙인' 남자다. 그런 남편의 기를 살려보겠다고 잠자리에 '메이드(하녀) 코스프레'까지 감행하는 열혈파다. 세 여성 가운데 가장 돋보이는 패션 감각을 지닌 것도, 한눈판 남편을 좌시하지 않는 것도 구자와 같다.

이해영(조민수 분)은 흡사 샤오친처럼 통통 튀는 에너지에 애교 섞인 말투와 콧소리를 지녔다. 나이만 들었을 뿐 마음은 소녀인데, 더 늦기 전에 '진한' 연애도 하고 싶다. 빵 구워 홀로 딸 수정(전혜진 분)을 키웠건만 서른이 다 된 자식은 독립을 모르고 얹혀살려 한다. 딸 좀 내보내고 목하 열애 중인 최성재(이경영 분)와 한집살이 알콩달콩 해보는 게 소원인데, 남친이 "연애는 예스, 결혼은 노"란다. 일이 풀리려니 딸이 혼전임신으로 결혼을 서두르고, "결혼, 한 번 해본 걸로 충분하다"던 목수 남친도 맘을 바꾸는데… 그만, 중병에 걸리고 만다. 인생 가장 깊은 계곡을 경험하지만 같은 남자와 두 번 사랑하는 것도, 화사한 일상복으로 화면을 빛내는 것도 샤오친과 같다.

이렇게 비교해보면, 시대 의식과 감성을 누구보다 빠르게 읽어 작품화하는 한국의 제작사 명필름(공동대표 심재명·이은)의 〈관능의 법칙〉을 7년 뒤 중국에서 세 여성의 일과 사랑이라는 이야기 틀과 각각의 캐릭터 특성을 참고해 〈겨우 서른〉을 기획했다고 해도 믿어질 만큼 비슷하다. 결론을 지어놓고 바라본 결과일 테지만, 연상작용이 이는 것도 사실이다.

이야기의 초점은 유사성이 아니다. '관능의 법칙' 자체다. 이제 막 서른이 된 이들의 이야기보다, TV 드라마보다 한층 화끈하다. 인생 좀 더 알게 된 언니들의 이야기, 30대와는 다른 40대의 고민과 감성이 108분의 영화 안에 진하게 녹아 있다.

출연 배우만 봐도 면면이 놀랍지만, 연기를 보면 더욱 놀란다. 권칠인 감독과 이수아 작가는 우리가 익히 그 이름과 연기 스타일을 안다고

남이 아닌 우리, 2030의 미래, 4050의 오늘 이야기 〈관능의 법칙〉 ⓒ 롯데엔터테인먼트

생각해온 그들의 새로운 모습을 끌어냈다.

배우 문소리에게 섹시한 아름다움이 있다는 것은 〈바람난 가족〉(2003) 때부터 이미 각인됐지만, 〈관능의 법칙〉을 보면 다시금 놀란다. 관능적이다. 연기파 배우가 하니 노출도, 정사 장면도 남다르게 아름답다. 극 중에서 상대 배우 이성민에게 메이드 코스프레를 먼저 제안하는 캐릭터의 대담함, 극 밖에서 "오히려 연기할 때는 부끄러운 게 더 재미있다"는 배우로서의 당당한 태도가 멋지다. '헬스클럽에서 반나절을 보낸다'는 미연의 말을 온몸으로 확인시켜야 하는 배우의 고충을 제대로 감당하며, 확실히 19금 영화의 '비주얼'을 담당했다.

배우 조민수는 인형 같은 미모로 필자의 기억창고에 저장돼 있다. 1987년 봄, 드봉 미네르바 화장품 모델로 등장했을 때 하얀 재킷에 챙 넓은 모자, 흰색 귀걸이가 인상적이었다. 여름엔 파랑 줄무늬 수영복을 입고 아이스쿨 화장품을 광고했는데, '어른이 되면 꼭 사야지' 하는 마음을 자극하는 CF였다. 연기도 잘하고 눈썹을 찡그리며 우는 연기가 참 예뻤던 배우를 한참 볼 수 없어 아쉽다가 영화 〈피에타〉(2012)로 만나 반가웠다.

〈피에타〉의 베니스국제영화제 황금사자상도 물론 좋았지만, 조민수가 여우주연상 받는 걸 응원할 만큼 한층 깊어진 연기력에 감탄했다. 인터뷰로 만났을 때는 세월을 비껴간 외모에 놀랐다. 날씬한 몸매는 물론이고, 인위적으로 손대지 않은 얼굴이라는 설명에 눈을 비볐다. 〈관능의 법칙〉에서도 신혜, 미연과 친구라 해도 자연스러운 미모를 뽐낸다. 세 배우 중 가장 먼저 태어났는데, 귀여움은 조민수의 몫이다. 카섹스도, 성재와의 재회 후 다소 민감한 베드신도 조민수가 하니 '소녀소녀하다'.

배우 엄정화는 가장 섹시한 역을 맡았을 것 같지만 정반대다. PD라는 직업에 걸맞게 옷도 세 사람 가운데 가장 중성적으로 입고 말투 또한 그렇다. 승환과의 애정 행위에서 감출 수 없이 드러나는 육감적 볼륨은 엄정화 그대로지만… 싸구려 모텔에서 옴을 옮아 긁적대는 모습. 대본에 저 장면까지 있었을까 싶은 순간에도 계속 긁어대는 모습이 리얼 연기다. 타고난 몸매가 아니라 서핑 등으로 다진 건강미를 피력하고, 영화 〈오케이 마담〉, 드라마 〈닥터 차정숙〉에서 다시금 확인되듯 어떤 배역을 맡든 온몸 던져 연기하는 성실성이 빚어낸 결과다.

40대 이상에게는 오늘 내 직장과 가정과 가족에게 이미 닥쳤을지 모를 문제를 풀 열쇠를 재미있게 찾게 하고, 2030에게는 장차 닥칠 인생 숙제를 예습하게 하는 〈관능의 법칙〉. 수학 문제보다 천 배 쉽고, 물리 법칙보다 만 배 재미있는 어른들의 영화를 만나보자. 중반까지 재미있다가 마무리 못 해 쩔쩔매는 드라마나 영화에 지친 당신이라면, 마침표까지 완성도 있게 찍는 영화로 해소하자.

㊽ 에곤 쉴레: 욕망이 그린 그림

주인공이 잘생겨서 별 다섯?

개봉 2016 등급 청소년 관람불가
장르 드라마 국가 오스트리아/룩셈부르크
감독 디터 베르너(Dieter Berner)
러닝타임 109분

예술 자체를 욕망한 표현주의 화가의 최후
영화 〈토탈 이클립스〉, 〈리틀 애쉬〉와 다른 점
"새로운 예술은 없고 새로운 예술가가 있을 뿐"

〈에곤 쉴레: 욕망이 그린 그림〉 포스터
© (주)티캐스트

화가나 시인, 음악가를 주인공으로 한 영화들을 좋아한다. 역사적 사실을 바탕으로 개연성 있는 상상력이 보태진 영화들을 보노라면, 세부 사항은 과거 현실과 다를지라도 그 사람의 생애와 철학 개요를 알게 되고 명작 탄생의 숨겨진 이야기를 알게 되는 재미가 있다.

특히 화가의 경우엔 익히 알고 있던 명화 속 인물이나 배경이 살아나 현실 공간 속에서 움직이는 것만 같아 특별한 경험이 된다. 반대로 영화를 보고 난 후 작가의 그림들을 찾아보면, '아, 영화 속 그 장면이 이 그림과 관련이 있는 것이었구나' 싶은 명화를 만날 때 어쩐지 그 그림의 더 깊은 곳으로 들어가는 것만 같은 판타지를 경험하기도 한다.

〈에곤 쉴레: 욕망이 그린 그림〉(이하 〈에곤 쉴레〉) 역시 같은 맥락의 재미와 흥분을 기대하며 택한 영화였다. 그런데 조금 달랐다. 특별했다. 그

특별함을 이 영화의 특성만으로 설명해낼 수 있다면 좋으련만, 재주가 부족해 다른 영화와의 차이를 통해 얘기해본다.

영화 〈토탈 이클립스〉(1995)는 현대 시의 면모를 바꿔놓았다고 평가받는 아르튀르 랭보(리어나도 디캐프리오 분)와 어린 천재를 세상으로 이끈 시인 폴 베를렌(데이빗 듈리스 분)의 격정적인 부딪힘을 그렸다. 프랑스 전역을 배경으로 한 영화를 보고 나면, 도전적이고 열정적이던 랭보의 강렬한 모습 뒤에 가려져 있던 면모, 세상 그리고 그 밑바닥 삶에 대해 다감한 눈길과 순수한 책임감을 지닌 '시심'이 다가온다. 무엇을 써야 하는지를 아는 천재와 어떻게 써야 하는지를 아는 노력형 스승이 맞부딪쳐 아프게 성장하는 모습에서 '관계'란 무엇인가에 대한 질문을 우리에게 남긴다.

영화 〈리틀 애쉬〉(2008)는 초현실주의 화가 살바도르 달리(로버트 패틴슨 분)와 스페인의 대표 시인 페데리코 가르시아 로르카(자비에 벨트란 분)가 거장으로 성장하기 전 이야기를 카메라에 담았다. 영화를 보고 나면, 변화의 바람이 시작된 사회에서 예술가들이 이를 선도하기도 하고 방향을 고민하기도 하는 모습이 눈에 들어온다. 혁명과 예술의 관계, 그 사상적 역할이 중요한 이도 있으나 그 변혁의 세상에서도 사랑과 예술을 탐닉하는 이도 있다. 누가 옳다, 누가 그르다 할 수 없는 타고난 기질이나 취향, 다져온 세계관의 차이다.

영화 〈에곤 쉴레〉에는 오스트리아 표현주의 화가 에곤 쉴레(노아 자베드라 분)와 격정적이고 열정적 교우를 나누는 상대가 없다. 에곤 쉴레의 후원자이기도 했던 표현주의의 선구자 구스타프 클림트가 등장하기는 하지만, 두 사람의 관계에 주제 의식이 담기진 않는다. 이 영화의 주인공은 에곤 쉴레이고, 쉴레의 예술을 향한 욕망 자체다. 네 명의 뮤즈가 주연에서 조연에 이르기까지 등장하지만, "그림을 그리기 위해선 네가 필요해!"라는 영화 속 쉴레의 말처럼 그림이라는 예술을 욕망하는 쉴레의

욕망에 사로잡힌 인간의 고통, 예술에 사로잡힌 예술가의 고뇌를 그린 화가 에곤 쉴레를 연기한 배우 노아 자베드라

욕망에 비하면 중요한 존재가 아니다.

영화를 보는 내내 우리는 아티스트 에곤 쉴레의 욕망에 마주한다. 아르튀르 랭보가 구시대를 끝낼 '새로운 시'를 갈망하고 온몸을 바쳐 새로운 것을 새롭게 썼다면, 살바도르 달리가 발붙인 현실이 아니라 초현실로 마음을 돌려 세상에 없는 것들을 없던 방식으로 그렸다면, 에곤 쉴레는 '새로운 예술은 없고 새로운 예술가가 있을 뿐'이라는 자기 생각 그대로 스스로 새롭고자 자신을 괴롭혔다. 그는 자연이나 도시보다 사람의 욕망, 인간관계의 욕망이 그대로 드러나는 육체를 주로 누드로 그렸고, 연인들의 성교나 자신의 자위행위를 화폭에 담기도 했다.

모델료가 부족했을 만큼 가난했던 쉴레는 자화상을 많이 남긴 화가이기도 하다. 영화를 보고 나면, 새로이 깨닫게 된다. 에곤 쉴레가 욕망했던 건 자신의 욕망, 인간의 욕망이 아니라 예술 자체를 향한 욕망이었다는 것을. 예술에 사로잡혀 손을 뻗어도 뻗어도 닿지 않는 예술을 갈망하는 예술가의 삶이 보인다. 어떠한 순간, 무엇을 하는 순간에도 그림을 향한 생각을 멈출 수 없고 그리기를 멈추지 못하던 에곤 쉴레. 돈도 여자도 성공도 아닌 예술을 욕망하게 된 예술가의 삶은 처연하다. 소녀를 비롯해 모델이자 연인, 아내이자 모델을 예술을 위한 도구로 쓰기 이전

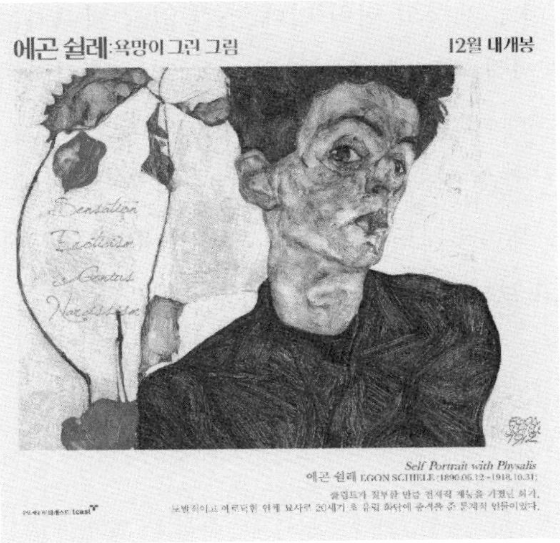

1912년, 무려 111년 전에 그려진 〈꽈리열매가 있는 자화상〉. 에곤 쉴레의 작품을 활용한 영화 포스터 ⓒ (주)티캐스트

에 에곤 쉴레 자신을 예술의 재단에 바쳤다.

1890년에 태어난 에곤 쉴레를 스물여덟 살을 일기로 저세상으로 데려간 건 당시 유행하던 스페인독감이었다.

영화를 보기 전 관객의 감상평을 읽어보니 주인공의 훈훈한 외모에 별점을 보탠다는 글들이 눈에 띄었다. 틀린 말은 아니더라. 우리에게 자주 소개되지 않는 동유럽의 조각 미남 배우 노아 자베드라가 에곤 쉴레를 맡았는데, 에곤 쉴레가 그러했듯 작품을 위해 자신의 모든 것을 던져 연기하는 모습이 인상적이다. 쉴레를 연기한 노아 자베드라는 랭보를 연기한 리어나도 디캐프리오, 달리를 연기한 로버트 패틴슨에 못잖은 미모이고 열정적 연기를 과시했다.

예술을 욕망한 예술가 에곤 쉴레를 영화로 만난 지 사흘이 지났는데 풀지 못한 숙제가 하나 남아 있다. 그림을 그 무엇에도 양보하지 않았던 화가, 그의 도덕성을 비난할 수 있을까. 어쩌면, 어떻게 탄생했는지 과정에 대한 깊은 관심 없이 훌륭한 예술작품을 보고 열광하기에 여념 없었던 관람자, 나도 에곤 쉴레의 예술적 이기주의가 받을 비난에 한

점 책임이 있는 건 아닐까. 이제 세상의 명작 앞에 조건 없이 박수하는 일도 조심스러워야 할까. 그 제작 과정에 마음 다친 이는 없는지 면밀히 확인하기 전에는 박수를 보류해야 할까.

아니, 다른 무엇도 아닌 예술 자체를 욕망하는 예술가로서 산다는 것은 어떤 삶일지 그 고통을 헤아리지도 못하겠다. 예술을 향한 진지하고도 뜨거운 욕망에 마주하고 보니 어려운 숙제가 남았다.

49 마부

영화 〈마부〉 노래 〈마부〉… 김승호, 그 후 강진·장민호

개봉 1961 등급 12세 관람가
장르 드라마 국가 한국 감독 강대진
러닝타임 95분

한국 영화 최초의 국제영화제 수상작 〈마부〉
60년 뒤 노래 〈마부〉에도 아버지의 삶 담겨
자동차·마차 공존 1960년대 서울 풍경 생생

〈마부〉 포스터
ⓒ 한국영화데이터베이스(KMDB) 영화정보

영화 〈마부〉는 1961년 작이다. 우리나라 영화 최초의 국제영화제 수상이라는 쾌거를 이뤘다.

제11회 베를린국제영화제에서 은곰상-심사위원특별상(한국영화데이터베이스 명칭 참조)을 받았다. 한국 사회가 전근대에서 근대로 이행해 가는 사회상을 교통기관의 발달 속에 사라져가는 직업인 몸을 쓰는 마부와 부상하는 자본가의 대립으로 풀어낸 강대진 감독의 연출력, 타이틀롤 마부를 맡은 배우 김승호의 열연이 큰 역할을 했다.

김승호가 연기한 하춘삼은 마주 황 사장(주선태 분)에게 말을 빌려 수레로 짐을 나르는 마부다. 하층민 가정의 가장으로서 한국전쟁 후 지독한 가난 속에서 자식들을 건사하고 큰아들 수업(신영균 분)의 고시 합격을 목표로 집안의 부흥을 도모하는 인물인데, 배우 김승호가 인생 황혼에도 쉴 새 없이 달려야 하는 아버지의 모습을 익살을 곁들여 인상 깊게 연기했다.

그리고 60년 후인 2021년 5월 3일 〈마부〉[•]가 세상에 나왔다. 평소 흥행곡이든 아니든 대한민국에 나와 있는 가요들을 전부 듣고, 마음을 파고든 노래의 작곡가를 찾아가 곡을 청할 만큼 '명곡 욕심'이 많은 가수 강진의 신곡이다.

세월 앞에 장사 있나 고장 날 때도 됐지
낡은 수레로 먼 길 왔구나 돌아갈 수 없는
머나먼 길을 숨차게 허겁지겁 달려왔구나
해보고 싶은 일도 많고 많은데
세월에 꺾이고 세상에 굶었다
인생은 마부였던가, 가야 할 지평선 머리에 이고
석양에 버드나무 말고삐 메는 인생은 마부
세월 앞에 장사 있나 고장 날 때도 됐지
낡은 수레로 먼 길 왔구나 돌아갈 수 없는
머나먼 길을 숨차게 허겁지겁 달려왔구나
해보고 싶은 일도 많고 많은데
세월에 꺾이고 세상에 굶었다
인생은 마부였던가, 가야 할 지평선 머리에 이고
석양에 버드나무 말고삐 메는 인생은 마부
인생은 마부

노래 〈마부〉 역시 고단한 인생길에 고장을 거듭하며 낡은 수레가

[•] 노래 강진, 작곡 김영호, 작사 김병걸, 편곡 송기영

된, 변변한 휴식도 없이 숨차게 달려 인생 황혼길에 접어든 이들을 위로한다. 이제 말고삐 매어놓고 좀 쉬어도 된다고 말한다. 영화 〈마부〉의 하춘삼이 들었다면 눈물지었을 노래다. 가수 강진의 깊이 있는 음색, 풍부한 감성과 어우러져 마치 영화 한 편을 보듯 지나온 세상살이가 주마등처럼 눈앞을 스치게 만드는 노래다.

강진의 노래가 발표되고 한 달 뒤, 가수 장민호가 TV조선 예능 〈신청곡을 불러드립니다: 사랑의 콜센타〉에서 〈마부〉를 불렀다. 출중한 댄스와 선한 느낌의 잘생긴 외모를 잊게 하는, 정통 트로트 가수의 가창실력을 확인시켰다. 트로트 전성시대, 대세 장민호의 선곡은 많은 사람에게 선배의 신곡을 알렸다. 팬들은 미스터트롯 영탁이 부른 〈막걸리 한잔〉과 미스트롯 양지은이 부른 〈붓〉을 떠올리며, 가수 강진을 '명곡 맛집'이라고 엄지를 세우고 있다.

최근 강진의 노래 〈마부〉를 들으며 어버이날을 앞두고 있어선지 부모님 생각이 났고, 노래의 제목과 주제 때문인지 영화 〈마부〉가 연상됐다. 오랜만에 영화 〈마부〉를 다시 봤다. 언제 봐도 요즘 말로 시간 순삭(순간 삭제). 역시나 명작은 시간의 구애를 받지 않는다.

춘삼은 전근대적 인물이다. 가장으로서의 책임감도 강하지만 가부장적이고, 아들과 딸을 대하는 태도가 구시대적이다. 큰아들 수업이 잘돼야 집안이 잘되는 것이라 믿고 있고, 말 못 하는 큰딸 옥녀(조미령 분)를 철저히 출가외인 취급하며 "죽어도 시집간 집에서 죽으라"고 으름장을 놓는다. 속 터지게 밉기보다는 시대상을 반영하는 인물일 뿐이고, 마주황 사장과 그의 부인(윤인자 분)이나 고리대금 하는 김 서기(김희갑 분)에게 천대와 박대를 당하는 모습을 보노라면 안쓰럽기 그지없다.

천성은 따뜻한 사람이다. 큰딸이 자꾸 친정에 오는 이유가 실은 남편에게 맞고 쫓겨난 것임을 알았을 때는 한달음에 사위에게 달려가 혼쭐내기도 하고, 자신의 으름장에 친정에조차 오지 못한 딸이 한강에 투

쓰러진 큰딸 옥녀(조미령 분)를 윽박지르는 아버지 춘삼(김승호 분), 이를 말리는 큰아들 수업(신영균 분), 어쩔 줄 몰라 난처한 작은딸 옥희(엄앵란 분)와 막내아들 대업(김진 분) ⓒ 한국영화데이터베이스(KMDB) 영화정보

신해 주검으로 돌아왔을 때는 누구보다 후회하고 통곡한다.

춘삼은 허리가 아프고 다리가 저리도록 열심히 살아왔건만 설상가상 되는 일이 없다. 집안의 희망 큰아들은 고시에 벌써 세 번이나 낙방했고, 큰딸은 불행한 결혼생활에 명을 다하지 못했고, 작은딸 옥녀(엄앵란 분)는 언니보다는 당차게 신분 상승을 꿈꾸지만 부잣집 한량에게 농락당하고, 막내아들 대업(김진 분)은 공부에 뜻이 없고 도둑질을 일삼는다. 그것도 모자라 춘삼은 마주 황 사장의 자동차에 치여 다리를 다치는데, 사과와 배상은커녕 말을 반납시키고 밥벌이를 빼앗는다.

고달픈 춘삼에게도 인생의 낙이 있었으니 황 사장네서 가사도우미를 하는 수원댁(황정순 분)과의 '황혼 로맨스'다. 그저 수도꼭지에 입대고 목을 축이려는 춘삼에게 다른 마부들 눈 피해 보리차도 건네고 술도 권하는 정도의 풋풋한 로맨스지만, 쓰디쓴 춘삼의 삶에서는 다디단 보살

남몰래 먹이는 밥 한 그릇에서 피어나는 연정. 어제를 보면 오늘이 보인다, 고전의 묘미
ⓒ 한국영화데이터베이스(KMDB) 영화정보

핌이자 위로다.

생각해보면 수원댁은 참으로 근대적 인물이다. 돈 많은 김 서기의 구애에도 가난한 춘삼을 택한다. 인생을 스스로 구상하고 개척한다. 평생 모은 돈을 과감히 투자해 황 사장네로부터 춘삼이 몰던 말 용이를 사서 춘삼네로 보낸다. 그 덕에 아버지 대신 취업을 고민하던 수업은 고시 공부를 계속해서 합격하고, 이제 집안의 새로운 태양이 된 수업의 제안으로 수원댁은 당당히 '어머니'가 된다.

김 서기의 아들 창수(황해 분)도 근대적이다. 아버지의 돈에 의존하는 대신 몸으로 뛰어 자신만의 사업을 시작하려 한다. 자신이 좋아하는 옥희의 헛바람 든 선택을 비난하기보다 수렁에서 건져내 빵 공장에 취직시켜 건강한 노동성을 회복시킨다. 두 사람의 미래 역시 핑크빛이다.

작은아들까지 방황을 끝내고 마음 잡고 공부하니 춘삼은 이제 행복할 일만 남았다. 쥐구멍에도 볕이 떴다. 이래도 되나 싶을 정도의 해피엔딩인데, 1950년대 신파 영화의 막을 내리게 하고 사회적 계몽 풍조를 띤 1960년대 영화가 시작되는 시기인 것을 고려하면 〈마부〉의 결말은 자연스럽다.

영화 〈마부〉는 춘삼이네 가족을 중심으로 벌어지는 인생고를 결코 어둡게만 그리지 않고 코믹의 리듬감을 얹어 즐거이 관람할 수 있다. 또 이제는 볼 수 없는 1960년대 초의 서울 풍경, 자동차와 마차가 공존하고 높은 건물이 없어 시내가 한눈에 보이는 생경한 모습을 영화로나마 만나는 재미도 있다. 배우 김희라의 아버지 김승호와 가수 전영록의 아버지 황해를 비롯해 황정순, 김희갑 등 이제는 고인이 된 명배우들의 연기, 학사 배우로 한 시대를 풍미한 엄앵란의 풋풋한 미모를 보는 감회도 새롭다.

50 피아노의 숲

익숙한 영화가 새삼 낯설어질 때

개봉 2008 등급 전체관람가
장르 애니메이션/드라마 국가 일본
감독 코지마 마사유키(Kojima Masayuki)
러닝타임 101분

'피아노의 숲'이 뭐지? 피아노가 뭐지?
피아노를 통해 배우는 '어떻게 살 것인가'
눈을 감고 소리만 들어도 아름다운 영화

〈피아노의 숲〉 포스터
ⓒ (주)에이원엔터테인먼트

여태 보이지 않던 것들이 보일 때가 있다. 애니메이션 〈피아노의 숲〉. 음악도 좋고 주인공들도 사랑스럽고 메시지도 좋지만, 매우 명쾌한 영화여서 어떤 '비밀'을 숨기고 있다고 생각하지 못했다.

사막이 오아시스라는 비밀을 품고 있어 더 아름답듯, 영화 〈피아노의 숲〉이 호평과 호감 가득한 영화임을 상기해보면 당연히 '비밀'을 품고 있을 텐데 간과했다.

늘 보던 사람이 더 아름다워 보이는 순간, 감춘 적 없지만 그렇다고 대놓고 표현하지 않아서 놓쳤던 그 매력을 발견하는 기쁨을 〈피아노의 숲〉을 다시 보며 느꼈다.

'피아노의 숲'이 무슨 뜻이지… 서로를 특별하게 하는 관계

첫 번째 생경함, 새로운 주목은 제목에서 시작됐다. 피아노의 숲이라… 무슨 뜻일까. 영화를 관람하기 전부터 피아노가 놓여 있던 숲의 장면을 보다 보니, 그저 '피아노가 있는 숲'으로 받아들였던 것 같다. 그래서 별 재미없는, 평범한 제목이라고 생각했다.

그런데 문득, '피아노의 숲이 정확히 무슨 뜻이지?'라는 의문이 돋았다. '빌딩 숲'은 높은 건물들이 마치 나무가 숲을 이루듯 빽빽이 들어찬 모습을 가리킨다. 그런데 피아노의 숲은 다르다. 피아노가 한 대뿐이다. '친구의 집', '내 가방'처럼 피아노가 주인인 숲인가? 하지만 영화 속 피아노는 이미 존재하던 숲에 버려진 존재다. 굴러들어온 돌이 주인이 되기도 하는 게 세상사지만, 피아노가 숲의 주인이기는 어렵다.

그렇다면 '몽돌 해안' 같은 게 아닐까. 개울부터 오랫동안 굴러다녀 동글동글해진 검은 몽돌이 모래 대신 바닷가를 덮은 해안을 특별히 이름 붙여 부르듯, 다른 바닷가와 '차별성'을 갖게 하는 특별한 무엇. 곱고 부드러운 모래가 파도를 맞는 백사장이 있는 바닷가를 '명사십리 해수욕장'이라고 부르듯 말이다.

말하자면, 다른 숲에는 있기 힘든데 카이네 시골 마을 숲에는 있는, 그 숲을 다른 숲과 구분 짓게 하고 특별하게 만드는 게 '피아노'다. 도쿄에 살다가 편찮으신 할머니 곁에 있고자 시골로 전학하게 된 슈헤이가 새로운 환경에 마음을 열게 되는 계기도 마을에 들어서며 들은 피아노 소리였다. 피아노에게 숲도 마찬가지다. 카이네 피아노를 다른 피아노와 구분 짓게 하고 특별하게 만드는 건 '숲'에 놓여있다는 사실이다. 숲과 피아노는 서로를 특별하게 한다.

피아노는 스스로도 특별함을 지녔다. 카이에게 종종 몸싸움을 거는 다이가쿠처럼 덩치가 크다고 해서 칠 수 있는 것도 아니고, 유명 피아니스트의 아들로 네 살부터 피아노를 배운 슈헤이라고 해서 소리를 낼 수

있는 것도 아니다. 카이의 스승인 아지노 소스케와 카이처럼 '선택받은 손'만이 소리를 낼 수 있다. 숲의 피아노는 그것을 칠 수 있는 사람을 특별한 피아니스트로 만든다. 역으로, 숲의 피아노 역시 아지노 선생과 카이처럼 자신을 칠 수 있는 존재를 만날 때만 소리를 낼 수 있다. 숲과 피아노가 서로를 특별하게 하듯 피아노와 아지노 선생, 카이와 피아노는 서로를 특별하게 하는 존재들이다.

그리고 아지노 선생과 카이도 숲의 피아노를 매개로 특별한 관계가 형성된다. '변소 공주' 다카코가 "왜 도쿄지구 1등이 우리 동네에 전학 와서 일본 중부 남지구 예선을 어렵게 하느냐"고 볼멘소리를 할 만큼 전국구 실력을 자랑하는 슈헤이건만 아지노는 슈헤이 모자의 간절한 바람에도 레슨을 사양한다. 하지만 자신의 레슨을 거부할 만큼 제 멋대로인 카이의 스승이 되고자 한다.

나만이 칠 수 있었던 피아노를 치는 소년이어서도 아니고, 타고난 천재라 전도유망해서도 아니다. 피아노를 어떻게 쳐야 하는가를 아는데, 재미와 즐거움으로 즐겨야 한다는 철학적 '큰 그림'은 본능적으로 아는데, 소소한 배움이 부족해 땅을 뚫고 나오지 못하는 '새싹'에게 힘을 주고 싶어서다.

소년, 소년을 만나다!

피아노로 특별해진 숲에서 달라도 너무 다른 소년 카이와 소년 슈헤이가 만난다. 자신은 낼 수 없는 소리를 낼 수 있는 카이, 피아노를 제대로 배워본 적도 없는데 듣기만 해도 악보를 외워 치는 카이를 보는 소년 슈헤이의 당혹스러움. 굴하지 않고, 지금까지 그래왔듯 숲속 피아노를 치는 특별한 연주법이 있을 거라며 기술적으로 접근하는 슈헤이가 있다.

나만 치는 건가 싶어 외로웠는데 피아노를 칠 수 있는 친구가 나타

어릴 때는 친구가 우주다.
ⓒ (주)에이원엔터테인먼트

난 것만으로 반가운 카이. 어릴 때 나무에서 떨어지는 자신을 받아준 뒤로 때로 침대가 되고 때로 장난감이 되어 늘 혼자인 자신과 함께해준 피아노를 이제 친구와 함께 즐길 생각에 들뜬 카이는 슈헤이가 소리를 내지 못하자 당황한다. "칠 수 있어, 칠 수 있을 거야." 응원밖에 할 수 없고 제대로 아는 게 없다는 게 속상한데.

상황은 얄궂게도 타고난 천재와 진지한 노력파를 자꾸만 이간질하고 오해는 쌓여만 간다. 언뜻 보면, 해맑은 천재를 노력으로 당할 자가 없는 것처럼 보이기도 한다. 하지만 결코, 당연히 영화가 말하고자 하는 바와는 거리가 멀다. 영화는 아지노 선생의 입을 통해 분명하게 말한다. 자기 단련과도 같은 노력으로 어린 나이에도 완벽하게 악보를 구현한 슈헤이. "선생님, 저도 카이처럼 감동을 주는 연주를 할 수 있을까요. 언젠가 가능할까요?"라고 묻는 슈헤이에게 하는 조언이다.

> *"너는 피아노를 더 사랑할 필요가 있어. 그럼 알게 될 거야, 누구와도 비교할 필요가 없다는 것을. 좋은 연주였다."*

영화는 재능을 길러내려고 하기보다 그 자체에서 재미를 느끼고 즐겁게 하는 게 중요하다고 목소리를 높인다. 저마다 '나만의 연주'를 할 수 있을 때, 재미있게 즐길 수 있다는 메시지다. 피아노뿐 아니라 인생사 모든 일이 마찬가지일 터이다.

'피아노'가 뭐지… 악기이자 친구, 자신이자 인생

새삼 새롭게 다가온 〈피아노의 숲〉의 두 번째 요소는 '피아노'였다. 피아노가 뭘 의미하는 거지? 그동안 피아노를 그저 피아노로 봤던 것 같다. 음악영화를 한 편의 시처럼, 음악처럼 가슴으로 즐기지 않고 또 영화가 말하는 바를 그대로 듣지 않고 세속의 잣대로 해석한 탓이다. 모차르트와 살리에르를 연상시키는 카이와 슈헤이를 보며 천재와 노력파의 인생을 생각하기도 하고, 서로 다른 자질이나 성향을 가진 자식이나 후배를 어떻게 키우고 대해야 할지를 고민하는 데 머리를 썼던 것 같다.

영화를 그 자체로 대하니 피아노가 크게 들어온다. 피아노로 상징된, 대표 기제로 은유됐을 뿐 우리 인생에서 저 피아노는 무엇인가. 이번엔 그것을 찬찬히 생각하며 영화를 봤다. 내가 못 알아들었을 뿐 카이와 슈헤이를 통해 영화는 이미 말하고 있었다.

"자꾸 마음이 가고, 하면 재미있는 일이 있으면 우선 즐겨봐. 이게 어떤 직업이 될까, 인생 목표로 적합한가 생각지 말고.

너에게 마음이 가는 친구가 있으면 그냥 같이 놀아. 비교하지 말고, 이기려 들지 말고, 인생에 무슨 보탬이 되나 따지지 말고 그냥 마음 가는 대로 아껴주면 돼.

그게 놀이가 아니고, 친구가 아니고, 너 자신이어도 마찬가지야. 너를 즐겁게 해주고, 너를 많이 사랑해줄 필요가 있어.

일도, 친구도, 너 자신도 사랑하며 함께 즐겨. 인생, 그렇게 사는 거야!"

피아노는 악기다? 세상이 정한 의미로만 대하지 않을 때, 특별한 관계가 된다. 어른이 된 슈헤이와 카이의 협연은 어떤 소리를 낼까. ⓒ (주)에이원엔터테인먼트

 # 세계적 피아니스트의 연주, 눈을 감고 즐겨도 좋은 영화

초등생 슈헤이와 카이가 주인공이건만 많이 배우는 영화 〈피아노의 숲〉. 그래도 최고 미덕은 즐겁다는 것이다. 영화에 음악 어드바이저로 참여한 세계적 피아니스트이자 지휘자인 블라디미르 아슈케나지가 카이를 통해 모차르트 〈피아노 소타나 8번〉 C장조 쾨헬 310번, 베토벤의 〈엘리제를 위하여〉 및 〈운명 교향곡〉, 멘델스존의 〈결혼행진곡〉, 쇼팽의 〈강아지 왈츠〉 등을 연주한다.

아지노 선생이 카이에게 한 제안, 만화에는 있고 영화에는 없어 두 사람의 협연을 볼 수 없는 건 아쉽지만. "피아노는 혼자 치는 거야!" 어린 카이가 말하듯 인생은 결국 스스로 책임져야 하지만, 삶을 달관한 어른 아지노 소스케가 바란 것처럼 인생은 끝없는 협연이기도 하다. 지금 누군가와의 협연이 불협화음이라면, 우선 영화 〈피아노의 숲〉을 즐겨보자. 한결 오늘이 수월해질 것이다.

51 길

잊을 수 없는 그 이름

제작 1954 등급 12세 관람가
장르 드라마 국가 이탈리아
감독 페데리코 펠리니(Federico Fellini)
러닝타임 104분

순수해서 더욱 깊은 사랑의 대명사 '젤소미나'
남자의 때늦은 후회… 사람은 무엇으로 사는가
안소니 퀸, '단 한 장면'으로 명배우 존재 과시

〈길〉 포스터. 인간과 짐승, 사람과 천사… 나는 누구인가. © DAUM 영화 포토

어린 시절 즐겨봤던 〈명화극장〉에서 자주 만났던 안소니 퀸은 연기파 배우의 대명사였다. 알랭 들롱의 조각 같은 얼굴에 슬림 체형과는 다르게 선 굵은 남성미와 커다란 체격으로 인생의 페이소스를 깊게 표현했던 그에게 시대는 종종 거칠고 강한 마초 이미지의 사내 역을 맡겼다. 페데리코 펠리니 감독을 거장의 반열에 오르게 한 영화 〈길〉도 그랬다.

굵은 쇠사슬을 가슴에 두르고 허파의 힘으로 끊는 차력사 잠파노(안소니 퀸 분). 마을에서 마을로 전전하며 차력쇼를 보여주고 얻은 돈으로 하루하루 살아가는 사내다. 없을 땐 입에 풀칠하고, 공연으로 돈을 번 날이면 술에 음식에 여자에 진탕 빠져 탕진한다.

잠파노는 음식 준비를 하고 공연 보조로 북을 치고 춤을 출 조수를 곁에 둔다. 아내라 부르며 성을 착취하면서도 수중에 돈이 생기면, 과부

잠파노의 단점보다 장점,
지나친 면보다 모자란 부분을
발견해 아끼는 젤소미나
ⓒ NAVER 영화 포토

남편의 옷을 얻을 요량이면 언제든 다른 여자에게로 간다. 옆에 있는 여자의 마음은 안중에도 없고, 조심스레 문제를 제기하려 하면 "나랑 살고 싶으면 하나 알아둘 게 있어. 입 좀 닥쳐!"라고 소리친다.

영화는 잠파노가 가난한 집의 둘째 딸 젤소미나(줄리에타 마시나 분)를 1만 리라에 사는 장면으로 시작한다. 언니 로사를 먼저 조수로 데려갔는데 죽었단다. 젤소미나가 동생들을 데리고 바다로 놀러 간 사이에 엄마와 잠파노의 '거래'는 이미 끝나 있다.

잠파노가 준 돈으로 집 지붕도 고치고 동생들에게 음식도 먹이고, 입 하나도 덜고 얼마나 좋으냐며 등을 떠미는 엄마. "내 딸이 어디에 묻혔는지 나는 가볼 수도 없다"고 눈물지으면서도 인간애나 윤리보다 먹고사는 게 바빠 젤소미나를 또 잠파노에게 내준 것이다. 어떤 일을 당했기에 로사가 죽었을지 짐작하면서도, 젤소미나가 착하다 못해 좀 모자라 '아픈 손가락'이면서도 아무것도 할 수 없는 고향을 떠나 뭐라도 할 수 있는 바깥세상으로 딸을 보낸다.

젤소미나는 잠파노의 아내이자 조수로 노예처럼 부림 당한다. 착한 젤소미나는 궁금하다. 로사 언니에게도 이렇게 했을까. 음식도 못 하고 쓸모없는 나여서 이리 대하는 걸까. 고된 유랑생활 속에 젤소미나는 피에로로 분장하고 북치고 춤추는 건 좋은데, 잠파노가 싫어서 도망친다. 아무리 감정 표현에 서툰 젤소미나지만, 자신을 지키기 위해 도망친다. 지금 있는 곳이 어디인지, 고향이 어느 쪽인지 알 수 없는 가운데 무작정 길을 나선다.

하지만 얼마 가지 않아 붙잡힌다. 잠파노는 이후 지라페 유랑극단에 합류해 차력쇼를 이어가는데, 젤소미나는 도망쳤을 때 로마에서 봤던 공중곡예사 마또(리차드 베이스하트 분)와의 재회가 반갑다. 마또는 젤소미나에게 나팔 연주를 가르치고 함께 일하자고 제안도 한다. 잠파노는 시도 때도 가리지 않고 자신을 놀려대는 마또가 싫고, 젤소미나와 가까운 것도 싫다. 잠파노는 마또를 죽이겠다고 덤비고, 칼을 들고 난동을 부린 바람에 경찰에 연행된다.

극단 사람들은 젤소미나에게 자신들과 떠나자고 하고, 마또 역시 자신과 일하자고 다시 말한다. 하지만 주저하는 젤소미나. 고단한 유랑생활 속에 젤소미나는 잠파노의 고된 인생이 보였고 그의 곁에 아무도 없다는 걸 보았기 때문이다. 그런 젤소미나를 보며 마또는 태도를 바꿔 '잠파노의 표현 방법은 틀렸지만 너를 좋아하는 걸 거라고, 그래서 분노했을 것'이라면서 잠파노 곁에 있어주라고 말한다. 마또의 말은 젤소미나가 원하는 말이었다. '정말 나를 좋아하려나…'. 그렇게 젤소미나는 잠파노를 떠날 수 있는 두 번째 기회를 잡지 못한다.

다시 둘만의 유랑을 시작한 젤소미나와 잠파노. 추운 겨울 어느 날, 이동 수단이자 집이자 공연 물품 창고인 잠파노의 오토바이 짐차에 기름이 떨어져간다. 마침 산길을 태워준 수녀의 도움으로 수도원에서 하룻밤 신세를 지게 되는데. 수녀 대신 땔감을 패주던 잠파노는 은장식을 훔치려 시도하고, 이를 말리는 젤소미나에게 도둑질을 강요한다. 크게 실망한 젤소미나의 어두운 표정, 다음 날 배웅하던 수녀가 그녀의 표정을 읽고 수녀원에 남아도 좋다고 제안한다. "누가 그의 곁에 있겠어요" 하며 세 번째 기회 역시 잡지 않는 젤소미나다.

젤소미나는 자기의 마음을 잠파노가 알기를 바랐다. 어떠한 상황에서도 자신의 곁에 남아주는 젤소미나를 '아끼는 마음'이 생기기를 기대하지는 않더라도 최소한 자신을 사랑하는 젤소미나의 마음을 알기를 바랐다. 사랑은 사람을 변화시킬 수 있는 몇 안 되는 동력이고, 고독한 인생길에 누구보다 외로운 두 사람이 서로를 의지해 살기를 바랐다. 붙잡는 수녀의 손을 마다하는 젤소미나, 자신의 죄를 알리지 않는 젤소미나를 지그시 바라보는 잠파노를 보며 희망을 품었는지 모르겠다.

비극은 바로 그런 순간에 온다. 그릇된 희망은 헛된 것이라고 명확하게 선을 긋듯이 그렇게 잔인하게 온다. 하필, 정말이지 하필 두 사람의 앞길에 마또와 그의 고장 난 차가 놓여있다. 잠파노만 보면 발동하는 마또의 장난기는 어김없이 발동하고, 마또만 보면 더욱 요동치는 잠파노의 파괴력 강한 주먹도 여지없이 날아간다. 죽일 생각은 없었고, 죽을 줄 몰랐는데 마또가 쓰러진다.

젤소미나는 너무나 큰 충격에 열흘을 몸져눕는다. 먹지도 못한다. 마또가 누구인가. 자신에게 잠파노 곁에 있어주라고 말한 사람이다. 잠파노의 오토바이 짐차로 그가 갇혀 있는 경찰서 앞까지 젤소미나를 태워 데려다준 사람이다. 잠파노는 고마워하기는커녕 모든 일을 그르쳤다. 젤소미나가 세상에 대한 마음의 끈을 놓은 것은 바로 그런 잠파노 때문이었다.

열흘 만에 몸을 일으킨 젤소미나에게 음식을 주고 이불을 덮어주는 잠파노. 이제야 비로소 정신을 차렸나 싶었는데… 그는 도망친다. 이제 자신에게 도움이 되기는커녕 짐만 되는 젤소미나를 길 위에 놓고 도망

뒤늦은 후회, 더 이상 감출 수 없는 그리움. 그래도 길은 계속된다, 그것이 인생
ⓒ 영화 〈길〉 화면 갈무리

친다. 그의 마지막 양심은 이불자락 아래 찔러둔 몇 푼의 돈이다.

시간은 훌쩍 흘러 최강 체력 잠파노의 차력쇼에도 에너지가 부족해 보인다. 유랑극단과 함께 세상을 떠도는 잠파노. 공연이 끝나고 술집에서 쫓겨날 만큼 술을 마신 잠파노는 진저리치는 동료를 먼저 보내고 마을 길을 걷는다. 어디선가 들려오는 귀에 익은 가락. 빨래 너는 여인의 허밍이다. 젤소미나가 비 오는 날 들려왔다며 나팔로 불곤 하던 그 곡* 이다.

여인은 전한다. 4~5년쯤 전에 유랑극단과 함께 왔던 여인이 바닷가에 쓰러져 아버지가 데려왔는데 정신이 온전해 보이지 않았다. 여인은 아무것도 입에 대려 하지 않은 채 결국 세상을 떠났다. 연고를 찾으려 했지만 찾지 못했다. 잠파노는 젤소미나가 발견됐을 바닷가로 발길을 옮긴다.

그리고 통곡한다. 그의 처절한 통곡에서 젤소미나가 곁에 없는 동안 깨달은 그녀의 마음, 아니 젤소미나를 향한 잠파노의 마음이 읽힌다.

* 〈전쟁과 평화〉, 〈태양은 가득히〉, 〈달콤한 인생〉, 〈로미오와 줄리엣〉, 〈대부〉 시리즈 주제곡으로 유명한 영화음악의 거장 니노 로타가 작곡한 젤소미나의 테마곡

세상 누구도 제대로 어울려주지 않은 외로운 차력사 잠파노를 향한 젤소미나의 연민과 사랑, 세상 누구도 발견해주지 않은 자신을 아껴준 젤소미나를 향한 잠파노의 그리움과 사랑.

이 마지막 한 장면으로 잠파노의 못난 행동들은 파도에 쓸려가고 뒤늦은 깨달음에 뼈아픈 후회의 나날을 보내왔을 남자가 보인다. 그 회한의 통곡에 의해 젤소미나의 순수함은 영원으로 살아온다. 그걸 가능하게 한 게 안소니 퀸의 힘이고 명배우의 존재 이유다.

안소니 퀸의 명연에 의해 잠파노의 가슴엔 젤소미나의 이름이 새겨졌고, 우리의 마음에도 잊지 못할 이름이 하나 자리 잡았다. 순수해서 더욱 깊은 사랑의 대명사, '젤소미나'.